本书是北京市教育委员会社科计划一般项目"北京文化创意产业创
（编号：SM202110015002）成果，由北京文化产业与出版传媒

北京文化产业

创新扩散与全产业链结构优化研究

佟　东　侯燕祥　田子雨 ◎著

The Innovation Diffusion and the Optimization of
the Whole Industrial Chain Structure of
Beijing Cultural Industry

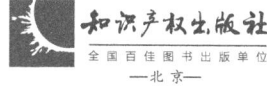

知识产权出版社
全国百佳图书出版单位
—北京—

图书在版编目（CIP）数据

北京文化产业创新扩散与全产业链结构优化研究 / 佟东，侯燕祥，田子雨著. — 北京：知识产权出版社，2024.5

ISBN 978-7-5130-9075-9

Ⅰ. ①北⋯　Ⅱ. ①佟⋯ ②侯⋯ ③田⋯　Ⅲ. ①文化产业-产业发展-研究-北京　Ⅳ. ①G127.1

中国国家版本馆CIP数据核字（2023）第240605号

内容提要

本书围绕如何实现北京全国文化中心建设规划中文化创意产业立体化创新引领战略定位进行研究，以"整体论"的思维方式，综合考虑时间维度与产业结构的变化，同时对影响文化产业全产业链结构优化的创新要素进行分析、筛选，并对北京文化产业全产业链结构优化进行模拟，提供对策、建议，对推动全国文化中心建设立体化创新引领的战略定位有一定借鉴价值。

本书适合文化产业相关专业高校师生、文化领域的从业者和科研工作者阅读。

责任编辑：王志茹　　　　　　　　责任印制：孙婷婷

北京文化产业创新扩散与全产业链结构优化研究
BEIJING WENHUA CHANYE CHUANGXIN KUOSAN YU QUAN CHANYELIAN JIEGOU YOUHUA YANJIU

佟　东　侯燕祥　田子雨　著

出版发行：知识产权出版社 有限责任公司	网　　址：http://www.ipph.cn
电　　话：010-82004826	http://www.laichushu.com
社　　址：北京市海淀区气象路50号院	邮　　编：100081
责编电话：010-82000860转8761	责编邮箱：laichushu@cnipr.com
发行电话：010-82000860转8101	发行传真：010-82000893
印　　刷：北京中献拓方科技发展有限公司	经　　销：新华书店、各大网上书店及相关专业书店
开　　本：720mm×1000mm　1/16	印　　张：17.5
版　　次：2024年5月第1版	印　　次：2024年5月第1次印刷
字　　数：255千字	定　　价：88.00元
ISBN 978-7-5130-9075-9	

出版权专有　侵权必究

如有印装质量问题，本社负责调换。

前 言

北京建设成为全国文化中心是一个长期而复杂的过程，20世纪50年代北京就被提出是全国的政治、经济和文化中心，80年代北京被给予文化教育中心的城市定位，2016年6月北京正式发布实施《北京市"十三五"时期加强全国文化中心建设规划》，进一步明确全国文化中心的地位，2017年9月中共中央、国务院批复的《北京城市总体规划（2016年—2035年）》强化北京全国文化中心的核心功能，2020年4月北京市人民政府发布《北京市推进全国文化中心建设中长期规划（2019年—2035年）》，加强北京全国文化中心的地位。在首都文化建设中，文化企业既是微观主体，也是文化发展的推动者，通过创新扩散作用对区域宏观经济的发展产生重要影响。

"中华文化走出去迈出更大步伐"是全面建成小康社会的重要目标之一，"中华文化国际影响力不断增强"是建设社会主义文化强国所开创的五个新局面之一，"加快走出去步伐，增强企业国际化经营能力，培育一批世界水平的跨国公司"是加快完善社会主义市场经济体制和加快转变经济发展方式的重要要求之一。北京作为全国文化中心，提升文化创意产业的竞争力、促进产业创新发展、提高产品供给质量是助推全国文化中心建设的客观需要，也是民族复兴的必然要求。

本书围绕如何实现北京全国文化中心建设规划中文化创意产业立体化创新

引领战略定位这一问题进行研究。北京文化产业链结构优化以文化产业政策为导向，以现有文化产业链结构为基础，笔者通过分析近年北京文化产业全产业链结构及北京文化产业集群发展的现状，对北京文化产业链的现状进行全面梳理和研究。文化创意产业的创新扩散是一个复杂的系统性问题，从创意引入到创意扩散，再到创意放大，本书以"整体论"的思维方式，考虑时间维度与产业结构的变化。同时，对影响文化产业全产业链结构优化的创新要素进行分析和筛选，并结合北京环球度假区、迪士尼乐园和《杜拉拉升职记》对文化产业创新扩散的机制进行分析。创新扩散模拟仿真方法包含确定性扩散模型和可变扩散模型两大类，其中又各自包括基础模型和扩展模型。技术创新扩散驱动区域产业结构演化模型是基于创新扩散的文化产业全产业链结构优化的较好模拟仿真方法。本书运用此模型，通过计算模拟2019—2021年北京及其16个区的文化产业相关数据，对北京文化产业全产业链结构优化进行模拟仿真。

2023年8月

目 录

第一章 研究背景与综述···1
　　第一节 研究背景···1
　　第二节 研究综述···10

第二章 基本概念与理论··34
　　第一节 基本概念···34
　　第二节 基本理论···63

第三章 北京文化产业全产业链结构的现状···························97
　　第一节 北京文化产业全产业链发展的现状····················97
　　第二节 文化产业全产业链的结构·····························175
　　第三节 北京文化产业集群的现状·····························179

第四章 北京文化产业的创新扩散机制································189
　　第一节 文化产业创新扩散的理论框架·······················189
　　第二节 技术创新扩散模型·····································199
　　第三节 影响北京文化产业全产业链结构优化的创新要素·······203
　　第四节 文化产业创新扩散的经典案例························213

第五章 基于创新扩散的北京文化产业全产业链结构优化模拟仿真……221

第一节 创新扩散模拟仿真方法……221

第二节 基于技术创新扩散的文化产业结构优化分析框架……235

第三节 基于技术创新扩散的北京文化产业结构优化……238

第六章 对策与建议……246

第一节 创新技术与文化产业融合……246

第二节 版权保护与数字技术结合……248

第三节 提高文化产业技术成果转化效率……249

第四节 优化区域文化创新环境……251

第五节 在各区间梯度性发展文化产业……255

第六节 利用文化创新推动文化产业结构优化……258

第七节 政策支持与引导……259

参考文献……261

第一章　研究背景与综述

第一节　研究背景

文化与技术创新是近代经济社会流变的主旋律。14世纪以来，经济社会经历了持续的转型，从农业经济转向工业经济，再从工业经济转向服务经济。这种连续转型巩固了经济变革势头。技术变革的核心是新知识的不断涌现与经济对新知识的潜在可能性的适应相互交织。技术创新在经济、文化和社会发展中扮演着越来越重要的角色，技术创新扩散是推动文化产业全产业链结构优化的重要因素。

一、技术创新催生文化强国

英国、美国、法国、加拿大、韩国、日本是近代世界文化产业发展速度较快的国家。20世纪，英国政府已深刻认识到科技与文化融合的重要性，积极推动技术创新以促进文化产业的蓬勃发展。英国由此成为全球首个倡导文化产业（被英国称为"文化创意产业"）的国家。当时，英国首相布莱尔刚上任，便成立创意产业特别工作组，成功地将英国从以工业技术为核心的"世界工厂"转型为以文化技术为核心的"世界创意中心"。经过多年的发展，文化产业已成为英国的第二大支柱产业。20世纪90年代，美国以网络技术发展为契机，将高新技术应用于出版业和文化娱乐业。享誉全球的美国迪士尼公司将高新技术引入文化产业链,将声、光、电技术用于剧场表演,提升文化产品的艺术表现力。美国的文化产业在全球占有重要地位,它运用技术提升文化的呈现方式和传播力度,推动文化产业的持续发展、不断壮大。法国是比较重视文化产业科技化发展的国家之一,法国文化与交流部投入大量资金支持文化产业的高技术化,为科技与文化的融合及文化产业现代产业链的构建提供有力的政策和资金支持。加拿大通过鼓励社会各界广泛参与科技文化产业的发展,成功地从一个文化底蕴相对薄弱的国家成为科技文化产业强国。韩国在提出"文化立国"战略后,积极推动技术与文化的融合,走新型文化与科技融合发展之路,通过设立研究机构、颁布《文化产业促进法》,依靠信息技术和数字技术的快速发展,将数字游戏产业确立为国家战略产业,并有力地推动文化产业的发展。作为文化与技术融合的典范,日本通过挖掘传统文化,积极推动数字技术和载体的创新,并使动漫产业成为重要的支柱产业。

(一)技术对产业的革新

随着目前5G、新媒体、人工智能、大数据等新型技术的创新与革命,技术对产业发展的推动作用越来越显著。例如,中国广播电视网络集团有限公司,作为一家全业务基础电信运营商和新型媒体传播文化企业,自2019年6月获得5G商用牌照后,便积极投身于"全国有线电视网络整合和广电5G建设一体化发展"的规划与推进,并与中国移动共建共享。目前,该公司正全力推动5G商用的实现,这一行动将对国家、通信行业及运营企业产生深远影响。在通信行业,5G技术的发展加速了竞争格局的重构,助力产业多元化发展,改变了通信市场的构成。作为新入局者,5G打造了差异化内容和服务项目,在文化、广播、物联网等领域都占据了一定的市场地位。

新媒体的发展也带动了相应的文化产业发展,如新媒体在动画制作上的应用改变了动画制作方法,使得动画的后期制作受到更多人的关注,提高了动画镜头的质量。随着新媒体技术的不断创新,动画的分辨率得到提高,同时使动画创作者可以快速地完成剪辑等任务。新媒体技术与网络电视、移动电视等多种形式相结合，促进了产业的整体发展。

大数据技术在推动文化产业转型升级过程中，将数据要素融入文化产业创新、生产、传播和消费各环节全产业链，降低整体生产成本，提升了资源配置的效率。再加一些新事物的出现，使得一些产业在营销方面做出了新的改变，如近年来新出现的直播行业为不同行业销售产品增加渠道，以新华书店为例，将直播融入了管理结构和销售渠道，专门成立了直播相关部门，以迎合技术的创新发展。

人工智能的研发，给一些产业带来了新的发展道路，如百度与一汽红旗联合研发无人驾驶技术，百度的无人驾驶系统"萝卜快跑"已经开始逐步投入小规模的网约车行业。华为、特斯拉等企业也都在研发无人驾驶技术与无人驾驶汽车。教育行业也受人工智能发展的影响而做出改变，如线上教育的普及、学校多媒体设备的投入使用等。人工智能正逐渐渗透于教学领域，改变以往的教学方式、学习方法和评价方式，为学生的知识获取、技能学习和全面素养的提升提供新途径。在教学中广泛运用人工智能技术，可以提高教师的教学效果、学生的学习效率、课程的教授效果及教学评价的准确性和全面性。在人工智能的时代背景下，教师利用增强现实或虚拟现实技术为学生创造体验式的学习环境，可以解决传统教学中难以用语言表达的场景问题。运用人工智能技术进行演示或实际操作，可使学生身临其境，从而大大增强体验式学习的效果。总之，随着技术的不断发展，一些新的技术或多或少为不同行业带来了不同程度的改变，而我们要探索的正是这些技术的创新能为不同产业带来哪些改变。

（二）技术对文化创意产业的冲击

技术发展为文化创意产业带来许多新的可能，为文化创意产业的生存和发展提供更多支持。21世纪，全球信息技术迅速发展，新一轮科技革命和产业变革的浪潮对全球经济结构、创新布局产生深远影响。数字技术，如互联网、大数据、云计算和人工智能等，正以前所未有的速度渗透到社会的各个领域，使数字化成为未来经济发展的主要方向。与此同时，文化产业在全球经济中的占比不断提高，创新和创意逐渐成为推动全球经济复苏的关键动力，并为经济整体增长带来动力和活力。在此背景下，如何将数字信息技术与文化产业深度融合成为各国培育新的经济增长点、获取国际竞争优势的重要议题。

以数字媒体技术在城市文化创意产业中的应用为例，利用现代科技手段优化形成一种新技术，这种技术使人们能够充分运用艺术方法和思维逻辑形成更先进的设计理念。受计算机技术发展的影响，数字媒体艺术设计得到更好的发展。目前，互联网技术、大数据技术等的应用为数字媒体艺术设计创造良好的环境，并通过数字媒体艺术设计为人们提供更好的感官体验，在艺术设计中体现更多的创意，推动城市文化创意产业不断发展。城市文化创意产业能够将文化和技术更好地结合，有效地融入人们的想象，不仅能够推动城市向前发展，而且能打造更加文明的城市。该产业存在需求的不确定性，创意产品的提供者更重视自己产品的实际情况，并且在实际发展中需要运用多种技术，具有很大的差异性。

此外，数字化与博物馆的结合也是一种典型的新技术。例如，博物馆在展览传播过程中面临媒介技术多样、公众需求变化、强化教育功能三重挑战，如"数字故宫"等项目利用数字技术进行线上展览和解说，为公众提供更为便捷和丰富的文化体验。随着互联网的逐步发展，公众的信息传播方式经历数字化、网络化、移动化和智能化的转变，形成以数字传播为主导，传统大众传播、网络传播、自传播和智能传播相结合的传播机制。这种机制不仅实现网络与现实的深度融合，还构建技术驱动的新型传播模式，而且在应对新冠疫情等时体现出独特的优势。在数字新媒体时代，媒介技术的发展和普及将更多的表现形式变为可能，博物馆的传播方式也从单一的信息提供逐渐转为全方位、多渠道的"融展示"，让数字形态的展览在互联网中生根发芽，以供公众随时随地免费获取。

总的来说，我国的文化产业因技术革新而不断创新，《中华人民共和国国民经济和社会发展第十四个五年规划和2035年远景目标纲要》中明确将"健全现代文化产业体系"单独提出论述，因此建立健全现代文化产业体系已经是国家战略层面的要求，而科技与文化产业的融合是文化产业转型升级的重要方向之一。

二、文化产业发展推动北京"四个中心"建设

自北京明确"四个中心"的战略定位以来，文化产业成为北京高度关注的产业，不仅是北京产业结构调整升级和科学发展的引擎，还是促进京津冀协同发展的必要抓手。经过不断发展，北京文化产业的驱动力不断增强，文化产业链不断壮大，产业规模不断提升，产业结构不断优化，产业水平全国领先，全国文化中心的地位凸显。北京文化产业链结构优化亟须技术的创新扩散。在策划创意制作环节，文化传媒领域中的新闻出版、广播影视、软件互联网以及创意设计领域中的广告、设计服务等行业集聚了全国顶尖的内容创意策划制作专业人员、品牌机构等要素；在传播交易消费环节，北京聚集了世界级、国家级文化传播发行渠道，对文化传播环节而言，具备垄断性的渠道优势；在衍生品开发环节，文化创意产业以版权为依托的衍生品开发力度越来越大；在文化用品设备及艺术品生产制造和销售环节，文化终端产品、文化用品、艺术品的生产制造环节向研发、设计、销售、体验性服务等价值链高端环节推进、升级。

数字经济的本质是通过5G通信、人工智能、大数据、云计算、物联网、区块链等数字技术实现资源开发、科研开发、生产制造、市场营销、消费服务等经济环节和方面的数字化和智能化。这种数字化转型不仅推动产业和商业模式的创新，还显著提高经济的整体质量、效率及创新力。因此，数字经济对文化产业链的影响是全方位的。

三、文化产业成为北京国民经济的支柱产业

北京作为中国的首都，一直以来都是我国文化建设的中心。这一中心地位不仅体现在它深厚的历史文化底蕴上，更体现在其现代文化产业的发展上。北京集中大量的文化基础设施、高端文化创意人才、文化企业总部及各类资本，

为文化创意产业的蓬勃发展提供得天独厚的条件。科技与文化的紧密结合在北京表现得尤为突出。这种"双轮驱动"效应不仅促进科技与文化的深度融合，而且为文化创意产业提供坚实的发展基础和巨大的发展潜力。

在这样的背景下，北京在20世纪90年代率先提出发展文化产业的战略构想，并积极推动文化产业成为经济增长的新动力。自2002年以来，北京文化创意产业的增加值年均增长超过10%。为了进一步巩固和提升文化创意产业的地位，2005年北京市政府将文化创意产业列入《北京市国民经济和社会发展第十一个五年计划规划纲要》，明确将其确定为首都经济的重要支柱产业。经过"十一五"时期的发展，文化创意产业已经成为首都经济的重要支柱和新的增长点。2011年11月颁布的《北京市国民经济和社会发展第十二个五年规划纲要》提出"进一步强化文化创意产业的支柱地位"，着力提升文化创意产业竞争力、推进文化创意产业升级、优化文化创意产业环境。

"十三五"期间，北京深入贯彻落实习近平总书记的北京重要讲话精神，聚焦全国文化中心文化产业发展引领区建设，以推动文化产业实现质量变革、效率变革、动力变革为目标，全面深化文化体制改革，激发文化创新活力。五年来，北京产业发展迈入新阶段，发展质量更高，始终立足首都城市战略定位，剥掉"白菜帮"，集中发展"白菜心"，推动文化产业实现质量变革、效率变革、动力变革。文化产业呈现以下趋势：一是规模持续增长。2022年，北京市规模以上文化产业实现增加值4509.20亿元，保持增长态势，占比达到11%，始终居全国首位。[1]二是结构持续优化，文化核心领域优势明显。"十三五"末期，内容创作生产、新闻信息服务等核心领域营业收入占比达到91.6%，比全国平均值高约30个百分点。三是质量持续提升。"十三五"期间，在中国省市文化产业发展指数、文化消费指数及中国文化产业高质量发展指数排名中，北京蝉联全国第一。四是韧性持续增强。在新冠疫情冲击下，2020—2022年，文化产业发展逐步向好，表现出较强的抗冲击、抗风险能力。经过"十三五"时期的努

---

[1] 国家统计局社会科技和文化产业统计司，中宣部文化改革发展局. 中国文化及相关产业统计年鉴（2023）[M]. 北京：中国统计出版社，2023.

力，北京文化产业规模持续增长，结构持续优化，质量持续提升，韧性持续增强。这些成果为"十四五"时期文化创意产业的进一步发展奠定坚实基础。

"十四五"时期是北京文化创意产业继续迈向高质量发展的重要阶段。在这一时期，北京将围绕全国文化中心建设，推动文化产业向高端化、融合化、集约化、国际化方向发展。具体来说，北京将依托丰富的文化资源和强大的创新能力，加快培育具有国际竞争力的文化企业和品牌，推动文化产业与科技、旅游、金融等产业深度融合，构建现代文化产业体系和市场体系。同时，北京还将注重提升文化产业的国际影响力，积极参与国际文化合作与交流，推动中华文化"走出去"，增强国家文化软实力。此外，北京还将持续优化文化产业发展的政策环境和服务体系，为文化创意人才提供更广阔的发展空间和更优质的服务保障。

四、北京文化产业链结构存在不足

（一）空间分布上，地区发展不平衡

根据北京市统计局规模以上文化产业年收入统计数据可知，2015—2021年海淀区和朝阳区始终名列前茅，海淀区规模以上文化产业年收入均值约占北京规模以上文化产业年收入均值的43%，朝阳区规模以上文化产业年收入均值约占北京规模以上文化产业年收入均值的23%，二者之和超过北京规模以上文化产业年收入均值的半数。海淀区、朝阳区、东城区、西城区、丰台区、石景山区六大中心城区规模以上文化产业年收入均值合计约占北京规模以上文化产业年收入均值的94%，其余10个区规模以上文化产业年收入均值合计仅约占6%。北京文化创意产业在各区间显示出严重的不平衡现象，且从各年的占比情况来看，各区规模以上文化产业年收入占比情况基本上变化不大，区间巨大差距始终存在。关于文化产业，北京16个区分为六个等级。其中，海淀区发展水平最高，2022年规模以上文化产业收入合计10 173.1亿元，约占北京规模以上文化产业总收入的56.53%。其次是朝阳区，规模以上文化产业收入约占北京规模以

上文化产业总收入的15.97%。东城区和西城区属于第三梯度，二者规模以上文化产业收入合计约占北京规模以上文化产业总收入的11.42%。紧接着是石景山区和丰台区，二者规模以上文化产业收入合计约占北京规模以上文化产业总收入的7.29%，与第三梯度存在明显差距。以上城六区规模以上文化产业年收入合计约占北京规模以上文化产业总收入的91.21%，掌握着北京文化创意产业的绝大部分资源，占主体地位。其余10个区规模以上文化产业收入总计约占北京规模以上文化产业总收入的8.79%，仅相当于海淀区规模以上文化产业收入的15%。其中，紧邻城六区的东北环向区域，包括昌平区、顺义区和通州区，文化产业较远郊区域水平高，距离中心城区最远的区域包括门头沟区、房山区、大兴区、延庆区、怀柔区、密云区和平谷区，文化产业发展水平最低。总体而言，北京文化创意产业以海淀区为"领头羊"，朝阳区其次，东城区和西城区也有一定的发展实力，城六区发展水平远高于周边郊县区域，存在普遍的发展不平衡现象。

（二）产业层面上，产业链不够完善，同质化竞争严重

文化创意产业作为一种新兴的产业形态，涵盖从创意的生成到产品的最终实现及市场推广的全过程。这一过程可以被细分为产业链的三个主要环节：上游的研究开发、中游的生产制造、下游的市场营销及衍生品开发。三个环节相互依存，共同构成文化创意产业的完整产业链。然而，北京文化创意产业在多个行业尚未形成完整、高效、顺畅的产业链。在产业链的上游，即创意的生成和研究开发阶段，北京的文化创意产业存在创新能力不足的问题，如原创性内容的缺乏、创意转化为实际产品的效率较低。这种创新能力的不足限制文化创意产业的源头活水，影响整个产业链的活力和竞争力。在产业链的下游，即产品的市场推广和衍生品开发阶段，北京文化创意产业面临产品营销和知识产权保护问题。由于缺乏有效的市场营销策略和手段，所以很多优秀的文化创意产品难以被广大消费者知晓和接受。同时，知识产权保护不够导致创意成果的盗版和侵权行为频发，影响文化创意产业的健康发展和创新积极性。根据价值链

理论，一个产业的附加值主要集中在产业链的上游创造环节和下游的产权交易、传播和营销环节。然而，北京文化创意企业在产业链的各环节上缺少协同合作，导致各环节不能形成较高的利润回报和竞争优势。这种协同合作的缺少不仅限制单个环节的价值创造，也影响产业链的整体效益。

以石景山区的动漫产业为例，虽然该区的动漫产业发展较好，但在产品交易与传播方面存在一些问题。具体来说，动漫产品缺少有效的交易平台和高效的传播途径，这使动漫产品的商业价值难以得到充分体现，也限制动漫产业的进一步发展。从宏观的角度来看，北京文化产业存在同质化竞争和布局不均衡的问题。由于北京各区县在发展文化创意产业时缺少统一的规划和定位，所以文化创意产业集聚区的发展呈现同质化趋势，特色不明显。这种同质化竞争不仅造成资源的浪费，而且削弱北京文化创意产业的整体竞争力。虽然北京对文化创意产业的支持力度较大，文化创意产业与其他产业融合发展的态势突出，对传统产业升级、就业和区域价值提升起到重要作用，但当前的发展布局不利于提升北京文化创意产业的整体竞争力，而且给资源的整合利用、集约使用带来一定问题。

（三）人才培养上，缺乏专业化、创新型人才

根据相关资料，在全球文化创意产业发展领先的城市中，文化创意产业人才占工作人口的比例普遍超过10%，如纽约占比为12%、伦敦占比为14%、东京占比为15%。虽然北京在这一领域的人才占比与那些领先城市的差距正逐步缩小，但在高端复合型文化创意产业人才的占比上仍有提升空间。北京的文化创意产业人才主要来自艺术院校，缺少更多的产学研互动和国际视野，在某种程度上限制文化创意产业的发展，导致原创产品的数量和质量不高，进而影响企业的核心竞争力。例如，目前动漫游戏产业教育体系尚不完善，其专业人才的数量无法满足市场的快速发展需求。在互联网深度渗透给文化创意产业带来更多发展契机，能够多平台、全方位促进文化创意产品的宣传和销售，市场竞争越来越激烈的情况下，人才问题已成为北京文化创意产业发展的重要瓶颈。

（四）知识产权保护上，侵权现象普遍，保护力度有待加大

知识产权问题可能是贯穿文化创意产业的最大问题。从知识产权的获取，如版权登记、商标注册、域名保护等，到知识产权的变现，如将知识产权（Intellectual Property，IP）授予知识付费平台、IP的衍生开发授权、开展"IP+电商"模式、IP收益归属、IP出资等，都需要企业及文化创意产业从业者提前做好规划。此外，不管是电影、音乐、短视频领域还是文字创作领域，盗版、抄袭现象比较普遍。究其原因，首先是文化创意企业缺乏知识产权保护意识，没有为自己的产品申请著作权、专利和商标，也没有专门的知识产权管理人员。这些企业往往将重点放在产品的设计、研发和销售上，关注眼前利益。其次是国家对知识产权的保护力度和对盗版、抄袭的打击力度不足，政府市场监管及相关法律法规的制定都有待加强。知识产权如何得到保障是推动文化创意产业迈入下一阶段不可忽略的问题。

总而言之，文化创意产业的发展已经迈入新的节点，但存在上述问题，对未来我们有更多的展望，研究如何促进文化创意产业全产业链的结构优化对问题的解决、北京全国文化中心的建设具有重要意义。

第二节　研究综述

一、创新扩散

（一）创新扩散的概念

创新扩散理论的研究始于传播学正式创立前，由美国著名传播理论学家埃弗雷特·M.罗杰斯（Everett M. Rogers）于20世纪60年代提出。罗杰斯❶在《创新的扩散》中提到，创新扩散是指某个事物，如抽象的思想和概念、技术

---

❶ 埃弗雷特·M.罗杰斯.创新的扩散[M].辛欣，译.北京：中央编译出版社，2002：109-115.

信息及具体实践,在一个社会系统中的传播。他认为创新—决策过程需要经过五个阶段:认知、说服、决定、实施和确认。罗杰斯考察了创新扩散的进程和各种影响因素,总结出创新事物在一个社会系统中扩散的基本规律,提出了著名的创新扩散S形曲线理论,并将创新扩散的受众分为五类:创新者、早期采用者、早期大众、晚期大众及落伍者。

权泰熙(Kwon)和兹穆德(Zmud)[1]提出企业组织采纳信息技术的六个阶段为动机、采纳、适应、接受、常规化和融入,并指出扩散过程中最关键的是将技术创新市场化。戴维(Day)和赫比格(Herbig)[2]的主要目的是引起人们对工业产品和服务市场中创新扩散过程的重要性和实用性的关注,并强调在工业产品和服务市场中创新扩散过程和创新扩散方法存在巨大差异,同时具有相似性。宋歌[3]将S形曲线分为四个对应的阶段:起步阶段、起飞阶段、成熟阶段、衰退阶段。然而,并不是所有的创新扩散都会呈现S形曲线,S形曲线只能说明创新成功扩散的情况,不成功的扩散在扩散曲线上表现为水平状态。温斯顿(Winston)[4]从创新竞争角度对创新扩散理论做出补充,他主张创新扩散的形成基础是科学思想之间的相互竞争,许多相关理论的共同存在是发生创新扩散的前提。以电报为例,电磁学相关理论的竞争与完善是电报技术广泛传播的必要条件。此外,新技术的广泛扩散并非仅仅取决于技术上的优势,还需要一定的机遇与社会、政治和经济环境方面的刺激。

另有学者从网络结构的视角对创新扩散理论进行完善,如克里斯塔基(Christaki)和福勒(Fowler)[5]提出了社会传染理论。通过弗雷明汉心脏研究等

---

[1] KWON T H, ZMUD R W. Unifying the fragmented models of information systems implementation [J]. Critical issues in information systems research,1987(4):227-251.

[2] DAY R L, HERBIG P A. How the diffusion of industrial innovations is different from new retail products [J]. Industrial marketing management,1990,19(3):261-266.

[3] 宋歌.学术创新的扩散过程研究[J].中国图书馆学报,2015,41(1):62-75.

[4] WINSTON B. Media, technology and society: A history-from the telegraph to the internet [M]. London: Routledge,2002:19.

[5] CHRISTAKI N A, FOWLER J H. Social contagion theory: Examining dynamic social networks and human behavior [J]. Statistics in medicine,2013,32(4):556-577.

大量研究案例发现，人类社会网络遵循三度影响力原则，也就是说，个人及其朋友、朋友的朋友、朋友的朋友的朋友三层之间具有统计显著的相关关系，在创新扩散过程中发挥重要作用。

李沃源和张庆普[1]首次提出创意扩散载体复合价值的概念，从复合价值的视角分析构建单一创意扩散主体的决策过程及决策模型，并分别构建不存在竞争和存在竞争两种情形下创意供给和需求双边主体的匹配决策模型。他们还从价值属性、价值特征及价值偏好三个方面进行深入分析，揭示了创意扩散载体的价值本质——多属性、多维度的价值结构，是经济价值、艺术价值和社会价值相互作用、影响交织而成的价值复合体，具有多维性、整体性和复杂性等单一价值所不具有的特征。他们较深刻地揭示了创意扩散过程中创意扩散供需双方主体的决策过程和复杂决策机制，深化了创意扩散的研究理论，为创意扩散过程中各创意扩散主体的决策选择提供了依据。

随着互联网信息系统的发展，互联网在创新扩散中的作用越来越明显，如尹川和麦金[2]从罗杰斯的创新扩散理论切入，进一步探讨出版业跨文化传播活动，分析了互联网在创新扩散中的作用，为中国故事跨文化传播探索可行性路径；何芸茜等[3]以抖音平台为研究对象，在文化创新传播获利理论的基础上，分析目前短视频文化创意扩散的现状，并探讨短视频文化创意扩散在发展过程中可能存在的问题和已出现的案例。他们指出，抖音平台短视频从内容创作到发布可分为创作环节、传播环节、反馈环节，其中传播环节是短视频创意扩散至平台的关键。王平[4]基于创新扩散理论考察了元宇宙在中国传播与扩散的过

---

[1] 李沃源，张庆普.复合价值视角下创意产业集群中创意扩散主体决策研究[J].研究与发展管理，2015，27（3）：57-72.

[2] 尹川，麦金.互联网时代中国故事跨文化传播路径探究——以大众传播学"创新扩散理论"视角切入[J].新闻研究导刊，2023，14（3）：49-53.

[3] 何芸茜，袁丹，任宇航，等.短视频文化创意扩散的现状、问题及对策——以抖音平台为例[J].传播与版权，2022（5）：61-63.

[4] 王平.元宇宙在中国的扩散：基于创新扩散理论的视角[J].新媒体与社会，2022（1）：136-149.

程。李维和曹巧[1]基于罗杰斯提出的创新五大特征对抖音平台进行研究，以创新扩散理论对抖音账号"长沙运动大视界"进行分析，更好地促进体育短视频的发展。

（二）创新扩散的影响因素

伯特（Burt）[2]通过对社会关系的研究，深入探讨了社会关系对创新扩散的影响，并提出凝聚力、结构等价性、社会关系的桥梁等概念，为创新扩散的研究提供了新的理论和方法。他认为，凝聚力和结构等价性对创新扩散的影响不同：凝聚力会促进创新扩散，而结构等价性则可能会阻碍创新扩散。达曼布尔（Damanpour）[3]通过对大量的研究进行综合分析，探讨创新扩散的影响因素，得出组织结构、领导风格、创新特性等多个影响创新扩散的因素，并为组织创新的管理和实践提供启示。韦伯（Weber）和胡格马（Hoogma）[4]认为创新扩散动态的类型取决于国家因素和特定利基因素，并且它们各自的影响力在创新扩散过程中是变化的，在此基础上提出一种理论综合和分析模式。

20世纪末，我国学者在创新扩散理论上也有重要的研究，如清华大学傅家骥教授[5]认为技术创新的扩散是实现生产技术进步、提高工业竞争力的重要方法，在企业家精神对企业采取创新行为的影响和论述精神支持系统的基础上，提出了把企业家精神培养与技术创新的扩散结合起来的政策性建议。洪后其[6]指

---

[1] 李维，曹巧.创新扩散理论视域下体育短视频的品牌传播[J].互联网周刊，2023（5）：19-21.
[2] BURT R S. Social contagion and innovation：Cohesion versus structural equivalence [J]. American journal of sociology，1987，92（6）：1287-1335.
[3] DAMANPOUR F. Organizational innovation：A meta-analysis of effects of determinants and moderators [J]. Academy of management journal，1991，34（3）：555-590.
[4] WEBER W，HOOGMA R.Beyond national and technological styles of innovation diffusion：A dynamic perspective on cases from the energy and transport sectors [J]. Technology analysis & strategic management，1998，10（4）：545-566.
[5] 傅家骥，洪后其.企业家精神的培养与技术创新扩散[J].中外管理导报，1990（2）：4-11.
[6] 洪后其.影响我国技术创新扩散的结构因素[J].管理世界，1991（1）：190-193.

出市场结构是制约我国技术创新扩散缓慢的重要原因之一。何宇[1]从诱导机制、厂商规模、创新搏动及供给与需求的相互作用等诸因素的结合中分析创新扩散,得出创新扩散和行为者的利益密切相关;在利益机制既定的情况下,厂商规模对创新扩散有重大影响,它在很大程度上决定了企业是否采用创新的临界水平等结论。

21世纪以来,创新扩散影响因素已经成为国内外研究热点之一,如布朗(Brown)和杜奎德(Duguid)[2]在《信息的社会层面》探讨了信息的社会性和知识的共享,认为创新扩散是一种社会过程,需要考虑社会和文化因素的影响。作者认为,信息和知识的传播不仅仅是技术问题,还是社会和文化问题。在信息和知识传播的过程中,社会和文化因素会影响信息和知识的共享和传播。例如,社会网络、组织文化、信任等因素都会影响创新扩散的效果。作者还提出了"社区实践"的概念,认为社区实践是一种基于共享知识和经验的实践方式,可以促进创新扩散。社区实践可以通过建立社区网络、分享知识和经验等方式,促进创新的传播和应用。这本书对创新扩散的研究进行深入思考,强调社会和文化因素对创新扩散的影响。同时,作者提出的社区实践概念也为促进创新扩散提供了新的思路和方法。拉森(Larsen)[3]主要探讨了创新扩散过程的早期阶段,包括意识、影响和通信网络。他指出,创新的传播过程取决于人们对其的认知程度和影响力,以及他们之间的交流和互动。他还指出,通信网络在创新扩散过程中起着重要作用,因为它可以促进信息的传递和交流,从而加速创新的传播。罗晓光和孙艳凤[4]指出,在创新扩散网络中,个体创新信息采纳概率是影响创新扩散速度和规模的最重要因素;创新扩散网络密度越大,创新扩散规模越大,扩散速度越快;初始创新者数量多可以加快创新传播

---

[1] 何宇. 创新扩散及其影响因素 [J]. 上海经济研究,1992(4):53-57.

[2] BROWN J S, DUGUID P. The social life of information [M]. Cambridge:Harvard Educational Review,2000.

[3] LARSEN G D. Understanding the early stages of the innovation diffusion process:Awareness, influence and communication networks [J]. Construction management and economics,2011,29(10):987-1002.

[4] 罗晓光,孙艳凤. 创新扩散网络结构与创新扩散绩效关系研究 [J]. 科技进步与对策,2015,32(8):1-6.

速度，但不能扩大创新扩散规模。塞帕斯戈扎尔（Sepasgozar）和卢斯莫尔（Loosemore）[1]为了了解影响创新扩散的因素，指出技术扩散中存在的一些问题，如信息不对称、技术标准缺乏等，探讨了客户和供应商在技术扩散中的作用，以及客户和供应商之间的互动关系，认为客户和供应商之间的合作和交流可以促进技术扩散。

（三）创新扩散的相关模型

创新扩散模型是对采用创新的各类人群进行研究归类的一种模型，它的理论指导思想是，在创新面前，一部分人会比另一部分人思想更开放，愿意采纳创新。这个模型也被称为创新扩散理论，或多步创新流动理论、创新采用曲线。

1. 巴斯模型

在罗杰斯创新扩散理论的基础上，弗兰克·M.巴斯（Frank M. Bass）[2]于1969年构建了关于创新扩散的巴斯模型，该模型最初应用于对新消费品的扩散进行预测，随后逐渐商业化并被广泛应用于其他领域。例如，佘正宇（Zhengyu She）和曹瑞（Rui Cao）等[3]采用巴斯模型研究分析了中国八个风电基地的风电发展因素；陆勇（Yong Lu）和张勇（Yong Zhang）[4]利用巴斯模型研究了移动支付在中国的接受度和扩散速度，结果表明：个人特征、技术特征和环境特征等因素对移动支付在中国的接受度产生了积极影响，而市场规模、竞

---

[1] SEPASGOZAR S M E, LOOSEMORE M. The role of customers and vendors in modern construction equipment technology diffusion [J]. Engineering, construction and architectural management, 2017, 24 (6): 1203-1221.

[2] BASS F M. A new product growth for model consumer durables [J]. Management science, 1969, 15 (5): 215-227.

[3] SHE Z Y, CAO R, XIE B C, et al. An analysis of the wind power development factors by Generalized Bass Model: A case study of China's eight bases [J]. Journal of cleaner production, 2019, 231: 1503-1514.

[4] LU Y, ZHANG Y. An empirical study on the factors influencing the adoption of mobile payment: Evidence from China [J]. Journal of retailing and consumer services, 2021 (60): 102462.

争程度和政策支持等因素对其扩散产生了积极影响；朱冬元和刘佳[1]指出用户资源是互联网电商企业价值的驱动因素，从而引入巴斯模型对已有的用户终身价值估值模型中活跃用户数的预测进行改进，利用改进后模型对互联网电商企业唯品会进行了价值评估。总之，巴斯模型已经成为一种有效的市场预测和分析工具，并被广泛应用于各种领域。随着社会和经济的发展，通过巴斯模型对新产品或新技术在市场中的扩散进行模拟和预测，将会更加精细地预测市场的需求和趋势，帮助企业做出更为准确和有效的商业决策。

2. 冈珀茨模型

冈珀茨模型最早由英国数学家本杰明·冈珀茨（Benjamin Gompertz）[2]提出，用来探讨人类死亡率的变化规律，后来该模型被广泛应用于生物学、医学、经济学等领域。创新扩散的冈珀茨模型是一种用于描述预测新产品或新技术在市场上扩散的过程的数学模型，是基于S形曲线的冈珀茨函数的一种数学模型。

20世纪60年代，罗杰斯将冈珀茨函数引入创新扩散研究，并提出了基于冈珀茨函数的创新扩散模型。该模型用时间和市场份额作为自变量，用来描述新产品或新技术在市场上的扩散过程。罗杰斯的创新扩散模型被广泛应用于市场营销、产品开发等领域。

创新扩散冈珀茨模型可被用于文化产业，如电影、文化创意产品、文化旅游等领域，以研究文化产品市场扩散规律和影响因素。例如，柳景译、董雪阳和凌子怡[3]仿照冈珀茨曲线的变化趋势对奥飞娱乐的经营资产和负债做出

---

[1] 朱冬元，刘佳. 基于改进的用户终身价值模型的互联网电商企业价值评估 [J]. 中国资产评估，2023 (5)：4-12.

[2] GOMPERTZ B. On the nature of the function expressive of the law of human mortality, and on a new mode of determining the value of life contingencies [J]. Philosophical transactions of the Royal Society of London，1825 (115)：513-583.

[3] 柳景译，董雪阳，凌子怡. 基于Gompertz曲线模型的泛娱乐经营战略研究——以奥飞娱乐为例 [J]. 中国市场，2020 (33)：119，126.

预测，曹维芳等[1]建立冈珀茨曲线模型，通过确定舆情扩散过程中的3个时间特征点和4个发展时段进行分析研究，以具体事件为例确定不同时段的应对策略，进而为相关部门实现对突发事件的网络新闻舆情管理提供决策参考。该模型也可被用于评估环保技术的推广和应用效果，为环境保护决策提供参考。例如，郭俊荣[2]以冈珀茨模型为基础并对其进行动力学分析，设计出一种能够有效抵御害虫的生物加密算法。该模型还可以帮助企业预测新产品的市场占有率和销售额，从而制定更加有效的市场营销策略。例如，彭仁孚[3]在冈珀茨模型的基础上对WK（Workiva）公司的市场竞争情况予以剖析，为WK公司在农资市场竞争中的生存和发展提供相应的指导。此外，古铁雷斯（Gutiérrez）等[4]主要探讨了使用随机冈珀茨模型预测西班牙天然气消费总量的方法，并对模型参数的敏感性进行分析。该研究为使用创新扩散模型预测能源消费提供新的思路和方法。该模型基于冈珀茨函数，并考虑随机扰动，可以更好地描述创新扩散的过程，从技术的角度来看对随机冈珀茨创新扩散过程（SGIDP）的理论做出贡献。

3. 逻辑斯谛模型

逻辑斯谛（Logistic）模型最早由比利时数学家皮埃尔·弗朗索瓦·韦吕勒（Pierre Francois Verhulst）[5]提出，是一种用于描述人口增长的数学模型，被称为韦吕勒模型或逻辑斯谛模型。在人口学和生态学领域，逻辑斯谛模型被广泛用于描述种群的生长和扩散过程。在经济学领域，逻辑斯谛模型被用来描述新产品或新技术在市场上的扩散过程。

---

[1] 曹维芳，付文达，兰月新，等.基于Gompertz模型的网络新闻舆情扩散规律及对策研究[J].现代情报，2015，35（5）：20-24.

[2] 郭俊荣.脉冲治理害虫Gompertz模型中的混沌及其在图像加密中的应用[D].杭州：浙江农林大学，2021.

[3] 彭仁孚.基于Gompertz预测模型的WK公司分销渠道策略研究[D].长沙：中南大学，2008.

[4] GUTIÉRREZ R，NAFIDI A，SÁNCHEZ R G. Forecasting total natural-gas consumption in Spain by using the stochastic Gompertz innovation diffusion model [J]. Applied energy，2005，80（2）：115-124.

[5] VERHULST P F. Recherches mathématiques sur la loi d'accroissement de la population [M]. Paris：Guillaumin，1838.

20世纪80年代，巴斯[1]在1980年出版的著作《新产品的扩散》(*The Diffusion of a New Product*)中提出基于逻辑斯谛曲线的创新扩散模型，对创新扩散的理论和实践进行了深入的研究，该模型被广泛应用于市场营销、产品开发、社会变革等领域。

21世纪以来，逻辑斯谛模型应用广泛。在医疗方面，吴静飞[2]利用逻辑斯谛模型确定影响调查对象健康状况及患者满意度的关键因素，为我国老年人口医疗行为及医疗结果分析研究打下基础。甘雄辉等[3]通过筛选有统计意义的变量，借助逻辑斯谛模型来分析预测浸润病变的独立预测因素。在文化产业领域，郑兴波[4]采用逻辑斯谛模型着重研究公司营利能力等七个因子与文化企业成长性的内在联系。朱文晴等[5]通过逻辑斯谛模型对年龄等动漫电影的观看影响因素进行了分析，并对各因素影响结果进行比较。李艳燕[6]采用多分类逻辑斯谛回归模型考察文化消费社会分层结构的影响机制，探讨其与收入分层、职业分层、教育分层、社会经济地位分层的内在关联。在社会科学方面，卡尔（Call）和赫伯（Herber）[7]主要探讨了创新扩散理论在基于模型的系统工程（Model-Based Systems Engineering，MBSE）加速采用中的适用性。作者对MBSE的采用进行案例研究，使用巴斯模型和逻辑斯谛曲线模型对MBSE的采用的扩散过程进行建模和分析研究，对MBSE采用的影响因素进行了分析，包括技术特征、组织特征和环境特征。研究发现，创新扩散理论可以用于加速MBSE采用的过程。此外，逻辑斯谛模型还被用于大数据企业融资风险管理分析等领域。

---

[1] BASS F M. The diffusion of a new product [M]. New York：Free Press，1980.

[2] 吴静飞.基于安德森行为模型的我国老年人口医疗行为及医疗结果分析[D].南京：南京邮电大学，2022.

[3] 甘雄辉，潘永军，罗艳梅，等.肺结节CT可视影像学特征评分预测病理性质的诊断价值[J].放射学实践，2023，38（6）：709-714.

[4] 郑兴波.我国文化产业上市公司成长性研究[D].桂林：广西师范大学，2013.

[5] 朱文晴，金海成，金慧敏.关于国产动漫电影产业的发展研究[J].现代商业，2020（16）：50-52.

[6] 李艳燕.基于文化消费的社会分层结构及影响机制研究[J].文化产业研究，2022（2）：96-115.

[7] CALL D R，HERBER D R. Applicability of the diffusion of innovation theory to accelerate model-based systems engineering adoption [J]. Systems engineering，2022，25（6）：574-583.

4. 其他模型

随着信息技术的发展，创新扩散的研究得到了新的发展。瓦伦特（Valente）[1]提出了创新扩散网络模型，并探讨网络结构和节点属性对创新扩散的影响，强调了社会网络结构的重要性，指出不同的网络结构会影响创新的传播速度和范围，节点属性对创新扩散的影响因网络结构而异，并提出一些基于网络模型的创新扩散策略。近年来，基于社交网络和在线社区的创新扩散模型得到了广泛应用。

二、全产业链产业结构优化

（一）产业链

产业链被认为是一个十分传统的概念，最早由赫希曼（Hirschman）[2]在《经济发展战略》一书中提出，他从产业的前向关联和后向关联的角度论述了产业链的概念。赫希曼认为，一个产业的生产过程可以被分解成若干个环节，每个环节都需要不同的生产要素和技术，这些环节之间通过产品和服务的交换相互联系，形成一个完整的产业链。产业链的每个环节都有其独特的价值创造和分配功能，因此，产业链上的各个环节都是相互依存、相互影响的。赫希曼的产业链概念为后来的产业链理论和研究奠定了基础，在其后的研究中产业链的概念逐渐被扩展和深化，成为一个跨学科的研究领域，涵盖了产业链的结构、管理、创新、竞争等多个方面。在我国，"产业链"一词最早出现在姚齐源和宋伍生[3]于1985年发表的《有计划商品经济的实现模式——区域市场》一文中，作者认为市场区域利益最大化的战略重点就是产业链。此外，波特（Porter）[4]

---

[1] VALENTE T W. Network models of the diffusion of innovations [J]. Computational & mathematical organization theory, 1996, 2（2）: 163-164.

[2] HIRSCHMAN A O. The strategy of economic development [M]. Yale: Yale University Press, 1958.

[3] 姚齐源, 宋伍生. 有计划商品经济的实现模式——区域市场 [J]. 天府新论, 1985（3）: 1-4, 11.

[4] PORTER M E. Competitive advantage: Creating and sustaining superior performance [M]. New York: Free Press, 1985.

北京文化产业创新扩散与全产业链结构优化研究

论述了企业如何通过整合产业链中的各个环节来获得竞争优势。他不仅提出了价值链的概念,还认为,在产业链上,企业可以通过优化内部的价值链,强化与上下游企业的合作,构建更加高效的产业链,从而获得竞争优势。戴尔(Dyer)和辛格(Singh)[1]探讨了企业如何通过与其他企业建立合作关系来实现产业链的协同作用和资源整合,帮助企业在产业链中共同应对市场变化和风险,从而提高整条产业链的效率和竞争力。邓恩(Dunne)[2]探讨了澳大利亚食品产业链中的组织学习,他认为一个组织的学习能力可以通过其与产业链伙伴形成和维持合作关系的能力得到加强。殷琪(Qi Yin)和肖正阳(Zhengyang Xiao)[3]首次提出了生态产业链体系的概念和普适性方法。

"产业链"一词自提出后逐渐向全球化转移,如彼得·迪肯(Peter Dicken)[4]在《全球性转变:世界经济的变革轮廓》(*Global Shift: Mapping the Changing Contours of the World Economy*)中描述了全球化对产业链的影响和重要性。在讨论全球经济变化的过程中,涵盖许多关于产业链的内容,提出了"产业空间分工"的概念,探讨不同国家和地区在全球产业链中的角色和地位。他还讨论了全球化和技术创新对产业链的影响,以及企业如何在产业链中寻求竞争优势和创新。波特[5]探讨了国家在产业链中的竞争优势和产业集群的概念。他认为,产业链是一个由生产、加工和销售所组成的系统,在全球经济中发挥着重要的作用。波特还指出,国家可以通过发展产业集群,来提高整个产业链的

---

[1] DYER J H, SINGH H. The relational view: Cooperative strategy and sources of interorganizational competitive advantage [J]. Academy of management review, 1998, 23 (4): 660-679.

[2] DUNNE A J.Organisational learning in an Australian food industry chain [J]. Journal on chain and network science, 2007, 7 (1): 55-69.

[3] YIN Q, XIAO Z Y. Concept and application of ecological industry chain system [J]. Huanjing kexue, 2002, 23 (6): 114-118.

[4] DICKEN P. Global shift: Mapping the changing contours of the world economy [M]. New York: Guilford Press, 1986.

[5] PORTER M E. The competitive advantage of nations [J]. Harvard business review, 1990, 68 (2): 73-93.

竞争力和效率。盖雷菲（Gereffi）等[1]通过探讨全球价值链的治理结构和各参与者之间的关系，强调了全球化对产业链的影响和重要性。他们认为，全球化已经使产业链变得更加复杂和多元化，应管理和协调各参与者之间的关系，以实现产业链的高效运转和可持续发展。黄宗远和徐寿波[2]通过理论推导和演化模拟分析得出，在经济全球化浪潮的推动下，世界各国产业结构调整正在发生着从内敛型协调向外向型协调的重大转变，产业链全球化成为一种重要趋势，推动着各国由传统的产业之间分工向产业链垂直竞争与产业内平面网络型竞争格局发展。

邓宇[3]认为疫情后全球化进入新的发展阶段，呈现全球产业链重构加快等相互交织的结构化特征，他从疫情后全球化重塑视角剖析我国产业链重构的内外环境，建议从战略和制度设计层面细化策略，抢抓推动产业价值链向中高端创新发展。黄昱菲[4]指出2008年金融危机之后，由于多种原因，全球产业链开启重构。她认为全球产业链重构的重要内容是部分全球化产业将向地区合作范围转移。于佳[5]认为疫情对全球产业链的冲击不是短期和局部的，全球产业链的区域化、多元化发展有所加速。吴海清和张建珍[6]通过建立全球电影产业链分析框架，分析全球电影要素分布和结构状况，把握全球电影产业链上的竞争和整合，对中国电影未来的发展具有重要意义。

随着数字化的飞速发展，大数据作为关键生产要素，改变了传统产业链模式。庞磊和丁文丽[7]指出，数字经济、数字产业化与产业数字化显著地提升了产业链关键环节控制能力，作用强度依次减弱，并得出数字经济提升产业链关键

---

[1] GEREFFI G, HUMPHREY J, STURGEON T.The governance of global value chains [J]. Review of international political economy, 2005, 12（1）: 78-104.

[2] 黄宗远, 徐寿波. 产业链全球化与欠发达地区经济发展路径研究[J]. 经济问题, 2007（9）: 4-9.

[3] 邓宇. 全球化重塑背景下我国产业链重构的设想[J]. 金融市场研究, 2021（7）: 56-65.

[4] 黄昱菲. 全球面临新一轮经济产业链重构[J]. 商业观察, 2021（23）: 14-16.

[5] 于佳. 国际产业链重构对我国产业升级和产业转移的影响[J]. 经济导刊, 2021（8）: 56-62.

[6] 吴海清, 张建珍. 全球电影产业链结构及其对中国电影产业的影响[J]. 电影艺术, 2011（4）: 5-13.

[7] 庞磊, 丁文丽. 数字经济提升了产业链关键环节的控制能力吗？——基于数字产业化和产业数字化的对比研究[J]. 科学学研究, 2024, 42（3）: 541-553.

环节控制能力存在区域异质性和行业异质性等结论。李轶赫等[1]运用倾向评分匹配-双重差分（PSM-DID）模型，考察了龙头企业主导型数字农业产业链金融对农户信贷约束的影响，从实证方面印证了数字农业产业链金融在农户融资方面的改善作用。陈晓东和常皓亮[2]通过研究数字经济对产业链安全的影响效应及异质性作用，得出数字经济发展有利于提升产业链安全，数字经济对产业链安全的作用具有异质性：数字经济对现代制造业产业链安全具有显著正向影响，对传统制造业产业链安全具有显著负向影响。陈晓东和杨晓霞[3]通过研究数字化转型对产业链自主可控能力的影响机制，得出数字化转型显著提升产业链自主可控能力的结论，以推进产业数字化转型。杨梦洁[4]认为中国数字经济驱动城乡产业链深度融合的现实基础已初步具备，并提出探索城乡产业链数字化深度融合新场景等进行突破，以实现数字经济为城乡产业链深度融合与升级提供新的要素、注入新的动力。李涵斌[5]分析数字出版产业链目前面临的困难，并提出要高度重视自媒体时代数字出版全产业链商业服务运营模式的技术创新。

（二）产业结构

科林·克拉克（Colin Clark）[6]在1937年出版的《国民收入和支出》（*National Income and Outlay*）一书中，将经济活动分为三个部门，即农业、工业和服务业，并提出"三部门理论"，这个理论为后来产业结构理论和研究提供基础和启示。美国经济学家西奥多·莱维特（Theodore Levitt）[7]认为产业结构是由

---

[1] 李轶赫，梁家宁，曾静怡.龙头企业主导型数字化农业产业链金融对农户信贷约束的影响研究——基于PSM-DID模型的实证分析[J].中国商论，2023（10）：116-122.

[2] 陈晓东，常皓亮.数字经济可以增强产业链安全吗？——基于世界投入产出表的研究[J].经济体制改革，2023（3）：15-24.

[3] 陈晓东，杨晓霞.数字化转型是否提升了产业链自主可控能力？[J].经济管理，2022，44（8）：23-39.

[4] 杨梦洁.数字经济驱动城乡产业链深度融合的现状、机制与策略研究[J].中州学刊，2021，297（9）：28-34.

[5] 李涵斌.基于媒介融合背景下的数字出版产业运营策略探究[J].数字通信世界，2021，201（9）：151-152.

[6] CLARK C. National income and outlay [M]. London：Macmillan，1937.

[7] LEVITT T. Marketing myopia [J]. Harvard business review，1960，38（4）：45-56.

市场需求、技术创新、竞争和合作等因素共同决定的,并强调了产业结构的全球化趋势。英国经济学家阿尔弗雷德·马歇尔(Alfred Marshall)[1]在其著作《经济学原理》中,提出"产业结构"的概念,认为产业结构是指不同行业之间的相互关系和相互依赖程度,它对产业发展和经济增长具有重要的影响。迈克尔·波特[2]探讨了美国轮胎产业结构和竞争策略之间的关系,提出五力模型来分析产业的竞争格局。他提出产业结构是指一个产业中各家企业之间的关系、竞争和合作等方面的组成和结构。让·梯若尔(Jean Tirole)[3]在《产业组织理论》中对产业结构、市场竞争、价格形成等方面进行了深入的研究和分析,探讨产业结构对企业竞争和市场效率的影响,认为产业结构的不同类型会影响企业的行为和策略选择,进而影响市场的竞争格局和市场效率。

在我国,产业结构的概念最早由经济学家郭隆真在1958年发表的《论我国的产业结构》一文中提出,在该文中郭隆真还指出产业结构对于国民经济发展的重要性。这篇文章对我国经济学界的发展和产业结构的研究具有重要的意义。随后,产业结构的概念逐渐在我国经济学界得到广泛的应用和研究,产业结构理论逐渐发展完善,成为现代产业经济学的重要分支之一。尹世杰[4]指出,建立合理的产业结构是实现社会主义生产目的的一个重要方面。他还提出要建立合理的产业结构必须考虑人民的消费水平等三个水平因素及劳动力数量等两个数量因素。尹世杰[5]认为,轻型产业结构一般是有机构成较低,中间产品较少,最终产品率较高;轻工业的增长速度快于重工业;制造生产资料的生产资料的增长速度快于制造消费资料的生产资料的增长速度。他认为,划分产业结构为重型和轻型,不能单纯以农轻重的比例是否六、四开为依据,而应该从农轻重相互制约的内在联系分析,从农轻重各自内部结构的变化分析,才能得出较为科

---

[1] MARSHALL A .Principles of economics [J]. Political science quarterly,1961,31(77):430-444.

[2] PORTER M E. Industry structure and competitive strategy:Keys to profitability [J]. Financial analysts journal,1980,36(4):30-41.

[3] TIROLE J.The theory of industrial organization [M]. Cambridge:MIT Press,1988.

[4] 尹世杰.社会主义生产目的与产业结构 [J]. 江汉论坛,1981(2):3-6.

[5] 尹世杰.关于在我国建立轻型产业结构的几个问题 [J]. 湘潭大学(社会科学学报),1981(1):1-8.

学的结论。李柱锡[1]认为,产业结构一般指一国经济赖以构成的产业的种类及其比重和相互联系。

(三)产业链产业结构优化

产业结构优化的概念是相对较新的,没有一个确切的提出者。它是随着现代产业经济学的发展而形成的。产业结构优化的基本思想是通过优化产业链上的各个环节,提高资源利用效率和降低成本,从而提高整个产业的竞争力和效益,推动产业升级和经济发展。在实践中,产业结构优化是一个长期的过程,需要政府、企业和社会各方的共同努力。

20世纪,经济学家钱纳里(Chenery)[2]和迈克尔·布鲁诺(Michael Bruno)[3]等提出结构调整理论,强调产业结构调整对经济增长和发展的重要性。他们的研究为后来的产业结构优化理论奠定基础。产业结构优化与经济增长和技术进步密切相关,保罗·罗默(Paul Romer)[4]等人提出的新经济增长理论,强调技术进步对经济增长的重要性及创新对经济增长的重要影响,为后来学者理解产业结构优化与经济增长之间的关系提供了部分理论基础。经济学家保罗·克鲁格曼(Paul Krugman)[5]等人提出的新经济地理学理论,强调地理因素对产业结构和经济发展的影响,为后来的地区产业结构优化和区域经济发展提供理论基础。而丘奇(Church)和瓦雷(Ware)[6]深入研究了产业结构和企业竞争策略之间的关系,指出市场结构与研发激励的关系,提出关于产业链产业结构优

---

[1] 李柱锡. 现代产业结构分析 [J]. 外国经济参考资料,1982(4):17-21.

[2] CHENERY H B. Patterns of industrial growth [J]. American economic review, 1960, 50 (4): 624-654.

[3] BRUNO M. The economics of worldwide stagflation [J]. The quarterly journal of economics, 1982, 97 (2): 163-194.

[4] ROMER P. Endogenous technological change [J]. The quarterly journal of economics, 1990, 107 (2): 323-331.

[5] KRUGMAN P. Increasing returns and economic geography [J]. The quarterly journal of economics, 1991, 106 (2): 379-411.

[6] CHURCH J, WARE R. Industrial organization: A strategic approach [M]. Boston: Mc Graw-Hill, 2000: 76, 684-687.

化的创新、垂直整合及横向合并等结构优化措施。吴宁（Ning Wu）等[1]利用空间杜宾模型研究高等教育和技术创新的空间效应，发现高等教育发展对产业结构升级有正向的间接影响，其直接影响小于间接影响，技术创新对产业结构升级的直接影响是积极的，然而其间接影响并不显著。

产业链结构优化可以应用于各种不同的产业和领域，如文化创意产业，优化文化创意产业链结构，提高创意产品的设计和开发能力。例如，黄良勇（Liangyong Huang）[2]认为大数据可以优化产业价值链，高层次创新人才是文化产业及其结构优化升级的关键。张杰（Jie Zhang）和郭宏宝（Hongbao Guo）[3]表明，数据资源可以帮助推动我国文化创意产业的资源整合，以及产业结构的优化、智能转型、总量增长。他们认为，文化创意产业资源整合应从业务流程入手，增强产业网络的控制力，通过高科技手段不断创造和提升传统文化资源，产生高附加值。张苏缘和顾江[4]以267个地级市面板数据为研究对象，以城市品牌为切入点考察文化产业集聚对区域产业结构升级的影响机制，并进行实证检验。研究发现，文化产业集聚具有网状特征，依托规模效应、竞争效应及溢出效应，显著促进区域产业结构升级。曾咏梅[5]针对这些问题，提出大力发展创意设计等新型文化产业，鼓励科技创新，引进和培育高端人才，走特色化、集约化、规模化和专业化的文化产业发展道路，从而提升湖南省文化资源的配置效率，培育出文化产业新的经济增长点，以期实现文化强省战略目标。耿鹏[6]提出创意产业发展对产业结构优化升级有重要意义，指出发展创意产业是产业结构

---

[1] WU N，LIU Z K. Higher education development，technological innovation and industrial structure upgrade [J]. Technological forecasting and social change，2021，162（1）：120400.

[2] HUANG L Y，JIA Y. Innovation and development of cultural and creative industries based on big data for industry 5.0 [J]. Scientific programming，2022（2）：1-8.

[3] ZHANG J，GUO H B. Resource integration of cultural and creative industries using data mining technology [J]. Wireless communications and mobile computing，2022（6）：1-10.

[4] 张苏缘，顾江. 文化产业集聚如何赋能区域产业结构升级——基于城市品牌的中介效应分析 [J]. 江苏社会科学，2022，324（5）：172-181，243-244.

[5] 曾咏梅. 湖南省文化产业结构优化研究 [J]. 邵阳学院学报（社会科学版），2019，18（5）：66-71.

[6] 耿鹏. 文化创意产业发展对产业结构优化升级的影响研究 [J]. 中国市场，2018，981（26）：55-57.

转型的迫切需要，加快战略性的结构调整，淘汰落后产能和高耗能、高污染产能，对产业结构进行优化升级，实现供给侧结构性改革，成为中国经济发展的主攻方向。他认为，在产业结构上可以通过互联网形成由小微企业构成的创意产业集群，带动社会就业、创业，同时实现创意产业结构优化升级。朱飞[1]以环太湖地区为例，运用马尔科夫二次规划模型，对2014—2025年其文化旅游产业结构有序度加以预测，同时选择2017年、2020年和2025年三个典型年份作为参照标准，测算2005—2016年该地区文化旅游产业结构的有序度，从而对环太湖地区文化旅游产业的结构优化调整程度予以定量考察。他指出，环太湖地区文化旅游产业结构尚处于动态优化的过程，说明近年来环太湖地区文化旅游产业结构发展日趋稳定，且产业结构不断得到优化与升级。于亚娟[2]依据产业内部细分行业发展势头，将内蒙古文化产业结构大致分为三个层级，通过研究内蒙古文化产业结构，发现当前内蒙古文化产业结构存在文化产业与其他产业关联度不够、文化与科技融合不足的问题并提出相关结构优化建议，以促进内蒙古文化产业做大做强。田蕾[3]认为，文化创意产业结构优化升级是增强产业国际竞争力，推动我国文化"走出去"的迫切需要。她指出，文化创意产业结构优化升级分析的有机整体包括产业价值链结构、产业结构、空间布局结构三个层面。近十年内欧美等国家在传统文化产业领域、内容创意与渠道平台类等行业形成一定发展趋势，从而引发对现阶段我国文化创意产业发展阶段与政策的再思考。姜长宝[4]以南阳市文化产业为研究对象，对其产业结构优化进行研究分析。他认为南阳市文化资源丰富，文化产业体系较为完整，但其产业结构在发展中存在产品结构不合理、产业组织结构不合理、所有制结构仍需调整等不足之处。针对这些不足，姜长宝提出积极推进兼并、联合、重组，形成一批有较强竞争力的文化企业集团等措施，以促进文化产业结构的优化，进而推动文化产业的持续发展。

---

[1] 朱飞.区域文化旅游产业结构有序度测度与优化——基于环太湖地区面板数据的计量分析[J].南京晓庄学院学报，2017，33（6）：119-124.
[2] 于亚娟.内蒙古文化产业结构现状及优化[J].内蒙古财经大学学报，2015，13（6）：50-53.
[3] 田蕾.世界文化创意产业结构优化的发展趋势及启示[J].经济问题探索，2013，376（11）：55-60.
[4] 姜长宝.论南阳市文化产业结构的优化[J].南阳师范学院学报，2008，73（7）：12-14.

在农业领域，优化农业供应链结构，可以提高农产品质量和安全性。刘涛等[1]以茂名为例采用解释结构（ISM）模型和交叉影响矩阵相乘（MICMAC）法，梳理农产品流通体系优化的各影响因素的层级关系和内在作用机制，以全产业链为抓手，促进农产品流通体系优化，对推动农业产业升级、全面推进乡村振兴具有重要意义。刘婷[2]强调中国速冻食品业近年迅猛发展，这一发展推动农产品加工业的高质量进步。然而，产业链中各个环节之间的衔接问题导致产业整体效率低、各方协同不足、供应流通受阻及信息传递滞后等。为了解决这些问题，她指出引入全产业链运营理念的必要性，以实现更高效的发展。刘婷建议利用现代信息技术，构建一个速冻食品全产业链的数据信息共享平台，以促进产业链的纵向和横向整合，并进一步完善产业链上各主体之间的利益联结机制，从而推动中国速冻食品全产业链的优化升级。此外，彭莹和刘华军[3]从理论和实证角度研究产业结构优化对全要素能源生产率增长的影响。他们通过分析全样本及不同时期的回归结果，发现产业结构向合理化和高度化方向演进可以促进全要素能源生产率的增长，并基于这些发现提出关于我国全要素能源生产率因地制宜地推进产业结构优化升级的建议。

产业结构优化升级对经济绿色发展具有重要影响。产业结构优化升级可以推动传统高污染、高能耗产业向清洁、低碳、高效的产业转型，减少资源的消耗和环境的污染，有利于"双碳"目标的实现。例如，莫国伟等[4]通过研究发现，产业结构升级水平与绿色发展呈U形曲线关系，即随着产业结构升级水平的提高，绿色发展会表现出下降—上升的变化趋势；能源效率提升对绿色发展具有正向的促进作用；能源效率在产业结构升级对绿色发展的影响过程中具有显著的中介效应。他们据此建议，以供给侧结构性改革推动资源禀赋的产业结

---

[1] 刘涛，罗颖，刘峻兵.全产业链视角下农产品流通体系优化的影响因素研究[J].广东石油化工学院学报，2023，33（2）：44-48，54.

[2] 刘婷.信息化时代速冻食品全产业链优化研究[J].北方经贸，2023，458（1）：127-131.

[3] 彭莹，刘华军.产业结构优化对全要素能源生产率增长的影响[J].环境经济研究，2019，4（3）：92-112.

[4] 莫国伟，李敏，张温馨.产业结构升级、能源效率与绿色发展的影响研究[J].科技和产业，2023，23（4）：199-205.

构升级，因地制宜实施产业节能减排政策；发展新型清洁能源，优化能源消费结构，促进经济绿色发展。喻登科等[1]运用空间杜宾模型，实证研究了在"双碳"目标约束下的产业结构优化对绿色发展（绿色全要素生产率）的影响及其内在机制。他们发现，党的十八大以来，中国各区域在绿色发展上取得了显著成效；产业结构优化显著促进绿色全要素生产率的提高，但产业结构高度化的作用显著强于产业结构合理化的作用，对技术进步的推动作用要显著强于对技术效率的影响。他们提出可以从加强区域协调、产业协同和科技创新等方面促进产业结构升级，以帮助区域谋求绿色发展，助力实现"双碳"目标。早在2010年华东理工大学的田恒水等[2]就通过实验研究，间接实现了二氧化碳替代剧毒的光气，实现二氧化碳的绿色化利用，形成具有中国特色的、有强大市场竞争力的绿色高新精细化工产业链。他们将二氧化碳的减排与绿色化利用有机结合，降低单位国内生产总值（Gross Domestic Product，GDP）的能源消耗率，提高社会效益、经济效益，促进化学工业的安全、高效、绿色可持续发展，又很好地符合我国的能源安全战略；对化工行业节能减排、调整产业结构、优化升级和发展绿色经济、低碳经济战略性新兴产业，具有非常重大的社会经济意义，而且有非常深远的历史意义和重要的战略意义。

产业结构优化升级也应用于其他领域。丁冬梅[3]认为，西部地区产业链是一个复合系统链，通过优化西部地区产业结构，确定产业链的优化标准，找出西部产业链的实现途径，才能更好地把西部产业做大做强。刘霜和孙芳城[4]认为产业结构升级可有效助推新型城镇化建设。刘伟[5]运用2015—2020年省域面板数

---

[1] 喻登科，解佩佩，高翔. "双碳"目标下产业结构优化对区域绿色发展的影响研究[J]. 创新科技，2022，22（9）：50-59.

[2] 田恒水，李峰，陆文龙，等. 发展二氧化碳的绿色高新精细化工产业链促进产业结构优化节能减排[J]. 化工进展，2010，29（6）：977-983.

[3] 丁冬梅. 西部区域产业结构调整与产业链优化升级[J]. 产业与科技论坛，2009，8（1）：67-68.

[4] 刘霜，孙芳城. 长江经济带新型城镇化与产业结构升级的交互影响研究[J]. 西部经济管理论坛，2023，34（1）：49-59.

[5] 刘伟. 数字金融对制造业产业链韧性的影响效应分析[J]. 武汉金融，2023，280（4）：40-48.

据，考察数字金融对制造业产业链韧性的影响。他发现，数字金融可显著提高制造业产业链韧性；技术创新是数字金融影响产业链韧性的重要渠道；产业集聚和政府补贴的优化均对数字金融与制造业产业链韧性具有正向调节作用等。这有助于制造业优化供应链结构，提高生产效率和降低成本。

总而言之，产业链的优化可以从垂直整合、横向协同、技术创新、人才培养和资源配置等方面进行，以实现产业链上下游的垂直整合，增强整体竞争力，提升产业链的技术水平和附加值，避免资源浪费和重复建设，提高资源利用效率和经济效益。

三、创新扩散与产业链结构优化的相互影响

约瑟夫·熊彼特（Joseph Alois Schumpeter）[1]提出创新理论，认为没有创新的企业，利润就会消失或变得不重要，强调创新对产业结构的重要影响。他的研究为后来的学者提供了产业结构演变和创新驱动的理论基础。霍尔（B. H. Hall）等[2]探讨了研发对生产率和产业结构的影响，认为研发可以促进产业结构的升级和优化，提升企业的生产率和竞争力。创新扩散对产业链结构优化具有重要影响。创新扩散可以促进产业结构的优化和升级。周振华[3]指出，产业结构成长的关键在于创新。而在现实经济中，创新要成为结构成长的一个支点，其本身必须具备扩散和群集能力。赵峰和魏成龙[4]指出，产业结构优化升级必须具备创新扩散和群集能力。他们认为多部门中的创新群集要以部门内部的创新扩散为基础，才能使产业优化升级产生质的飞跃。

---

[1] SCHUMPETER J A. Capitalism, socialism, and democracy [J]. University of illinois at urbana-champaign's academy for entrepreneurial leadership historical research reference in entrepreneurship, 1942: 67-88.

[2] HALL B H, MAIRESSE J. Exploring the relationship between R&D and productivity in French manufacturing firms [J]. Journal of econometrics, 1995, 65 (1): 263-293.

[3] 周振华. 产业结构成长中的创新扩散与群集——兼论若干模型在我国的运用 [J]. 南开经济研究, 1991 (4): 38-43, 37.

[4] 赵峰, 魏成龙. 创新扩散、创新群集机理分析及应用 [J]. 中国工业经济, 2004 (12): 55-60.

技术创新扩散对产业结构优化有着重要影响。丁焕峰[1]指出，技术创新是产业结构优化的核心动力。在分析影响产业结构优化的主要因素、影响技术扩散的主要因素等问题基础上，系统分析技术扩散对产业结构优化的主要作用机制。他认为，创新的技术通过有效扩散一方面对产业结构变量发挥作用，即通过影响社会需求结构与规模、相对成本、国内外经济环境等对产业结构优化发挥作用；另一方面通过强化产业间的技术经济联系，即提升技术矩阵的水平促进产业结构的优化。

刘鹤[2]认为，技术创新扩散和产业结构优化都有利于经济的增长。他通过对技术创新扩散和产业结构优化各自的概念和影响因子的对比分析，总结出技术扩散与产业结构优化之间的影响机制，具体为技术扩散通过改变产业结构优化影响因子和技术矩阵水平，作用于产业结构优化。吉洛（Guilló）等[3]认为在生产网络中，各部门之间存在着联系，技术溢出效应使得技术能够在各部门之间实现扩散，从而提升企业创新水平，促使产业结构转型升级。钟章奇[4]通过应用地理计算方法开发了多区域经济增长和技术创新扩散的政策模拟系统，并将其应用于全球产业结构进化和碳排放转移的政策模拟分析，基于进化经济理论，通过引入基于自主体模拟的地理计算方法，将微观尺度上企业技术的空间创新与扩散行为和区域尺度上各个国家产业结构进化和碳排放转移通过进化分析联系起来。他探讨多区域技术创新与扩散对全球区域产业结构进化及碳排放转移的影响，并分析在微观层面上企业技术创新与扩散行为如何推动宏观尺度上区域产业结构调整及碳排放转移。周晓晓（Xiaoxiao Zhou）等[5]指出，从微观角度

---

[1] 丁焕峰．技术扩散与产业结构优化的理论关系分析[J]．工业技术经济，2006（5）：95-98.
[2] 刘鹤．技术扩散与产业结构优化关系的理论分析[J]．商业时代，2013，597（14）：117-118.
[3] GUILLÓ M D, PAPAGEORGIOU C, PEREZ-SEBASTIAN F.A unified theory of structural change [J]. Journal of economic dynamics and control，2011，35（9）：1393-1404.
[4] 钟章奇．多区域经济增长与技术创新扩散的政策模拟系统研发及其应用[D]．上海：华东师范大学，2016.
[5] ZHOU X X, CAI Z, TAN K H, et al. Technological innovation and structural change for economic development in China as an emerging market [J]. Technological forecasting and social change，2021，167（1）：120671.

看，技术创新的扩散和溢出要求产业结构合理化。冀雁龙和夏青[1]认为外商直接投资通过技术引进与扩散对旅游产业结构升级产生催化作用，使用外商直接投资占GDP的比重表示。谢谦和金才淇[2]通过研究发现，在技术溢出效应、市场扭曲效应等四种机制中，技术溢出效应最为直接，是产业之间的直接传导，能够通过部门间技术的扩散传播对产业结构升级产生直接效应，而其他机制的传导均需要更加复杂的过程，产生间接效应。姜帅和龙静[3]通过空间效应分析，发现技术创新的空间效应比人力资本显著，这表明高等教育对产业结构升级的影响的空间效应可能是基于技术创新的集聚扩散。他们认为，科技创新是驱动产业结构优化的引擎，可以通过建立区域产业技术创新战略联盟等措施，推进信息资源共享，促进区域间创新要素高效流动、技术知识及创新成果快速扩散。

总而言之，技术创新扩散可以带来新的技术、工艺、产品和服务，从而推动产业结构的升级和转型。技术创新扩散可以推动传统产业向高附加值、高技术含量的产业转型，促进新兴产业的兴起和发展，推动经济结构的优化。技术创新扩散也可以改变资源的配置方式，优化产业结构中的资源分配。技术创新扩散还可以促进企业和产业之间的协同与合作。通过技术创新的共享与交流，企业可以形成技术联盟、产业集群等合作形式，共同推动产业的发展和优化。

信息通信产业的发展促进创新扩散，从而有助于优化产业结构，推动传统产业向数字经济和智能产业的转型，促进产业结构的优化。例如，许必善等[4]指出，信息通信产业的溢出联动扩散效应促进产业结构升级。宋鑫磊[5]指出，应充分把握通信产业发展对产业结构优化的影响，这将有助于提高社会各界对通信

---

[1] 冀雁龙，夏青.数字技术、要素禀赋与旅游产业结构升级[J].经济论坛，2023，634（5）：83-96.

[2] 谢谦，金才淇.生产网络视角下的产业结构升级：逻辑解构和实现路径[J].首都经济贸易大学学报，2023，25（3）：32-42.

[3] 姜帅，龙静.高等教育对产业结构优化升级的影响研究[J].教育学术月刊，2023，369（4）：19-25.

[4] HEO P S, LEE D H.Evolution of the linkage structure of ICT industry and its role in the economic system: The case of Korea [J]. Information technology for development，2019，25（3）：424-454.

[5] 宋鑫磊.通信产业发展对产业结构优化影响研究[D].上海：上海社会科学院，2020.

产业的重视程度和研究水平。张金宁（Jinning Zhang）等[1]指出，数字经济的扩散对产业结构产生了深远影响，企业应注重数字化转型，促进低碳发展。张涛和李均超[2]认为，加速数据要素有效扩散、促进产业结构优化升级的关键手段是促进大数据、云计算、物联网、工业互联网等新一代信息技术的发展。

此外，钟章奇[3]通过引入基于自主体模拟方法，将微观尺度上企业创新扩散和宏观尺度上产业结构进化联系起来，搭建一个从异质性企业出发到产业结构进化的解释框架，来探索创新扩散驱动下的全球产业结构进化。他发现，全球产业结构进化主要受产品创新和过程创新共同推动。他与何凌云[4]基于演化经济视角，构建了一个微观企业技术创新扩散驱动的宏观区域产业结构演化发展的理论分析框架，通过该框架分析得出，微观企业技术创新行为会驱动宏观区域产业结构演化发展，宏观区域产业结构演化发展也会约束微观企业技术创新行为。周云波等[5]指出，不同行业通过连续技术创新和技术扩散带动产业结构优化升级。

产业结构的优化在一定程度上也会促进创新扩散。产业结构优化可以激发创新活动的动力，推动创新扩散。例如，沃森（Vossen）[6]的主要研究领域包括创新和市场结构的研究及企业之间的联盟，他认为，小型和大型企业可能擅长不同类型的创新，市场力量对创新有重要影响，企业需要更加紧密的合作。产

---

[1] ZHANG J N, LYU Y W, LI Y T, et al. Digital economy: An innovation driving factor for low-carbon development [J]. Environmental impact assessment review, 2022, 96（9）：106821.

[2] 张涛，李均超. 网络基础设施、包容性绿色增长与地区差距——基于双重机器学习的因果推断 [J]. 数量经济技术经济研究，2023，40（4）：113-135.

[3] 钟章奇. 创新扩散驱动下的全球产业结构进化——基于Agent的模拟 [J]. 科研管理，2020，41（2）：94-103.

[4] 钟章奇，何凌云. 演化经济视角下技术创新扩散驱动的区域产业结构演化：一个新的理论分析框架 [J]. 经济问题探索，2020，453（4）：161-172.

[5] 周云波，田柳，陈岑. 经济发展中的技术创新、技术溢出与行业收入差距演变——对U型假说的理论解释与实证检验 [J]. 管理世界，2017，290（11）：35-49.

[6] VOSSEN R W. Relative strengths and weaknesses of small firms in innovation [J]. International small business journal, 1998, 16（3）：88-94.

业结构优化可以引导资源向创新领域集中,从而提供更多的创新资源。将经济重心从传统产业向高科技、高附加值产业转移,可以吸引更多的创新人才和资金流入,促进创新活动的开展,进而推动创新扩散。达斯古普塔(Dasgupta)等[1]主要探讨产业结构对创新活动的影响。他们通过理论模型和实证分析,研究了不同产业结构下创新活动的性质和特征,发现在具有较高市场集中度和较少竞争的产业中,创新活动更为集中和集约化。这是因为在这种产业结构下,企业更容易获得市场份额和利润,并且更有动力进行创新。此外,他们还讨论了不同产业结构下创新活动的性质,发现在具有较少竞争的产业中,创新更多地集中在少数大型企业,而在竞争激烈的产业中,创新更为分散,涉及更多的中小型企业。

---

[1] DASGUPTA P, STIGLITZ J. Industrial structure and the nature of innovative activity [J]. The economic journal, 1980, 90 (358): 266-293.

第二章　基本概念与理论

在分析北京文化产业创新扩散对全产业链结构优化的影响前，有必要对文化产业结构、文化产业链、创新扩散、技术密集度等关键概念进行明确，对文化产业结构理论、创新扩散理论、全产业链理论、科技创新促进产业结构升级理论等关键理论进行阐释。

第一节　基本概念

一、文化产业结构

（一）文化产业

1.国家统计局的定义

国家统计局2018年4月发布的《文化及相关产业分类（2018）》指出："文化及相关产业是指为社会公众提供文化产品和文化相关产品的生产活动的集合。"其范围为：①以文化为核心内容，为直接满足人们的精神需要而进行的创作、制造、传播、展示等文化产品（包括货物和服务）的生产活动，具体包括新闻信息服务、内容创作生产、创意设计服务、文化传播渠道、文化投资运营和文化娱乐休闲服务等活动；②为实现文化产品的生产活动所需的文化辅助生产和中介服务、文化装备生产和文化消费终端生产（包括制造和销售）等活动。文化核心领域产业分类如表2-1所示，文化相关领域产业分类如表2-2所示。

第二章 基本概念与理论

表2-1 文化核心领域产业分类

序号	大类	中类	小类
1	新闻信息服务	新闻服务	新闻业
2		报纸信息服务	报纸出版
3		广播电视信息服务	广播
4			电视
5			广播电视集成遥控
6		互联网信息服务	互联网搜索服务
7			互联网其他信息服务
8	内容创作生产	出版服务	图书出版
9			期刊出版
10			音像制品出版
11			电子出版物出版
12			数字出版
13			其他出版业
14		广播影视节目制作	影视节目制作
15			录音制作
16		创作表演服务	文艺创作与表演
17			群众文体活动
18			其他文化艺术业
19		数字内容服务	动漫、游戏数字内容服务
20			互联网游戏服务
21			多媒体、游戏动漫和数字出版软件开发
22			增值电信文化服务
23			其他文化数字内容服务
24		内容保存服务	图书馆
25			档案馆
26			文物及非物质文化遗产保护
27			博物馆
28			烈士陵园、纪念馆
29		工艺美术品制造	雕塑工艺品制造

35

续表

序号	大类	中类	小类
30	内容创作生产	工艺美术品制造	金属工艺品制造
31			漆器工艺品制造
32			花画工艺品制造
33			天然植物纤维编织工艺品制造
34			抽纱刺绣工艺品制造
35			地毯、挂毯制造
36			珠宝首饰及有关物品制造
37			其他工艺美术及礼仪用品制造
38		艺术陶瓷制造	陈设艺术陶瓷制造
39			园艺陶瓷制造
40	创意设计服务	广告服务	互联网广告服务
41			其他广告服务
42		设计服务	建筑设计服务
43			工业设计服务
44			专业设计服务
45	文化传播渠道	出版物发行	图书批发
46			报刊批发
47			音像制品、电子和数字出版物批发
48			图书、报刊零售
49			音像制品、电子和数字出版物零售
50			图书出租
51			音像制品出租
52		广播电视节目传输	有线广播电视传输服务
53			无线广播电视传输服务
54			广播电视卫星传输服务
55		广播影视发行放映	电影和广播电视节目发行
56			电影放映
57		艺术表演	艺术表演场馆
58		互联网文化娱乐平台	互联网文化娱乐平台

第二章 基本概念与理论

续表

序号	大类	中类	小类
59	文化传播渠道	艺术品拍卖及代理	艺术品、收藏品拍卖
60			艺术品代理
61		工艺美术品销售	首饰、工艺品及收藏品批发
62			珠宝首饰零售
63			工艺美术品及收藏品零售
64	文化投资运营	投资与资产管理	文化投资与资产管理
65		运营管理	文化企业总部管理
66			文化产业园区管理
67	文化娱乐休闲服务	娱乐服务	歌舞厅娱乐活动
68			电子游艺厅娱乐活动
69			网吧活动
70			其他室内娱乐活动
71			游乐园
72			其他娱乐业
73		景区游览服务	城市公园管理
74			名胜风景区管理
75			森林公园管理
76			其他游览景区管理
77			自然遗迹保护管理
78			动物园、水族馆管理服务
79			植物园管理服务
80		休闲观光游览服务	休闲观光活动
81			观光游览航空服务

资料来源：《文化及相关产业分类（2018）》。

表2-2 文化相关领域产业分类

序号	大类	中类	小类
1	文化辅助生产和中介服务	文化辅助用品制造	文化用机制纸及纸板制造
2			手工纸制造

37

续表

序号	大类	中类	小类
3	文化辅助生产和中介服务	文化辅助用品制造	油墨及类似产品制造
4			工艺美术颜料制造
5			文化用信息化学品制造
6		印刷复制服务	书报刊印刷
7			本册印制
8			包装装潢及其他印刷
9			装订及印刷相关服务
10			记录媒介复制
11			摄影扩印服务
12		版权服务	版权和文化软件服务
13		会议展览服务	会议、展览及相关服务
14		文化经纪代理服务	文化活动服务
15			文化娱乐经纪人
16			其他文化艺术经纪代理
17			婚庆典礼服务
18			文化贸易代理服务
19			票务代理服务
20		文化设备（用品）出租服务	休闲娱乐用品设备出租
21			文化用品设备出租
22		文化科研培训服务	社会人文科学研究
23			学术理论社会（文化）团体
24			文化艺术培训
25			文化艺术辅导
26	文化装备生产	印刷设备制造	印刷专用设备制造
27			复印和胶印设备制造
28		广播电视电影设备制造及销售	广播电视节目制作及发射设备制造
29			广播电视接收设备制造
30			广播电视专用配件制造
31			专业音响设备制造

续表

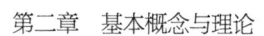

序号	大类	中类	小类
32	文化装备生产	广播电视电影设备制造及销售	应用电视设备及其他广播电视设备制造
33			广播影视设备批发
34			电影机械制造
35		摄录设备制造及销售	影视录放设备制造
36			娱乐用智能无人飞行器制造
37			幻灯及投影设备制造
38			照相机及器材制造
39			照相器材零售
40		演艺设备制造及销售	舞台及场地用灯制造
41			舞台照明设备批发
42		游乐游艺设备制造	露天游乐场所游乐设备制造
43			游艺用品及室内游艺器材制造
44			其他娱乐用品制造
45		乐器制造及销售	中乐器制造
46			西乐器制造
47			电子乐器制造
48			其他乐器及零件制造
49			乐器批发
50			乐器零售
51	文化消费终端生产	文具制造及销售	文具制造
52			文具用品批发
53			文具用品零售
54		笔墨制造	笔的制造
55			墨水、墨汁制造
56		玩具制造	玩具制造
57		节庆用品制造	焰火、鞭炮产品制造
58		信息服务终端制造及销售	电视机制造
59			音响设备制造
60			可穿戴智能文化设备制造

续表

序号	大类	中类	小类
61	文化消费终端生产	信息服务终端制造及销售	其他智能文化消费设备制造
62			家用视听设备批发
63			家用视听设备零售
64			其他文化用品批发
65			其他文化用品零售

资料来源：《文化及相关产业分类（2018）》。

2. 部分学者的定义

文化产业不仅促进一个国家或地区消费形态的转型，也推动产业的升级与竞争。[1]目前，文化产业的分类存在概念模糊、边界不清的问题，由此也带来统计、研究等诸多不便。

按照文化产业理论推断，文化产业可以分为产品层、服务层和交叉层等三个层次，共16个门类（见图2-1）。

第一层：产品层（共7个门类）
包括音乐及表演艺术业、视觉艺术业、新闻及出版业、广播影视业、动漫及游戏业、工艺及古董业、数字内容（包括网络文化）业

第二层：服务层（共4个门类）
包括产品设计（工业设计、建筑设计、视觉传达设计、时尚品牌设计）、公关及广告业、节庆会展业、咨询服务业

第三层：交叉层（共5个门类）
包括文化旅游业、体育休闲业、文化设施应用、教育培训业，以及其他经中央机关认定的行业

图2-1　文化产业分类指标的学理体系

---

[1] 向勇. 文化产业导论[M]. 北京：北京大学出版社，2015：58-63.

文化产业是一个复杂而多元化的领域，涵盖多个层次和方面。这些层次和方面不仅涉及直接的文化产品消费，还包括为其他行业提供创意服务及与其他领域的交叉融合。

在第一层上，我们主要关注的是以精神消费为目的的产品。这些产品能够满足人们在审美、娱乐、知识等方面的需求，大多以版权为主要存在形式，可分为七大类：音乐、视觉艺术、新闻及出版、广播影视、动漫及游戏、工艺及古董、数字内容。第二层涉及为其他行业提供的创意服务。这些服务虽然不是直接的文化产品，但它们是文化产业不可或缺的一部分，主要包括产品设计、公关及广告、节庆会展及咨询服务业。这些行业利用创意和专业知识为各行各业的客户提供定制化的解决方案，推动产品和服务的创新。第三层是文化产业与其他领域的交叉层。在这一层中，文化产业与科技、旅游、体育、文化事业和教育等领域产生交叉和融合。这些交叉领域包括文化旅游业、体育休闲业、文化设施应用及教育培训业等。

需要注意的是，这些交叉领域中的部分内容并不完全属于文化产业范畴，如文化旅游业中的"食住行"和体育休闲业中的体育用品制造业都不属于文化产业范畴。公共文化服务虽然与文化密切相关，但也不属于文化产业，而博物馆中文物衍生品的开发属于文化产业的一部分。在教育培训业中，义务教育和高等教育不属于文化产业，但其他形式的教育和培训可以被归入文化产业的一部分。

由于不同国家和地区对文化产业采用不同的概念指称和定义，因此在产业门类的统计选择和类别上存在差异。这种差异导致文化产业的多样性和复杂性。但总的来说，文化产业大致可以分为传统产业群（如艺术、工艺和古董）、现代产业群（如电视、广播和电影）及由数字内容组成的新型产业群。不同国家和地区在不同概念下对三大产业群进行不同组合，从而形成不同类别。主要国家和地区文化产业的分类如表2-3所示。

表2-3 主要国家和地区文化产业的分类

国家、地区、组织	文化产业的概念	文化产业的门类
联合国教科文组织	先采用"文化产业"；后改为"创意产业"	视觉艺术、表演艺术、工艺与设计、印刷出版、电影、广告、建筑设计、歌舞剧及音乐制作、多媒体、视听产品、文化观光、体育运动等12项
英国	创意产业	广告、建筑、艺术品和古玩市场、工艺品、设计、时装、电影与录像、互动休闲软件、音乐、表演艺术、出版、电脑软件、电视和广播等13项
韩国	内容产业	出版、漫画、音乐、游戏、电影、动画、广播、广告、肖像授权、教育和娱乐等11项
新西兰	创意产业	视觉艺术（精致艺术、工艺与古董）、设计、时尚设计、出版、电视与电台、电影及录像带、广告、建筑、音乐与表演艺术、软件与电脑服务（包括休闲软件）等10项
澳大利亚	创意产业	娱乐业及剧场、设计、文学出版杂志、电影电视、录像带及广播、图书馆、社区文化发展、博物馆和美术馆、动物园和植物园、多媒体等10项
马来西亚	创意产业	电影录像和摄影、电视和广播、音乐、广告、表演艺术、印刷出版、艺术和古董业、建筑设计、时尚设计、互动游戏、信息技术和软件、研发、手工艺等13项
新加坡	创意产业	艺术与文化（包括摄影、表演及视觉艺术、艺术品与古董买卖、手工艺品）、设计（包括软件设计、广告设计、建筑设计、室内设计、平面产品及服装设计）、媒体（包括出版业、广播业、数字媒体及电影）等三大类13项
中国香港地区	先采用"创意产业"；后改为"文化创意产业"	文化艺术（包括艺术、古董和工艺、音乐、表演艺术）、电子媒体（包括数字娱乐、电影与录像带、软件与计算机、电视与广播）、设计（包括广告、建筑、设计、出版）等三大类12项
中国澳门地区	"文化产业""文化创意产业"同时使用	艺术收藏（古玩、艺术品拍卖、雕塑、绘画、书法、摄影、园艺等）、数码媒体（影视、漫画、书刊出版、电子出版、录像制品、游戏软件开发、动画、机械玩偶制作等）、文化展演（歌剧、音乐剧、戏剧、音乐、戏曲、艺术经纪代理、职业表演、舞蹈、节庆休闲活动、表演幕后服务等）、创意设计（时装、品牌设计、创意产品、纪念品设计、平面设计、广告、饰品、展览设计、建筑设计、室内设计、工业设计等）等四大类

第二章 基本概念与理论

续表

国家、地区、组织	文化产业的概念	文化产业的门类
中国台湾地区	文化创意产业	视觉艺术产业、音乐与表演艺术产业、文化展演设施产业、工艺产业、电影产业、广播电视产业、出版产业、广告产业、设计产业、数字休闲娱乐产业、设计品牌时尚产业、创意生活产业、建筑设计产业等16项

《现代经济辞典》对文化产业做如下定义："从事文化产品生产，或提供文化服务，面向市场的经营性行业。它与公共文化事业不同。公共文化事业主要靠政府扶持或社会赞助，为公众提供公共文化服务。在我国，文化产业主要包括影视业、音像业、文化娱乐业、文艺演出业、文化旅游业、艺术培训业、艺术品业等。在一些国家，文化产业所包括的范围很广泛，包括文化艺术业、广播电影电视业、新闻出版和音像业、信息网络业、教育业、广告业、旅游业、体育业、咨询业等。"❶

《现代汉语新词语词典》对文化产业做如下定义：文化产业"指以文化产品的生产、流通、消费和文化服务与消费为主体对象的产业门类，包括娱乐业、演出业、电影业、出版业、音像业、文献信息业、文化艺术培训业等"❷。

《中华人民共和国国情词典》对文化产业做如下定义：文化产业"是以版权产业为核心的提供精神产品的生产和服务的产业，包括出版发行业、新闻业、广播影视业、网络服务业、广告业、计算机软件业、信息及数据服务业等，以及与以上产业类型紧密相关的艺术创作业、艺术品制作业、演出业、娱乐业、文物业、教育业、体育业、旅游业等。文化产业是经济社会发展的必然要求。生产力的提高使人们的休闲时间大大增多，从而使人们产生了强烈的精神文化需要。在知识经济时代，文化产业日益成为最重要的支柱产业之一。当前，无论是发达国家还是发展中国家，都已把大力发展文化产业作为新的经济增长点"❸。

---

❶ 刘树成. 现代经济辞典 [M]. 南京：凤凰出版社，2005：1042.
❷ 亢世勇，刘海润. 现代汉语新词语词典 [M]. 上海：上海辞书出版社，2009.
❸ 冯俊. 中华人民共和国国情词典 [M]. 北京：中国人民大学出版社，2011.

文化产业作为我国经济发展中的重要支柱产业，其地位与作用近年得到显著提高。本书所界定的文化产业主要是指国民经济发展中与文化传承和文化传播相关的产业和行业，其中包括出版业、广播电影电视业、新闻业、艺术品业、文艺演出业、会展业及文化旅游业等。

20世纪90年代以来，文化产业的概念广为人们接受，学术界开始尝试准确地界定"文化产业"概念。然而，虽然文化产业在经济和社会中的重要性日益凸显，但学术界关于它的确切定义仍然存在争议。不同的角度和学派对文化产业的界定千差万别，这也体现出文化产业自身的复杂性和多样性。值得庆幸的是，理论界的这种尴尬早已被文化产业发展的繁荣景象掩盖。与此同时，人们逐渐将以前关于文化产业的种种争议搁置起来，开始从较为显在的经济现象层面探讨文化产业问题。

在诸多文化产业的定义中，戴维·思罗斯比（David Throsby）的界定获得广泛的认可。他在《经济学与文化》中将文化产业定义为"通过具有创意的生产活动提供的文化产品与文化服务，它们具有知识产权与传递某些社会意义的功能"[1]。虽然学界在定义上存在争议，但是文化产业之间的某些共同点还是显而易见的。这些产业大多以文化为内容，生产、经营以符号性和信息性产品为主的社会活动。创意被视为这一产业运作的核心手段，它驱动经济活动的开展。在当前的实际应用中，文化产业的概念更多地指称文化产品的经济功能，如增加产出、促进就业、创造利润及满足消费者的需求。

为了进一步阐释这一概念，思罗斯比构建一个文化产业同心圆的行业体系。这个体系包括三个层次，即核心层、外围层和相关层。核心层主要由原创艺术创作业构成，这些作品代表文化的纯粹和创新，如音乐、舞蹈、戏剧、文学、视觉艺术、工艺等，以及与之直接相关的销售、展示和接受活动，如艺术场馆、博物馆、展览馆、艺术拍卖，以及各种形式的文化娱乐、演出、教育活动；外围层涵盖文化制作与传播业，涉及将文化产品推向市场和广大受众的过程，如电影、电视、广播、报刊和书籍等；相关层更为广泛，包括与传播文化内容和

---

[1] THROSBY D. Economics and culture [M]. New York：Cambridge University Press，2001：112.

意义具有相关性的所有产品，强调文化产业与其他产业的交叉融合，突显文化产业在现代经济中的渗透力和影响力，如建筑、广告、观光等，如图2-2所示。❶

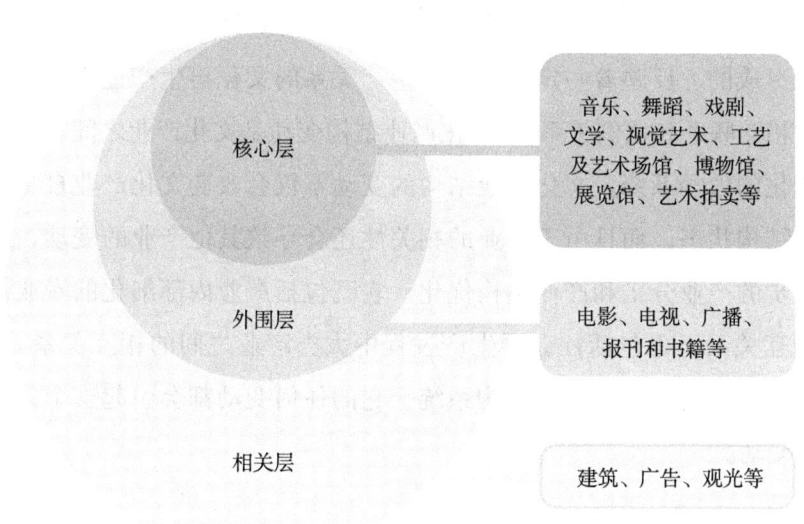

图2-2 文化产业概念示意

基于此，我们可以以文化意义的创作与生产作为文化产业的基本定义，按照这种生产的不同环节，将其区分为"文化意义本身的创作""负载文化意义的产品的复制与传播""赋予一切生产活动和产品以文化标记"三种不同的层次，并以此构建文化产业概念的基本内涵与范围。❷

（二）文化产业结构

胡慧林认为，文化产业结构首先是一种文化存在结构，然后才是经济结构，是文化生产、文化消费与文化需求结构的社会文化形态的经济方式体现。

---
❶ THROSBY D. Economics and culture [M]. New York：Cambridge University Press，2001：112-113.
❷ 周正兵. 文化产业导论 [M]. 北京：经济科学出版社，2014：30-32.

同时，它又是一定社会制度的文化反映，是社会生产关系的文化反映；它既和一定的社会生产力水平相适应，又是社会的文化生产力达到一定高度的一种秩序性和关系性体现，因而是一种社会文化关系结构，是文化经济关系的社会存在形态，反映了一个国家文化经济的发展方向和发展总水平，制约着国家文化发展创造性能力的大小。因此，文化产业结构是指社会发展到一定阶段所形成的、反映着一定社会文化生产关系的文化再生产过程中文化产业之间的相互联系和比例关系。❶ 文化产业结构变动是文化产业之间相互联系和比例变化的力学系统。文化产业结构的变动不仅会改变文化产业自身的比例关系与结构状态，而且由于产业的相关性还会导致其他产业的变动，进而带动进一步的产业分工和产业结构优化。它既包括产业内部细化的专业部门之间的相互关系，也包括社会再生产过程中大类产业之间的相互关系。因此，文化产业结构是一个立体的结构系统，它的任何变动都会引起这个立体结构系统的变动。

（三）文化产业结构政策

不同国家在制定文化产业结构政策时，往往会根据自己的国情、历史背景和文化特色采取不同的倾向和策略。这种多样性反映各国在文化产业上的独特理解和战略思考。美国作为市场化程度高、经济发达的国家，在文化产业结构政策方面倾向于采取"适时而变"和"无为而治"的策略。这种策略体现在它并不直接干预文化产业的运作，而是通过资助文化产业发展的各种捐赠制度及非营利文化组织设立的各种基金会，间接地促进不同文化部门和文化产业的协调发展。这种策略既保障文化产业的自由发展，又为其提供必要的资金支持。相比之下，英国在制定文化产业结构政策时，更注重选择国内较为成熟的产业进行扶持。这种策略确保各产业部门能够互为供给、相互支撑，从而形成一个稳定而有活力的文化产业体系。

---

❶ 胡惠林. 文化产业学：第2版 [M]. 北京：清华大学出版社，2015：209.

近年，我国各级政府部门相继出台多项扶持文化产业发展的政策措施。这些政策旨在促进文化产业结构的调整和升级，以适应社会经济的快速发展和人民群众日益增长的文化需求。2009年，国务院出台《文化产业振兴规划》，为文化产业提供政策支持。同年，文化部出台《文化部文化产业投资指导目录》，详细列出鼓励与限制的文化产业类别，为投资者和文化企业提供明确的政策导向。2014年，国务院出台《关于推进文化创意和设计服务与相关产业融合发展的若干意见》，指出到2020年我国文化创意和设计产业发展的重点任务及具体政策措施，为文化产业的发展指明方向和目标。这一政策强调文化创意和设计服务在推动文化产业与相关产业融合发展中的重要作用，为文化产业的发展注入新的活力。

近年，我国出台一系列文化产业政策，但文化产业的发展仍处于初级阶段，完整的产业链条尚未形成，文化产业结构政策对文化产业的有效指导和扶持比较有限。这在一定程度上制约我国文化产业的健康快速发展。同时，我国文化产业结构政策在大力发展大众文化的同时，要兼顾高雅文化的发展。这种平衡不仅有助于满足不同消费者的需求，也有助于提升我国文化产业的整体品质和竞争力。因此，未来我国在制定和执行文化产业结构政策时需要更加注重政策的针对性和实效性，加强对新兴文化产业的扶持和引导，促进文化产业与相关产业的深度融合发展。

（四）文化产业结构的国际竞争力

文化产业作为一种高度依赖历史文化资源的产业，其发展的基础是一个国家或地区文化资源的丰富程度。对中国而言，悠久的历史和丰富的文化遗产为文化产业发展增加深厚的底蕴。虽然拥有如此丰富的资源，但中国的文化产业在市场化方面尚未达到相应的成熟度。这导致文化资源的开发与利用面临诸多难题，许多有价值的文化资源尚未得到有效的商业化运作，从而制约文化产业的发展。

中国的信息化程度和城市化水平与发达国家仍有一定的差距。信息化是现代社会的核心驱动力之一，对文化产业来说尤为重要。高度的信息化水平可以为文化产业提供更广阔的平台和更高效的传播手段。而城市化水平则影响文化产业的集聚效应和市场规模。在城市化水平较高的地区，文化产业更容易形成集聚效应，从而吸引更多的资本和人才涌入。因此，对于提升中国文化产业的国际竞争力而言，生产要素的升级是不可或缺的一环，其中包括技术、人才、资本等各方面的提升。只有生产要素得到持续的升级和优化，中国的文化产业才能在国际市场中占据更有利的地位。

同时，中国文化产业的国际竞争力还体现在其供需关系上。目前，国内的文化消费需求呈现出消费层次低、消费结构单一的特点。这意味着大多数文化产品的消费还停留在较低的阶段，高端、创意型的文化产品市场尚未得到充分开发。而在国际贸易中，中国文化产品贸易存在出口单价低、进口单价高的现象，中国出口的文化产品主要具有低成本优势，文化贸易结构不合理，制造型、资源型文化产业资源丰富，占比较高，而创意型文化产业发展不足。

我国文化产业发展起步较晚，目前处于初级发展阶段。这使得中国文化产业在国际市场上的竞争力相对较弱，与我国的总体经济实力并不相称。美国文化产业国际竞争力较强的原因之一是其产业集中度较高，如在美国出版产业中收入排名前4的企业的总收入占该产业总收入的30%，收入排名前20的企业的总收入占该产业总收入的85%以上。在我国的出版产业中，收入排名前20的企业的总收入占该产业总收入的20%左右，而收入排名前4的企业的总收入占该产业总收入的6%。因此，缺少大型企业引领产业的发展是中国文化产业发展中的一个不足。提高大企业的市场集中度，调整文化产业的内部结构，是提升中国文化产业结构国际竞争力需要解决的问题。

（五）文化产业结构的演化进程

研究产业结构的相关论述有很多，有的学者认为"解决所有制结构问题是促进产业结构优化升级的关键"[1]，有的学者认为第三产业在国民经济中决定着

---

[1] 陈东琪.产业结构调整的新思路——《中国所有制结构与产业结构的耦合研究》序[J].中国社会科学院研究生院学报，2002（3）：107-108.

产业结构发展的全局。❶文化产业是第三产业的重要组成部分，它是按照工业标准，生产、再生产、储存以及分配文化产品和服务的一系列活动。❷

随着社会生产力的不断提高，产业结构也在不断演进，而这种演进的深层原因是社会分工的持续深化。从远古时期的自然分工，到工场手工业时期的细致分工，再到机器大工业时代的专业化分工，每一次技术革新都带来分工形式的巨大变革。进入20世纪后期，随着全球化的深入发展，区域分工和国际分工成为主导，世界经济日益紧密地联系在一起。

正是在这样的时代背景下，文化与经济的关系逐渐发生质的变化。20世纪后期，文化与经济开始相互交融，文化产业作为一个新兴的产业形态应运而生。电影、音乐、出版、艺术等文化产业迅速崛起，并逐渐成为经济增长的新动力。文化产业的发展和扩张不仅为经济增长带来新动力，而且推动文化产业内部的分工演化。这种分工演化体现在文化产业的各个子领域：文化娱乐业通过不断的技术创新和模式创新，满足人们日益多样化的娱乐需求；文化设计业将艺术与科技结合，为各行各业提供富有创意的设计方案；传媒产业则通过多元化的传播渠道和内容创新影响人们的思考方式和行为方式。文化产业的崛起不仅改变经济结构，而且使文化成为技术开发的一个重要兴奋点。文化与科技的结合不仅催生新的文化形态和文化产品，还推动产业结构的调整和文化产业结构的演进。这种以文化为引领的产业结构调整，不仅提高文化产业的地位，而且使文化产业成为推动经济发展的重要力量。在文化产业内部，以文化娱乐业、文化设计业、传媒产业等为代表的文化产业，已经成为第三产业的"领头羊"。它们不仅创造大量的就业机会和经济效益，而且代表先进文化的发展方向，引领社会的文化潮流。与此同时，新兴的文化产业，如网络文化业、信息文化业也在迅速崛起。这些新兴文化产业利用先进的网络技术和信息技术，为人们提供前所未有的文化体验和交流平台，

---

❶ 李江帆. 第三产业的产业性质、评估依据和衡量指标 [J]. 华南师范大学学报（社会科学版），1994（3）：33.
❷ 欧阳友权. 文化产业通论 [M]. 长沙：湖南人民出版社，2006：115-117.

极大地丰富人们的精神文化生活。此外，文化还渗透到传统第三产业，如旅游、餐饮、教育等。通过与这些产业的深度融合，文化不仅提升这些产业的层次和品质，还衍生出新的文化形态和文化产品。这种文化的渗透和融合使传统第三产业形成新的文化内涵和商业价值。因此，以文化为逻辑特征的文化产业结构得到充分的演进。

1949年以前，中国的文化发展主要表现为各种文化活动和文化成果，而没有形成产业化的发展。虽然中国拥有五千年的文明史和丰富的历史文化成果，但这些文化成果并未有效地转化为生产力，也无法形成产业化的发展。

1949年以后，在计划经济体制下，文化生产主要根据国家需要进行，文化市场无法在文化资源配置中发挥基础性作用。因此，文化产业结构的演进几乎处于停滞，缺乏活力和创新。文化商品生产和文化市场所有的成本和风险都由政府承担。文化知识作为意识形态的一部分，发挥着宣传国家方针政策的功能，文化部门属于事业单位，文化消费属于公共福利事业。

1978年以后，中国的经济结构发生巨大的变化。这种变化推动文化形态和文化消费形态的变化，促进文化产业结构的调整。在这一时期，文化市场在文化资源配置中开始发挥基础性作用，文化产业的生产关系和生产力发生明显的形态转型。

从1978年到20世纪80年代中期，中国文化流通领域的发展标志文化产业的起步。在这一时期，文化消费开始由福利事业转向个人消费领域，人们开始更多地关注和追求个性化的文化消费。当时，传统文化产业占主体地位，如出版、广播、电影等行业得到迅速发展，而现代文化产业刚刚萌芽且弱小，但随着时间的推移和市场需求的增加现代文化产业逐渐发展壮大。

从20世纪80年代中期到90年代初期，以大量的广告公司和演艺公司的出现为特征，文化制造业和文化服务业中涌现一批企业，文化市场出现明显的产业化趋势。

从20世纪90年代中期到末期，我国文化产业得到快速发展。1992年，我国明确提出"文化产业"概念。1998年，文化部设立文化产业司。在这个阶段，我国开始把发展文化产业纳入政府工作体系。这为文化产业的快速发展铺平道路。以影视制作公司的出现为标志，文化产业化从多种所有制企业扩大到国有大型企业，从流通业扩展到制造业和服务业，文化产业的进一步发展开始有效促进国民经济的发展。

从20世纪90年代末到21世纪初，我国的文化产业进入规范发展。2002年11月党的十六大明确提出"积极发展文化事业和文化产业""完善文化产业政策，支持文化产业发展，增强我国文化产业的整体实力和竞争力"的正确决策，我国的文化产业开始在加入世界贸易组织，受到世界贸易规则约束和外来文化资本极大挑战的情况下，走上规范的发展道路。

据统计，我国文化产业增加值1998年为207.62亿元，2001年为210.68亿元，2002年发展到250亿元，比2001年增长18.66%。

从21世纪初至今，我国文化产业进入加速发展时期。2006年，我国文化产业实现增加值5123亿元，按可比价值计算，比2005年增长17.1%。在2005年比2004年增长18.7%的基础上，我国文化产业继续保持高速增长的势头。2006年，文化产业的年增长速度高出同期GDP增长速度6.4个百分点，高出同期第三产业增长速度6.8个百分点。2006年，文化产业对GDP增长的贡献率为3.41%，拉动GDP增长0.36个百分点。这表明我国文化产业处于快速发展时期，对国民经济发展的促进作用日益明显。❶

根据权威统计数字，我国新兴文化产业的规模已经实现对传统文化产业部门的超越。这一变化不仅体现在产业规模上，而且体现在从业人数和创造的价值上。具体来说，新兴文化产业，如网络文化、休闲娱乐、文化旅游、广告及会展等领域的从业人数已经超出传统文化产业部门近1倍，而它们所创造的价值已经接近传统文化产业。新兴文化产业部门的迅速发展在很大程度上是由于其与传统文化产业领域在体制环境和技术装备水平上的不同。一方面，新兴文化产业部门通常更加灵活，能够适应快速变化的市场需求和技术发展；另一方

---

❶ 数据来源：国家统计局在深圳举行的第三届文化发展战略论坛上公布的数据。

面，新兴文化产业部门往往具有更高的技术装备水平，能够利用先进的技术手段提供更高质量的产品和服务。

然而，如果我国的文化体制改革不能在短时间内取得较大突破，那么增量资本将可能越来越多地向新兴文化产业领域集中。这将进一步加大传统文化产业领域的边缘化风险，因为这些领域往往缺乏足够的资本支持进行必要的创新和发展。随着时间的推移，这种趋势可能会导致传统文化产业领域逐渐被市场边缘化，而新兴文化产业领域将成为我国文化产业的主导力量。

二、文化产业链

（一）产业链

产业链的形成是一个从需求到技术、以生产和价值导向为基础的企业合理空间布局的复杂过程。产业内外部主要因素发生变化，必然导致产业链发生演化。❶

1. 技术链

技术是产品实现的前提，产业的存在和发展都需要技术的支持，所以技术链是产业链的重要特性之一。产业链中主要技术的进步和产业本身的演化发展是相互关联的，技术创新促进产业的发展，产业的发展推动技术的进步。一般来说，技术的变化能够引导消费的变化，最终对需求产生影响，需求的变化引导生产的变革，以及产业价值的重新分配，最终形成新产品在不同产业链内外企业之间的不同分布。

2. 供需链

需求链不仅指通常所说的消费者需求链，还指生产者需求链，商品生产环节各中间产品的供给和需求的对接是形成产业链的前提。它表示生产环节在产业层次的客观存在，定义不同企业间的关联关系，形成产业链上不同企业之间的供需结构关系——供需链。

---

❶ 王冰.产业链演化下图书出版企业投资转型研究[D].长沙：中南大学，2013：20.

3. 价值链

价值链是从企业价值创造的角度，基于传统的制造企业提出价值链的模型，定义企业的价值活动。价值链模型表明，企业只有以比竞争对手更低的成本生产，或以差异化的产品创新方式生产，才能创造更多的利润，实现企业的价值创造。产业链的链条主要体现商品价值的创造和传递，反映从原材料到最终商品价值增值的一系列过程，这一过程包括价值创造、分配、传递、消费等环节。

4. 产品链

如果价值链是产业链形成的无形的聚合因素，那么产品链就是产业链形成的物理因素，是产业链的载体和具体体现形式。产业链中，既可以由一个上游企业同时向下游各生产环节的多家企业提供配套产品，也可以由处在同一生产环节上的几家上游企业同时向下游的同一家企业提供配套产品，实现产业链"点和线"的连接，即同一个产业链中不同环节所有企业的线性连接。

5. 空间链

空间链主要是产业链在不同地理空间中的分布特性，是指同种产业链条在不同地区之间的分布，形成产业链中的集聚。其思想来源于迈克尔·波特的产业集群思想。产业链在地理上具有集中的特点，在一定的地区内或地区之间形成产业链各产品环节的空间聚合，即产业的空间链。空间链实现产业链"线和线"的连接。

综上所述，产业链是由技术链、供需链、价值链、产品链和空间链构成的。它们相互影响、相互制约，供需链内部的需求链和技术链的对接形成产品链，产品链的存在引起产业链的载体——企业链的有效对接，而价值链的形成稳固企业链，产业链内不同地区和形式的企业链实现的价值不同，直接形成产业链的组织形式、空间布局、供需流动的特色与差异，形成产业链的空间链。在这样的机制作用下，产业链内部实现一种均衡并达到稳定状态时，产业链才最终得以形成。因此，供需链、技术链和产品链是产业链的基础，而价值链和空间链是产业链存续和演化的因素，如图2-3所示。

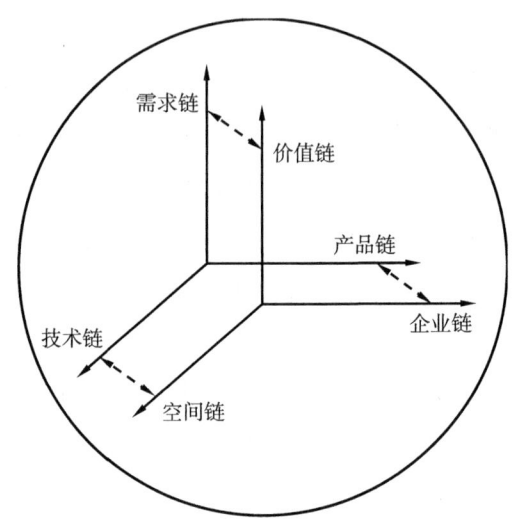

图2-3 产业链的形成

(二)文化产业价值链"微笑曲线"

文化产业的价值链可以用"微笑曲线"来表示,"微笑曲线"也称"产业微笑曲线",这个概念是1992年中国宏碁集团董事长施振荣在对宏碁电脑制造中各个环节进行规划时提出有关附加值的一些想法,其中最著名的就是一个开口向上的抛物线,其目的是对宏碁电脑企业进行相关的调整,使企业员工放弃电脑组装和加工等处于价值链低端的工作。可以看出,这条抛物线的两端是研发和市场,这两个环节附加值较高,主要是创意和营销两部分,而中间的附加值比较低,主要因为中间环节是低端的复制加工环节。由于这条开口向上的抛物曲线像微笑的嘴,所以就有"微笑曲线"这一概念。"微笑曲线"理论着重强调附加值对产业、企业和区域经济等的竞争力的重大影响,无论企业还是产业,持续发展都离不开高附加值。

"微笑曲线"这一概念主要是通过附加值来分析相关产业的竞争力水平。"微笑曲线"存在于各行各业中,文化产业价值链上的附加值特征可以用"微笑曲线"表示,在"微笑曲线"即抛物线的左侧是文化产业价值链的上游,产品附加值较高,因此其利润空间很大,可以取得最大的分配价值,如技术与资本密集型产业中的文化创意、标准制定、研发设计、技术创新活动产品和高技术文化产品。在抛物线的右侧，也就是产业价值链的下游，随着营销渠道的建立、品牌推广的成功，产品附加值会逐渐上升，利润空间也相应可观，如信息与管理密集型产业中的衍生品开发、形象授权、增值服务产品和品牌运作。与抛物线的两侧相比，抛物线中间底端代表着文化产业价值链的中游，属于劳动密集型产业，其产品的技术含量相对较低，附加值也处于底部，如外包、代工产品，利润也很少。

按照"微笑曲线"理论，文化产业的发展应采取相应的策略在"微笑曲线"的两端做好文章：一方面应该向两边延伸文化产业的价值链，拓展高端业务和新型服务；另一方面科技创新决定价值链的深度及高度，应该利用科技创新提高每个链的价值，使得每个产业的附加值得到提升，从而提高文化产业的经济效益，如图2-4所示。❶

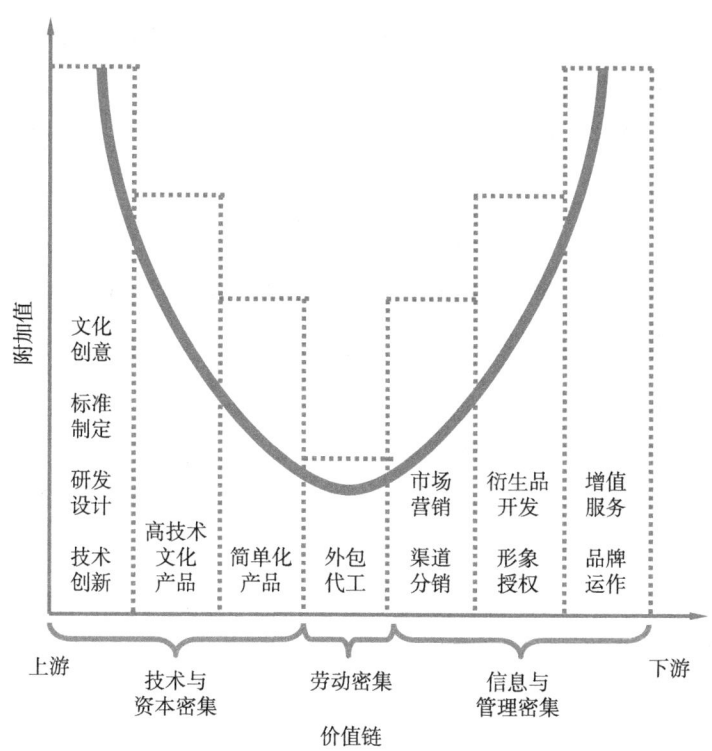

图2-4 文化产业价值链上的附加值特征

---

❶ 郝挺雷．科技创新视域下我国文化产业竞争力研究[D]．武汉：华中师范大学，2017：35．

(三) 文化产业全产业链

文化产业的全产业链结构是一种独特而富有弹性的构造，它允许文化创意内容在时间和空间维度上进行重复地延伸和使用。这种结构不仅具有强大的融贯性，使各种产业要素能够有机地连接在一起，还具有广泛的扩展性，使创意内容可以轻松地扩展为一系列的文化产品，服务于不同的市场和产品需求。在这种结构中，创意内容作为轴心，发挥至关重要的作用。全产业链围绕这个轴心进行纵向伸展和横向打通，不仅实现各产业要素的高效连接，还促进内容资源的重复开发，或者实现内容服务驱动硬件增长，从而创造更大的价值。这种以创意内容为驱动的全产业链模式确保文化产品生产过程的时效性和动态性，始终以满足顾客需求为导向。在实际运作中，文化企业可以通过纵向一体化来形成全产业链的商业模式。然而，更常见的情况是，全产业链的各个环节由不同的公司掌握，这些公司通过紧密的合作和协同共同组成一个完整且功能齐全的产业链。❶

全产业链结构的优化是文化产业持续发展的关键。这个优化过程以创新为核心，涵盖产品内容的创新、技术的创新及管理的创新。只有通过不断的创新，文化产业才能保持活力和竞争力，满足不断变化的市场需求。文化产业的本质是体验型的，也是娱乐型的。体验和娱乐要求文化产品必须创新，而产品创新可以通过技术创新、管理创新来实现。

目前，我国文化产业链面临一系列挑战。其中，高端原创研发环节的薄弱、下游推广营销环节的不力及中间制作生产环节的"大而不强"等问题尤为突出。❷原创研发力量不强，就不易催生富有市场感召力和文化消费吸纳力的创意；宣传营销能力不强，使文化产品与服务的"出口"不畅、赢利能力低，同样会因回报不足制约生产环节。解决问题的方法主要是提高薄弱环节的资源汇

---

❶ 张立波，陈少峰. 文化产业的全产业链商业模式何以可能 [J]. 北京联合大学学报（人文社会科学版），2011（4）：94-98.

❷ 陈少峰. 文化产业同质化竞争透视——以文化产业集聚园为例 [J]. 前线，2011（10）：39-41.

聚度，让价值链发挥吸引和调解功能，使信息流、资本流、人才流、消费流向高端原创研发环节和宣传营销环节集中。❶

现代文化产业链的概念是在经济活动的服务化、信息化、文化化，现代经济越来越为高技术和高文化附加值经济所主导的大背景下提出来的。这一新型产业链条的上游是文化遗产的数字化与海量文化内容的上载，下游是消费类信息技术产品的普及和信息文化娱乐产品的大规模市场推广，以及大众流行文化艺术符号在传统产业上的普遍应用。作为新型产业链，文化产业"内容为王"的产业特质，加上信息技术和文化产业的融合，使得内容产业增值能力倍增，也使得内容产业的产业链出现新的变化，产业链不再仅仅表现为垂直型，而是表现为垂直和水平相混合的复合型结构。❷

三、创新扩散

（一）创新与创新扩散

罗杰斯❸在对社会现象进行研究的基础上，在《创新的扩散》一书中对"创新扩散"进行定义：创新扩散是指创新在特定时间段内，通过特定渠道，在特定社会团体成员内传播的过程。罗杰斯将"扩散"定义为一种特殊的传播，传播是参与者相互发布并分享信息以促进相互理解的过程，其中包括单个个体将某一信息传达给另一个体以达到某种效果的单向、线性行为。而扩散是由一系列交换信息的过程组成的，并且其相互作用在信息交换的循环中一直存在。

从上述的定义可知，创新扩散过程有四个基本要素，分别是创新、沟通渠道、时间和社会体系。

创新是被采用的个人或团体视为全新的一种方法、一次实践或一个物品等。

---

❶ 刘旭东.文化产业发展中产业链设计若干问题分析[J].科技创新与生产力，2012（2）：36-38.
❷ 李运祥.文化产业链的培育与优化研究——以湖南为例[J].中国集体经济，2009（4）：147-149.
❸ ROGERS E M. Diffusion of innovation：4th Edition [M]. Berlin：Springer，1995.

对于个体而言，一项创新在客观上是否新的并不重要，重要的是对个体的主观层面而言是否新颖，这决定了该个体对一项创新的反应。不同的创新在其类型、作用、重要性、风险性等方面存在差异，这造成扩散结果的不同。一些消费品的创新，如智能手机、新能源汽车等，仅在几年之内就在全国甚至全世界得到广泛应用。而一些新方法或行为，如驾驶时使用安全带这一行为在美国推广则耗费几十年的时间。了解创新的特征有助于解释不同创新结果的产生，创新的特征可以归纳为相对优势、兼容性、复杂度、可试用性和可见性。其中，相对优势是指通过采用一项创新而获得效用的增加，如金钱利益、社会声望、便利性、满意度等，从功利主义或享乐主义的角度都可以被认为是优势的维度。人们认为的优势越大，创新扩散得越快。此外，创新与现有价值观的兼容性越好，利用或理解的复杂度越低，试用的可能性越高，对创新结果的可见性越好，创新扩散得越快。

沟通渠道是指信息从一个人到另一个人的传达方式，主要分为大众媒体渠道和人际关系渠道。不同类型的沟通渠道对创新采用者的作用和效果不同，大众媒体渠道可以使人们产生对创新的认知，而人际关系渠道可以改变一个人对创新的态度。人们对创新的评价往往并非来源于科学分析，而是身边采用者的主观评价。在不同类型事件中，创新的沟通渠道的作用也不一样，这与扩散过程中的参与者及接受者的类型有关。例如，对于创新消费品扩散，大众媒体的效果要比人际关系好；而在政治决策中，几乎很少有人在投票中直接受到媒体的影响，相比较而言人们更容易受到身边面对面的影响。

时间体现在创新扩散过程中的三个方面：一是对个人或决策主体而言，个人或决策主体对一个创新有着从认知创新到形成态度的决策过程，包括认知、说服、决定、实施和确认五个阶段，创新-决策过程是信息搜集和处理的过程，目的在于减少创新带来的不确定性。二是对创新的团体而言，不同成员在创新的接纳过程中呈现出先后差异，根据对创新的认知可将受众分为五大类，即创新先驱者、早期采用者、早期大众、后期大众和落后者。三是采用人数比例随时间变化的过程，用横轴表示时间，纵轴代表创新采纳比率，通常能够画出一条S形曲线，即在扩散早期较为平缓，扩散速度随时间逐渐加快，最后又趋于平缓，反映了团体中微观主体在多阶段决策行为下出现的宏观行为。

社会体系是指一组面临同样问题，有着同样目标的团体的集合。体系内的规则维系着体系的稳定与规范，其社会结构和沟通结构可以加速或妨碍创新扩散。在社会体系中，意见领袖与创新代理者能够通过非正式渠道、较为频繁地影响他人的态度和公开行为，其在网络中所处的"中心性"及"结构洞"等特征起到重要作用。社会成员互相影响的行为也可以得到反映，同伴效应解释了创新扩散中的"模仿"行为机制，它使得人们的决策与周围其他人趋同。这由两种机制发挥作用：第一，他人购买某一项资产的行为，可能会让人推测这项资产具有更高的价值，这被称为"社会学习"；第二，一个人拥有某种资产的效用可能会因为他人拥有这项资产的效用而升高，这被称为"社会效用"，也可以理解为"网络效应"或"网络外部性"。

（二）创新扩散的测度

1. 扩散范围

扩散范围反映一项创新在一个群体内采用人数的占比大小，较多的采用人数是创新得到有效扩散的特征之一。对于扩散范围这一特征，通常使用采用率（Adoption Rate，AR）这一指标来表征，即 t 时刻采用者人数占总人数的比例，可以表示为

$$\text{AR}(t) = \frac{N_\text{A}}{N_\text{A} + N_\text{PA}} \tag{2-1}$$

式中，N_A 为采用者人数；N_PA 为潜在采用者人数。

2. 扩散速度

对于扩散速度的表征，常用的方法有两种。一是计算扩散过程中瞬时采用率的变化量，其通常用于描述扩散过程中速度的动态变化情况，即 t 时刻的瞬间扩散速度。计算公式为

$$v(t) = \frac{\mathrm{AR}(t)}{\mathrm{AR}(t-1)} - 1 \qquad (2-2)$$

二是通过到达平稳状态或者指定采用率AR*所需要的时间t的大小，来反映扩散速度的快慢，能够从整体上判断扩散速度快慢，并与对照组进行比较。对于创新扩散的S形曲线，AR*的选取需要考虑不同实验组之间的尺度，应当在扩散到达平稳状态前选取，通常的做法是选取AR*=50%。

3. 临界条件

罗杰斯在讨论交互式创新时提出"临界大多数"的概念。临界大多数是创新扩散过程中的一个点，在此点之后，扩散过程能够产生自我维持的能力。莫雷诺（Moreno）等人[1]对网络中SIR（Susceptible Infected Recovered）模型的"爆发点"进行研究，发现一旦传播率λ超越某个"爆发点"，就会得到有效扩散，低于"爆发点"时则会逐渐消失。

扩散中的临界条件被定义为在参数调整过程中产生的"爆发点"和"饱和点"，主要通过观察扩散曲线获得。当参数值在某一范围内引起曲线剧烈变化时，该点为"爆发点"；当参数值到达某一区间两端曲线波动逐渐平缓时，该点为"饱和点"。

四、技术密集度

（一）技术

科学技术是第一生产力，是人类文明的重要组成部分。其中，科学是人类认识世界的学问，技术是人类改造世界的知识。技术的概念有狭义和广义之分。狭义的技术是根据实战经验和科学原理发展而来的生产工艺、管理技术、科学实验方法和技能。从广义上讲，技术是人类在生存与发展的实践中为达到目的，根据自然规律对自然、社会进行调节、控制、改造的知识、技能、手段、方法

---

[1] MORENO Y, PASTOR-SATORRAS R, VESPIGNANI A. Epidemic outbreaks in complex heterogeneous networks [J]. European physical journal B, 2002, 26 (4): 521–529.

的总和。人们在运用技术对自然进行改造的过程中，必须遵循自然规律，与自然规律相违背的技术是不可能取得成功的。与此同时，社会的经济、军事、科学、文化、传统习惯等也对技术的目的、方向与进程产生影响，甚至可能起到决定性的作用，因此技术存在着自然与社会的双重属性。❶

（二）技术密集度及其测算

要把表征技术密集度的有关指标综合计算成一个指标，使它成为一把尺子，用于测定一个地方产业和单位是不是属于技术密集型，本书采用谷兴荣和谷太❷的算法，用有关指标的加权平均法进行测定。用θ表示技术密集度，它由科技投入（θ_1）、科技产出（θ_2）、科技效应（θ_3）三类指标组成。这四者可用公式表示为

$$\theta = 0.5 \cdot (\theta_1 + \theta_2 + \theta_3) \tag{2-3}$$

科技投入包括人力投入（P）和物力投入（C），可以表示为

$$\theta_1 = 0.6P + 0.4C \tag{2-4}$$

人力投入（P）包括科技人员总数（P_1）、科技人员中的各级职称比例（P_2）和科技人员总数占劳动力总数的比例（P_3）。P_1和P_3可以直接取得，P_2的计算公式为

$$P_2 = 0.45 \times 高级职称人数 + 0.3 \times 中级职称人数 + \\ 0.15 \times 初级职称人数 + 0.1 \times 其他人数 \tag{2-5}$$

$$P = P_1(1 + 100P_2)(1 + P_3) \tag{2-6}$$

物力投入（C）由科研投资占经济投资总额之比（C_1）、科研设备占固定资产总值之比（C_2）和科技图书资料（C_3）等构成。C_1值取现成的数值，另两个值做如下处理：

---

❶ 袁晓玲，张文科. 中国生产要素市场管理[M]. 北京：科学出版社，2002：197.
❷ 谷兴荣，谷太. 技术密集度的指标体系与计算方法初探[J]. 科技管理研究，1992（5）：11-14.

$$C_2 = 0.45 \times 21\text{世纪}20\text{年代设备值} + 0.35 \times 21\text{世纪第二个十年设备值} +$$
$$0.20 \times 21\text{世纪最初十年设备值}❶ \qquad (2\text{-}7)$$

$$C_3 = 0.5 \times \text{图书册数} + 0.3 \times \text{资料册数} + 0.2 \times \text{期刊册数} \qquad (2\text{-}8)$$

$$C = C_1(1 + 100C_2)(1 + 100C_3) \qquad (2\text{-}9)$$

式（2-4）、式（2-6）、式（2-9）及附加公式便是科技投入密度的全部计算公式。

用同样的方法，我们可以计算出科技产出密度。科技产出密度由基础研究成果数（B）和技术项目（T）组成。

$$\theta_2 = 0.4B + 0.6T \qquad (2\text{-}10)$$

基础研究成果数（B）包括成果总数（B_1）、基础研究成果技术转化率（B_2）、基础研究成果获奖情况（B_3）。B_1、B_2可以有现成的数据，B_3为

$$B_3 = 0.5 \times \text{国际获奖数} + 0.3 \times \text{国家获奖数} + 0.15 \times \text{省部级获奖数} +$$
$$0.05 \times \text{厅局级获奖数} \qquad (2\text{-}11)$$

$$B = B_1(1 + B_2)(1 + 100B_3) \qquad (2\text{-}12)$$

技术项目（T）由技术（包括专利）成果数（T_1）、技术成果转化率（T_2）、技术项目引进数（T_3）组成。另外，T_2和T_3可取现成的数据。

$$T_1 = 0.5 \times \text{一级发明数} + 0.3 \times \text{二级发明数} + 0.2 \times \text{三级发明数} \qquad (2\text{-}13)$$

$$T = T_2(1 + T_3)(1 + 100T_1) \qquad (2\text{-}14)$$

式（2-10）、式（2-12）、式（2-14）及附加公式便是科技产出密度的全部计算公式。

科技效应密度由技术水平（S）、技术研究的工作效率（A）和技术对经济的贡献（F）组成。

$$\theta_3 = 0.30S + 0.25A + 0.45F \qquad (2\text{-}15)$$

---

❶ 这里的原文表述为20世纪90年代、80年代、70年代，这里根据时代变迁做了改进，分别对应21世纪20年代、第二个十年、最初十年。

$S = 0.45 \times 21$世纪20年代工艺数 $+ 0.35 \times 21$世纪第二个十年工艺数 $+$
0.20×21世纪最初十年工艺数 ❶ (2-16)

技术研究的工作效率（A）由全员劳动效率（A_1）、劳动-资金产值率（A_2）组成，二者都可直接取得数据。其公式为

$$A = A_1(1 + A_2) \quad (2\text{-}17)$$

技术对经济的贡献（F）由技术进步对总值增长的贡献（F_1）、技术转让额在总收益中的比重（F_2）、技术输出收益额（F_3）组成。F_2和F_3都可以直接求得。

$$F = F_1(1 + F_2)(1 + F_3) \quad (2\text{-}18)$$

式（2-15）、式（2-17）、式（2-18）及附加公式便是科技效应密度的全部计算公式。

根据本书提出的公式和调查数据得出的结果，按θ值的大小排序比较，θ值大的自然就是技术密集型生产单位、产业和地方。

第二节 基本理论

一、文化产业结构理论

（一）文化产业结构优化理论

文化产业结构的合理化与高度化是文化产业结构优化的两个发展阶段。产业结构调整和经济增长方式的转变，必然同时提出文化产业结构优化和增长方式转变的问题。文化产业结构的合理化与高度化程度直接决定和影响了一个国家或地区文化产业的竞争力。❷

---

❶ 这里的原文表述为20世纪90年代、80年代、70年代，这里根据时代变迁做了改进，分别对应21世纪20年代、第二个十年、最初十年。
❷ 胡惠林.文化产业学：第2版 [M].北京：清华大学出版社，2015：206.

1. 文化产业结构的合理化

文化产业结构的合理化是一个动态的过程，它不仅要求文化产业内部各个部门之间的协调发展，还需要实现文化产业与社会发展之间的供求结构均衡。只有这样，均衡的状态才能确保文化产业在发展过程中取得最佳的结构效益。而这种合理化的标准并非一成不变，它会随着各国、各地区国民经济和社会发展的不平衡性而产生变化。也就是说，文化产业结构的优劣程度会因不同国家和地区的具体情况而异。更进一步地说，文化产业结构的运动形态也会因为不同国家和地区在发展过程中的动力机制的差别及文化资源禀赋的差异而体现出不同的特点。这使文化产业结构的合理化成为一个复杂且多样的任务，需要根据不同国家和地区的具体情况制定和采取相应的策略，文化产业结构的合理化应当体现如下要求。

第一，能够充分有效地利用一个国家或地区的文化资源，参与全球条件下的世界文化资源配置，并使其在各文化产业之间得到合理的分配和使用，具有较强的市场竞争能力与文化扩张能力，以及较高的财富增值效益。一种结构形态是否优化，一个重要的标准就是是否具有增值能力和扩张能力。由于这种增值能力和扩张能力是建立在对文化资源的合理配置和充分利用的基础上的，一般来说这种结构形态具有可持续的发展空间和竞争能力。我国是文化资源大国，却不是文化产业大国。其中一个重要的原因就是对本国文化资源的充分利用和对世界文化资源的有效配置能力较弱，正是这种能力结构影响了我国文化产业的整体竞争能力。国际分工是一种资源配置的不间断的过程。每一次国际分工都是一次对全球资源的再分配。这种再分配的结果反映在文化产业结构上，就是世界文化产业结构的又一次战略调整和产业升级。已有的经验证明，越是具有较强的世界文化资源配置能力的国家和地区，越能够较好地实现文化产业结构的战略调整和产业升级，在世界文化市场上越具有竞争力、增值力和扩张力。我国的文化产业要获得全球性的竞争力和扩张力，就要在参与经济全球化过程中不断地推进文化产业结构合理化进程，在文化资源优化配置的过程中实现我国文化产业综合实力的整体提高。

第二,与国民经济和社会发展的总体需求结构相适应,在满足社会文化需求的同时,实现文化产业的供给结构与国民经济和社会发展的需求结构的均衡发展。在这里,供给与需求不仅是文化产业和人们的精神文化消费需求之间的关系,而且是文化产业发展与国民经济和社会发展之间的关系。经济结构战略性调整过程中,必然要实现产业结构和产品结构的调整,实现经济增长方式的转变。尤其是在从粗放型经济结构向集约型经济结构的转变过程中,文化产业无论在产业结构升级,还是在安置就业人口方面,都有独特的优势。一个国家或地区文化产业的发达程度和其经济结构的现代化程度呈正比例关系。也就是说,投资与消费的比例及由此派生的需求一旦形成和确立,文化产业结构就必须与此相适应,以满足经济和社会发展的需求,并且在这个过程中实现发展中的均衡。

第三,不断推进文化产业自身的结构调整,使文化产业结构朝着高度化、现代化的方向发展,以提高文化产业的高关联度和文化经济增长的质量和效益。产业关联度是一个反映产业体系内在质量的概念,它不仅指一个经济体系中各产业之间的相互依存程度,更主要指这种依存程度在转变和提高经济增长质量上所达到的高度,既包括对资源有效和充分利用的程度,也包括在创造和形成新的资源力量方面所做出的贡献。对文化产业结构的合理化而言,这是一个更为重要的衡量指标。任何对文化资源的巨大浪费而又无法形成新的强大的文化生产能力的文化产业结构,都是应该被调整和优化的结构。中国文化产业结构上的条块分割所造成的最大弊端就是割裂文化产业之间的相互依存、相互促进和相互补充,文化产业项目的重复建设和一哄而上就是文化产业关联程度低的集中表现。由此造成文化产品质量的长期低下,在国际文化贸易领域里的巨大逆差,导致中国文化产业进入国际文化市场的困难。特别是在文化产业的高端领域,一方面中国缺乏具有国际竞争力的原创产品,另一方面在技术领域中国缺乏拥有自主知识产权的标准。中国要改变在文化产业高端领域的现状,就必须全面推进国家文化产业创新战略,在技术领域鼓励竞争的同时,积极整合各种社会资源和力量,着力打造文化产业的国家标准,努力避免在文化产业的低端产品上消耗大量的文化资源。只有提高整个文化经济增长的质量，才能形成文化产业的综合竞争力。国家统计局公布的文化产业统计指标体系中关于文化产业的分类应当突破现行文化产业管理制度体系的限制，依据文化产业结构应当有的合理化进行再分类。

2. 文化产业结构的高度化

文化产业结构的合理化不仅是一个静态，更是一个动态的过程，它必然指向文化产业结构的高度化。这种高度化实际上是指文化产业结构随着现代科技的发展和国际分工的深化，不断向高附加值化、高技术化、高集约化演进。这是文化产业发展的必然趋势，也是文化产业适应经济社会发展需求的必然结果。这种高度化的过程伴随着文化复制技术的革命，每一个新的文化产业门类或行业的出现都与新的复制技术紧密相连。文化复制技术的革新不仅改变文化产品的生产方式，也改变文化产品的传播方式和消费方式，从而深刻地影响文化产业的结构和形态。在整个文化产业的发展过程中，文化产业结构的高度化运动就是一个不断地从传统文化产业向新兴文化产业演进的过程。在这个过程中，从劳动密集型占优势的产业逐步向资金密集型和技术知识密集型占优势的产业演进，是文化产业内部结构不断优化和升级的表现。

美国的文化产业已经实现文化产业高度化转移，形成以版权为核心的现代文化产业体系。这一体系不仅使美国的文化产业在世界文化市场中占较大份额，而且使美国的文化产品在全球范围内具有较大的竞争力和影响力。这表明，一个国家要在全球文化市场中占据有利地位，就必须积极推动文化产业结构的高度化。对中国来说，当前的重要任务是努力发展高端文化产品，提高国际竞争力，以应对全球文化产业发展的新形势和新挑战。从产业结构高度化的程度来看，文化产业结构高度化主要有四方面内容。

第一，产业的高附加值化，即产品价值中所含文化价值和剩余价值比例大，具有较高的绝对剩余价值率和超额利润，是企业自主创新程度不断累积的过程，在创造剩余价值的同时形成新的文化资源积累，为新的文化创造提供资源和遗产准备。第二，产业的高技术化，即在产业发展中普遍应用高新技术手段和成果，在应对现代高新技术转移的同时，创造和形成新的文化再生产能力。第三，产业的高集约化，即产业组织实现了对各种文化生产要素和文化资源的合理配置，具有较高的规模经济效益。第四，产业的高关联度化，即衍生产品深度化，在形成良好的产业链的同时，还形成了良好的文化资本循环系统，具有较强的文化资本增值能力。

  文化产业结构高度化，一般来说只有在一种科学技术相对比较发达、市场环境比较优良、文化产业信息交流充分和文化产业基础设施比较完善的国家或地区才能充分实现。文化产业结构的高度化既是经济发展现代化的一个结果，又是推进现代经济不断实行结构转移和升级换代的重要条件。但是，这并不等于说经济发展条件相对落后的国家或地区就不能推进文化产业结构的高度化进程。美国经济史学家华尔特·惠特曼·罗斯托在研究产业结构演变规律的过程中发现，在任何特定时期，不同部门的经济增长率存在着较大的差别；在特定时期，总的经济增长率是某些关键部门迅速增长所产生的直接或间接的效果，而这些部门的创新往往是拉动产业发展的主要动力。由于各产业部门之间存在着关联效应，它们在社会经济产业群中往往起着引领产业发展的先导作用和带动作用，这样的产业被罗斯托称为"主导产业"。罗斯托认为，主导产业与其他产业相比具有明显的优势：一是主导产业引入了一种与新技术相关联的新的生产函数；二是主导产业具有大大超过平均增长率的部门增长率；三是主导产业部门的产业效果超过该部门本身，即存在由产业的回顾效应、旁侧效应和前向效应组成的产业的扩散效应。回顾效应可以促进投入品产业的发展；旁侧效应可以通过主导产业发展引起周围地区经济的发展；前向效应则为更大范围其他产业的发展或为下一个主导产业的发展提供基础。罗斯托的主导产业理论为思考和研究文化产业高度化提供了一个新的参照系和理论模型，也就是说，经济水平比较不发达的国家或地区仍然可以通过发展适合本国或本地区的文化主导产业来创建本地区文化产业体系，使文化产业成为本国或本地区国民经济和社会发展的支柱产业。

（二）文化产业链结构演化模型

19世纪美国生物统计学家雷蒙德·珀尔（Raymond Pearl）在对人口增长的研究过程中提出的著名逻辑斯谛方程，用于描述系统组织演化发展的一般过程，也称为增长曲线模型。❶❷逻辑斯谛方程可以用于研究文化产业链的演化阶段。假设 x 为 t 时点文化产业链演化状态，r 为产业链自然增长率，k 为产业链演化最终状态，则文化产业链的研究方程可以表示为

$$\frac{\mathrm{d}x}{\mathrm{d}t} = rx\left(1 - \frac{x}{k}\right) \tag{2-19}$$

对式（2-19）求解得

$$x = \frac{k}{1 + a\mathrm{e}^{-rt}} \tag{2-20}$$

当 $t=0$ 时，文化产业链的初始状态为 x_0，$a = \frac{k}{x_0} - 1$，则

$$x = \frac{k}{1 + \left(\frac{k}{x_0} - 1\right)\mathrm{e}^{-rt}} \tag{2-21}$$

式（2-21）表达文化产业链的演化过程。

当 $r > 0$ 时，$\frac{\mathrm{d}x}{\mathrm{d}t} > 0$，则

$$\frac{\mathrm{d}^2 x}{\mathrm{d}t^2} = r^2 x\left(1 - \frac{x}{k}\right)\left(1 - \frac{2x}{k}\right) \tag{2-22}$$

文化产业链演化曲线的拐点值 $x^* = \frac{k}{2}$。当 $t = t^*$ 时，$\frac{\mathrm{d}x}{\mathrm{d}t} = \frac{rk}{4}$。

对式（2-19）求三阶导数得

---

❶ 刘烈宏，陈治亚.产业链演进的动力机制及影响因素[J].世界经济与政治论坛，2016（1）：160-172.
❷ 王帮俊，吉峰，周敏.基于Logistic模型的煤炭产业链系统演化过程研究[J].数学的实践与认识，2013，43（9）：10-17.

$$\frac{d^3x}{dt^3} = r^3x\left[1 - \frac{(3+\sqrt{3})x}{k}\right]\left[1 - \frac{(3-\sqrt{3})x}{k}\right] \tag{2-23}$$

则

$$t_1 = \frac{\ln a - 1.317}{r} \tag{2-24}$$

$$t_2 = \frac{\ln a + 1.317}{r} \tag{2-25}$$

当 $t = t_1 = t_2$ 时，有

$$\frac{dx}{dt} = \frac{rk}{6} \tag{2-26}$$

通过以上计算可知文化产业链演化各阶段的状态。

（1）在文化产业链形成阶段，即当 $0 < t < t_1$ 时，有 $\frac{dx}{dt} > 0$，$\frac{d^2x}{dt^2} > 0$，$\frac{d^3x}{dt^3} > 0$，整个文化产业链演化速度很快，当 $t = t_1$ 时，$x = \frac{k}{3+\sqrt{3}}$，文化产业链演化速度为 $\frac{rk}{6}$。该阶段文化产业链由无序向有序转化、由低序向高序演化。

（2）在文化产业链成长阶段，即当 $t_1 < t < t^*$ 时，整个文化产业链的演化速度仍然很快，但加速度在降低。当 $t = t^*$ 时，$x = \frac{k}{2}$，文化产业链演化速度为 $\frac{rk}{4}$，为文化产业链演化的最快阶段。该阶段系统的层次性基本不变，但是系统内部的复杂性相对增强。

（3）在文化产业链成熟阶段，即当 $t^* < t < t_2$ 时，有 $\frac{dx}{dt} > 0$，$\frac{d^2x}{dt^2} < 0$，$\frac{d^3x}{dt^3} < 0$，$t = t_2$ 时，$x = \frac{k}{3-\sqrt{3}}$，文化产业链演化速度为 $\frac{rk}{6}$。文化产业链的演化速度在递减。该阶段系统的层次性和复杂性基本不变，系统基本保持现状。

（4）在文化产业链衰退阶段，即当$t>t_2$时，文化产业链的演化速度继续减少。根据以上综合分析，建立文化产业链演化阶段的一般模型，如图2-5所示。[1]

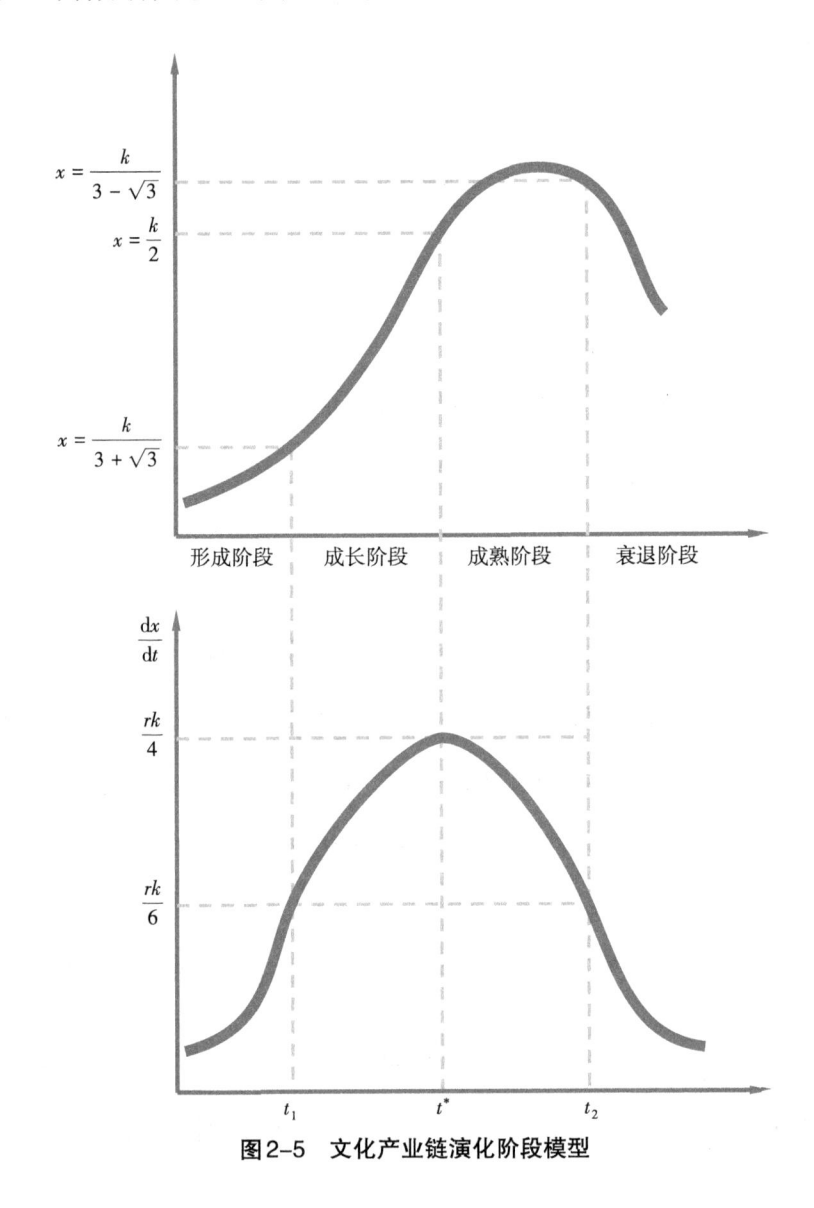

图2-5　文化产业链演化阶段模型

---

[1] 徐忠华. 基于产业链视角的我国文化产业整合研究[D]. 北京：北京交通大学，2020：71.

二、创新扩散理论

（一）熊彼特创新理论

关于创新概念，人们最早主要是从技术与经济相结合的角度，探讨技术创新在经济发展过程中的作用，主要代表人物是现代创新理论的提出者熊彼特。独具特色的创新理论奠定了熊彼特在经济思想发展史研究领域的独特地位，也成为他经济思想发展史研究的主要成就。❶

熊彼特认为，所谓创新就是要"建立一种新的生产函数"，即"生产要素的重新组合"，就是要把一种从来没有的关于生产要素和生产条件的"新组合"引入生产体系，以实现对生产要素或生产条件的"新组合"；作为资本主义"灵魂"的企业家的职能就是实现创新，引进"新组合"；所谓"经济发展"就是整个资本主义社会不断地实现这种"新组合"，或者说资本主义的经济发展就是这种不断创新的结果；而这种"新组合"的目的是获得潜在的利润，即最大限度地获取超额利润。周期性的经济波动正是缘于创新过程的非连续性和非均衡性，不同的创新对经济发展产生不同的影响，由此形成时间各异的经济周期；资本主义只是经济变动的一种形式或方法，它不可能是静止的，也不可能永远存在下去。当经济进步使得创新活动本身降为"例行事物"时，企业家将随着创新职能减弱、投资机会减少而消亡，资本主义不能再存在下去，社会将自动地、和平地进入社会主义。当然，他所理解的社会主义与马克思、恩格斯所理解的社会主义具有本质的区别。因此，他提出，创新是资本主义经济增长和发展的动力，没有创新就没有资本主义的发展。

熊彼特以创新理论解释资本主义的本质特征，解释资本主义发生、发展和趋于灭亡的结局，从而闻名于资产阶级经济学界，影响颇大。他在《经济发展理论》一书中提出"创新理论"后，又相继在《经济周期》和《资本主义、社会主义和民主主义》两书中加以运用和发挥，形成以创新理论为基础的独特的

---

❶ 向勇，刘静. 文化产业应用理论 [M]. 北京：金城出版社，2011：60.

理论体系。创新理论的最大特色就是强调生产技术的革新和生产方法的变革在资本主义经济发展过程中的至高无上的作用。但在分析中,熊彼特抽掉资本主义的生产关系,掩盖资本家对工人的剥削实质。

根据创新浪潮的起伏,熊彼特把资本主义经济的发展分为三个长波:①1787—1842年是产业革命发生和发展时期;②1842—1897年为蒸汽和钢铁时代;③1898年以后为电气、化学和汽车工业时代。第二次世界大战后,许多著名的经济学家研究和发展创新理论,20世纪70年代以来,门施(Mensch)、克里斯托夫·弗里曼(Christopher Freeman)、科林·克拉克等用现代统计方法验证熊彼特的观点,并进一步发展创新理论,被称为"新熊彼特主义"和"泛熊彼特主义"。进入21世纪,在信息技术推动下知识社会的形成及其对创新的影响进一步被认识,科学界进一步反思对技术创新的认识,创新被认为是各创新主体、创新要素交互复杂作用下的一种复杂涌现现象,是创新生态下技术进步与应用创新的创新双螺旋结构共同演进的产物,关注价值实现、关注用户参与的以人为本的创新模式成为21世纪对创新进行重新认识的探索和实践。

创新有五种情况:①采用一种新的产品,也就是消费者还不熟悉的产品或某种产品的一种新的品质。②采用一种新的生产方法,也就是有关的制造部门在实践中尚未知悉的生产方法,这种新的方法不需要建立在新的科学发现的基础上,并且它还可以存在于商业上对一种商品进行新的处理。③开辟一个新的销售市场,也就是相关国家的相关制造部门以前不曾进入的市场,这个市场以前可能存在也可能不存在。④获得原材料或半成品的一种新的供应来源,同样不论这种供应来源是否已经存在,而过去没有注意到或者认为无法进入,还是需要创造出来。⑤实现一种新的组织,如造成一种垄断地位(如通过托拉斯化),或打破一种垄断地位。

后来,人们将这五种情况归纳为五个创新,依次为产品创新、工艺创新、市场创新、资源配置创新和组织创新。这里的组织创新也可以被看作部分的制度创新,当然仅仅是初期狭义的制度创新。

(二)技术创新扩散传播理论

传播论是技术创新扩散研究中最具影响力的一种理论。国外学者对技术创新扩散的研究,先从技术传播的研究入手,而后扩大延伸到技术创新扩散。

20世纪以来,一些学者对传播的手段、作用及影响进行了一系列的探讨。法国社会家加布里埃尔·塔尔德(Jean Gabriel Tarde)在1904年首次提出"S形传播曲线理论",认为模拟是重要的传播手段,而且在传播过程中模拟者比率呈S形曲线,如图2-6所示。❶

美国学者罗杰斯和赖安在1943年对艾奥瓦州农民传播高产量玉米品种的活动进行统计研究,结果表明,采用新品种的农民数呈S形曲线增长,与塔尔德的结论一致,证明S形传播曲线理论的正确性。如果说塔尔德是传播理论研究的先驱,那么罗杰斯和赖安的研究具有划时代的意义,成为传统模式与现代模式的分水岭。

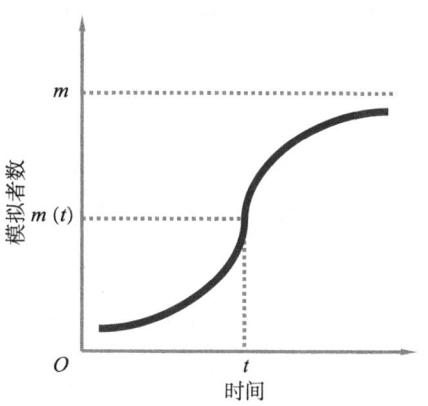

图2-6 模拟者比率呈S形曲线

1944年,拉扎斯菲尔德(Lazarsfeld)等提出"两级传播理论"。该学说认为,信息的沟通是通过大众传播媒介和高层权威人物之间的交往,才得以完成的。随后,丹尼尔逊等就一颗人造地球卫星发射成功这一消息的传播加以分析研究,认为大众传播媒介在沟通信息方面的效果,较之核心人物之间的交往更为广泛,而核心人物之间的交往所获取的信息只有通过大众传播媒介的传播才能传遍社会的各个领域和层面。

20世纪60年代,技术传播理论的研究出现一个明显的转折。这个转折标志着该领域的研究开始进入一个新的、更广泛和深入的阶段。这一转折主要表现

---

❶ 董景荣. 技术创新扩散的理论、方法与实践[M]. 北京:科学出版社,2009:54.

在两个方面，它们反映技术传播理论的日益成熟和多样化。一是技术传播理论研究视野开始突破国界限制，逐渐走向国际化。这意味着技术传播理论不再只是某个国家或地区的专属研究领域，而开始在全球范围内引起广泛的关注和探讨。特别是在发展中国家，由于这些国家在技术发展和应用方面潜力巨大和需求迫切，技术传播活动变得异常活跃，因此对于技术传播理论的研究和应用，发展中国家表现出浓厚的兴趣和实践动力。二是技术传播理论的研究范畴也得到重要拓展。最初，该理论主要在社会学领域进行研究和应用，关注技术如何在社会系统中进行传播和扩散。然而，20世纪60年代后，该理论开始突破社会学范畴的局限，逐渐与经济学产生交叉和融合。这种跨学科的交叉研究不仅丰富技术传播理论的内涵和外延，而且使该理论在解释和预测技术创新扩散的经济影响上具有更强的解释力和实用性。

在技术传播理论的发展过程中，技术创新扩散传播论成为一个重要的研究方向。这一理论的代表人物是罗杰斯，他在1983年出版的《创新的扩散》中系统地阐述技术创新扩散的概念、过程和影响因素。罗杰斯认为，技术创新扩散是创新在一定时间内通过某种渠道在社会系统成员中进行传播的过程。在这个过程中，创新的特征、沟通渠道、时间及社会系统等因素都会对创新的扩散速度和广度产生重要影响。

基于技术创新扩散理论，扩散的最早模型——传染病模型得以构建。这个模型将技术创新的扩散过程类比为传染病的传播过程，通过数学模型模拟和预测创新在社会系统中的扩散路径和速度。传染病模型的构建不仅提供对技术创新扩散过程的量化分析方法，也为后面扩散模型的发展和完善奠定坚实的理论基础。

（三）技术创新扩散替代理论

从技术创新的历史来看，真正全新的产品远比换代新产品少，技术创新扩散更多地表现为新技术（新产品）对旧技术（旧产品）的替代，如彩色电视机替代黑白电视机、586计算机替代486计算机、移动电话的数字通信技术替代模拟技术等。因此，用替代的思想来研究技术创新扩散是很有意义的。❶

创新扩散的传播论假定创新的首次采用与随后的模仿形成两个完全不同的活动。这种"创新—模仿"假定起源于熊彼特的研究。这个观点的本质是，扩散过程的核心是"潮流"（bandwagon）效应，即一个消费者采用一项新产品的决策依赖于已采用该产品的消费者数。在这样的一个简单假定下，扩散随时间呈对称（如逻辑斯谛曲线）或不对称（如冈珀茨曲线）的S形曲线。熊彼特的"创新—模仿"假定受到很多人的批评。

夏哈尔（Sahal）认为，扩散过程实际上就是新技术替代旧技术的过程。创新扩散的替代理论不是孤立地研究某项技术创新的扩散，而是将该技术的扩散过程与技术发展过程联系在一起。换句话说，扩散是一种均衡（旧技术的使用）转移到另一种均衡水平（新技术的采用）的动态不平衡过程。这种替代性创新扩散的例子很多，如蒸汽船取代帆船、拖拉机取代牲畜、油燃料替代煤燃料、天然气和核能替代油燃料等，但这种新技术取代旧技术的过程不如想象得那么顺利，实际上是两种产品在技术上的竞争过程。相对旧产品而言，新产品必须有某种优势。此外，人们的文化观念、风俗习惯及地方政府的某些法规政策等都可能阻碍这种替代过程的顺利进行。蒸汽船取代帆船早在19世纪50年代就已发生，但蒸汽船的早期采用受到一些关键部件存在问题的困扰。与此同时，帆船技术在不断地改进。直到30多年后，随着蒸汽船技术的不断创新，蒸汽船才在与帆船的竞争中占据优势。

上述例子揭示了扩散过程的两个基本特征：①新技术在采用过程中很少不发生变化，这种变化既可能表现在出现新的用途，也可能表现在为适应需要而对设计和性能进行改进；②新技术采用常与现存的旧技术的特征相关，新技术扩散从来都不是孤立地发生的。

技术替代是两种产品竞争的结果的观点最早由费希尔（Fisher）和普赖

---

❶ 董景荣．技术创新扩散的理论、方法与实践[M]．北京：科学出版社，2009：63．

（Pry）提出，并建立了相应的技术替代模型——费希尔-普赖替代模型。弗洛伊德（Floyd）、谢里夫-卡比尔（Sharif-Kabir）、米德（Meade）和贝尔图利亚（Bertuglia）等各自提出的模型可看作费希尔-普赖替代模型的改进和扩展。诺顿（Norton）和巴斯认为，先前的替代模型普遍存在的问题是以新老产品的采用者比例作为建立替代方程的基础，他建立了以销售量为研究变量的替代方程，并对两种类型的集成电路（记忆电路和逻辑电路）的替代进行了研究。此外，霍默（Homer）用系统动态的观点研究了两个医药品的替代过程，李（Lee）等建立了基于数据转换的替代模型。

技术替代模型和新产品扩散模型的主要区别表现在，替代过程的数据利用有两个变量（新老产品的采用），而扩散过程的数据利用有一个变量（新产品的采用），大多数技术替代模型所用的描述新产品市场份额的数据隐含着两个变量性质，用市场份额的比例作为唯一变量，可能发生忽视市场规模及其随时间而变化的信息。设计一个替代模型，不仅要增加预测的可靠性，还要把目标放在对替代机制的认识上，以便管理者控制替代过程。

（四）技术创新扩散选择理论

早期技术创新扩散理论的代表人物曼斯菲尔德（Mansfield）从跨国公司的利益出发，提出了对外进行投资与技术扩散的选择理论。他认为，企业在生产要素供给能够得到满足，出口能获得最大利益的条件下，一般倾向于选择直接投资。因为这种选择有利于控制技术专有权，在国际上保持技术优势和垄断。企业在直接投资遇到障碍时，才会选择技术转让，如国外市场容量太小，无法实现投资收益的最大化，或者对方缺乏接受直接投资的必要条件等。❶

美国经济学家约翰·哈里·邓宁（John Harry Dunning）则把对外直接投资、国际贸易、技术扩散三者有机地统一起来，通过建立国际生产选择模型来分析国际技术扩散发生的机制。他认为，在国外拥有区位优势且能控制技

---

❶ 董景荣. 技术创新扩散的理论、方法与实践[M]. 北京：科学出版社，2009：64.

术专有权在国外进行生产的条件下，企业一般选择对外直接投资；企业在区位因素吸引力不大的情况下，倾向于选择出口贸易；企业在内部交易市场不具备一定的规模且区位优势不明显时，才选择技术转让，这显然是一种权宜之计。

美国经济学家理查德·E.凯夫斯（Richard E. Caves）在上述选择论的基础上，总结了跨国公司在对外直接投资和技术转让之间进行选择的种种影响因素。①选择技术扩散的影响因素包括对外直接投资存在障碍，如市场容量小、缺乏规模经济等；缺乏对外直接投资的基本条件，如知识存量不足、对国外市场不了解、投资成本太高等；技术创新的周期太短；风险考虑，技术转让不用在国外放置大量固定资产，从而避免政治风险。但是，当技术转让可能使技术泄露给竞争对手时，又会妨碍技术转让；在互惠回授条件下，即供方把技术转让给受方后，双方将改进技术回授给对方。②不选择技术转移的影响因素包括技术扩散交易成本过高，如谈判时讨价还价、因商品质量影响声誉、可能泄密等；跨国公司内部的技术扩散成本大大低于企业之间的技术扩散，一般不鼓励技术扩散。

选择论的技术扩散论与周期论关系密切。约翰·哈里·邓宁的理论就是受产品周期论的启迪演化形成的。这种理论把技术创新扩散的机制看作企业在某个周期内对对外条件加以权衡的结果，而不是产品周期循环的内在趋势。因此，选择论中的技术扩散论对转移机制就显得不够充分。

（五）技术创新扩散生命周期理论

这种理论是日本经济学家斋藤优提出的。他认为拥有新技术、新产品的企业为了谋求最大利益，其对外战略不外乎三种：运用新技术生产新产品输出、对外直接投资及输出技术，而且三者是按周期循环的，其关系如图2-7所示。

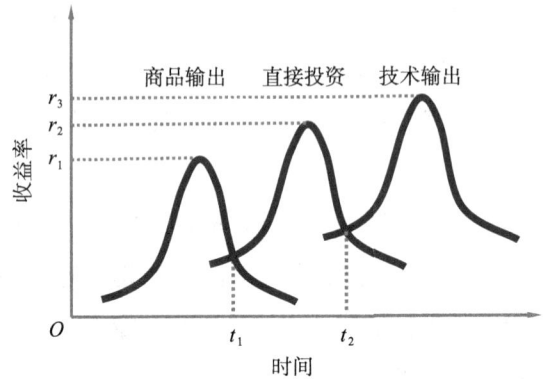

图2-7 技术创新扩散周期收益率

斋藤优认为,拥有新技术的企业总是先出口运用该技术生产的新产品,在出口过程中,该产品在当地的市场不断扩大,收益率由低而高。同时,该产品也逐渐适应当地条件,运用当地生产要素也能生产出该产品,于是收益率开始下降,企业在t_1时间点把商品出口转为直接投资,以牟取收益率回升。随后,由于在当地产销,很快提高当地该项技术的水平,且能仿制该产品推向市场。此时企业直接投资的收益率由上升转为下降,降至t_2时间点时,企业转而输出技术,不仅要维持原有收益率,而且能达到最高收益率。周期论揭示了技术转移是一项新技术问世后的必然归宿,把技术的生命同企业谋利有机地结合起来,从而解释了形成技术扩散的机制。

(六)技术创新扩散均衡理论

凯夫斯认为,技术交易转让的客体是无形资产,如商标、设计、经营管理经验等。这些无形资产既然可同有形的商品一样成为交易的内容,那也就可以用商品交易的均衡机制来说明技术扩散机制。凯夫斯认为,由于技术市场的不确定性和竞争结构,企业难以控制该市场并实行技术垄断,只得进行技术交易,使该项无形资产的价值得以实现。而在一定市场条件下,一旦技术专有人研制与开发技术的成本在竞争中稳定下来,技术专有人的收益就降至转让该技术的成本,则技术市场的交易达到均衡状态。

凯夫斯的这种说法有类似选择论的地方。他认为国与国之间之所以会形成技术扩散，一是因为企业难以控制技术市场而只得进行技术贸易；二是企业在短期内不可能利用其全部新技术制造新产品，而受各种条件的限制，选择的投资方向有限，只能转让技术。因此，讲的仍是选择，不同的是，选择论中的技术扩散论是企业的随机选择，凯夫斯说的则是无可选择的选择，而且凯夫斯强调了技术扩散机制与商品交易机制的一致性及均衡条件。

以美国保罗·克鲁格曼等为代表的技术扩散一般均衡论，把技术扩散、资源配置与世界收入分配三者统一起来考察，认为技术是由不断创新的发达国家转移到发展中国家的，后者由于获得了发达国家的技术，促进了经济发展，福利水平得以提高。如果发达国家不再创新，或者放慢创新速度，那么发达国家与发展中国家的福利水平很可能接近。因此，发达国家只有不断创新并提高创新速度，才能维护其福利水平（与发展中国家福利水平的差距）不下降，并保持其在竞争中的有利地位。

这样，发达国家与发展中国家之间就经常拉开一定差距，并且这种差距是技术扩散的基础。这种差距主要指占有技术的时差，也就是人们常说的技术上相差多少时间。于是，技术转移就处于这样一种均衡结构中，在该结构中发达国家与发展中国家相对工资不变，保持一定差距有利于发达国家。同时，贸易形式不变，发达国家总是在生产创新产品，发展中国家总是在生产发达国家已经成熟的产品。二者福利均有提高且经济稳定。

在这样的结构下，技术创新提高了资本的边际产出率，吸引资本流入；技术扩散则相反，导致资本边际产出率下降，资本流出。而技术扩散形成的资本流动，能在较低的资源成本下生产某些新产品，有助于全球性生产要素的合理配置，使生产要素市场达到均衡状态。

（七）技术创新扩散技术差距理论

这是源于美国经济学家波斯纳（Posner）和哈夫鲍威尔（Havebowell）的理论，原是用来说明国际分工的。技术差距理论认为，形成技术转移的原因在于国际存在着技术差距,并且认为世界经济存在二元结构,技术上也存在二元结构。技术从"中心"(发达国家)向"边缘"(发展中国家)转移。但是这种理论没有具体分析技术差距的种种形态,只看到发达国家与发展中国家之间存在的技术差距,只能说明国际垂直的技术转移,而无法说明在技术水平上大体处于相同阶段的国家之间也会发生水平技术转移的问题。

韩国学者金泳镐提出"边缘"技术双重差距理论。他认为技术由"中心"向"边缘"转移,要注意两种不同的情况:一种情况是"中心"与"边缘"部分在技术开发阶段或技术体系上存在着差距,这种差距主要表现在技术供方("中心")所转让的技术与技术受方("边缘")需要的技术之间不相适应,这种由技术供方造成的差距称为技术引进差距;另一种情况是技术受方("边缘")由于技术人员、技术工人在质与量两个方面都严重不足,很难与技术供方("中心")转移过来的"外来技术"结合起来,这种由技术受方造成的差距是技术积累上的差距。他认为,即使同一个发展中国家,在技术差距上也存在着这两种情况,即所谓双重差距。

(八) 创新扩散理论

美国学者罗杰斯提出的创新扩散理论是传播学著名理论,也是重要的创新理论之一。创新扩散理论把人们对创新的采纳分为五个过程:认知、说服、决定、实施、确认等。❶这一过程透视出用户在面临创新时的行为过程,只有了解用户的行为过程,才能提高创新成功的概率,这对企业创新和产业创新具有很重要的指导价值。

创新扩散理论还把用户分为五类:创新者、早期采用者、早期大众、晚期大众和落伍者等。这一用户分析对网络文化产业创新中的产品创新具有非常重要的指导意义,要想实现产品创新的成功,就必须重视不同用户群体的体验。罗杰斯研究了上述五类人在群体中的比例,创新者这类最具创新性的用户群,

---

❶ ROGERS E M. Diffusion of innovations [M].New York:Free Press,1983.

虽然数量少但影响大。早期的市场创新活动必须聚焦到适宜的用户群体，寻求更具创新性的更容易接受创新产品的用户群体。这也是网络文化产品发挥网络效应的基础所在，也就是说，要让市场爆发性增长，就先要对早期用户进行精准定位，获得早期用户群体尤其是创新者群体的支持是网络文化产业产品成功的关键之一。

《牛津创新手册》围绕"创新及其扩散"的研究指出，扩散是将新产品、新过程和新的实践成功引入社会环境的三个重要"支柱"之一，另外两个"支柱"是发明（新的概念）和商业化或创新（使发明变为实践）。❶由此可见，扩散的过程正是对发明和（技术）创新成果进行市场拓展和实现市场创新的过程。后来的研究者认为，扩散是从企业创新发展到产业创新的关键。创新从一部分率先创新的企业扩散到整个产业，进而引发产业创新。由此可见，创新扩散的过程其实也是新技术和新产品进行市场创新的过程。创新扩散理论也是产业创新领域的重要理论成果。从企业创新到产业创新的重要环节就是扩散，只有率先创新的企业的经验和成果被更多企业采纳或跟进，也就是扩散，才能在产业层面实现创新（现有产业的进步或者形成新产业）。扩散是非率先创新的企业跟进的过程，同时也是这些企业共同进行市场创新，真正形成新的产业或者实现现有产业升级的过程。

无论在具体的技术创新扩散中，还是在产业中，创新扩散都表现为创新开拓企业的创新示范。这些企业引领同产业内的其他企业跟进，继而形成扩散效应，由此推动产业升级并刺激进一步的产业创新。这一点在网络文化产业中表现得尤其突出。究其原因，重要的是网络文化产业偏重软件层面的应用和开发，一般不需要像制造业一样进行太多基础设备的投资，这为网络文化企业进行模仿和跟进，进而进行再创新提供了更为宽松的条件。

---

❶詹·法格博格，戴维·莫利，理查德·纳尔逊.牛津创新手册[M].柳卸林，等译.北京：知识产权出版社，2009：469.

三、全产业链理论

（一）价值链理论

价值链的概念是由美国哈佛商学院迈克尔·波特教授首先提出的。在1985年所著的《竞争优势》一书中，他指出：每一个企业都是用来进行设计、生产、营销和交货等过程及对产品起辅助作用的各种相互分离的活动的集合。任何企业的价值链都是由一系列相互联系的创造价值的活动构成的，这些活动分布于从供应商的原材料获取到最终产品消费时的服务之间的每一个环节，将这些环节分解，通过考察这些活动本身及相互之间的关系来确定企业竞争优势。同时指出企业的价值链是动态变化的，它反映了企业的历史、战略以及实施战略的方式。[1]

迈克尔·波特从商品与服务的市场价值来研究价值链，他认为企业价值链并不是孤立存在的，而是存在于由供应商价值链、企业价值链、渠道价值链和买方价值链共同构成的价值链系统中。

根据价值链理论，企业的经营活动可以根据其对企业经营价值的影响分成若干个小时的"价值活动"，企业所创造的价值是由其产品或服务的购买者所愿意支付价钱的多少来衡量的。企业之所以盈利，是因为企业所创造的价值超过了企业从事该价值活动所支付的成本。企业要取得竞争优势，超过竞争对手，就必须做到，要么以更低的成本从事价值创造活动，要么从事的经营活动会导致差异性的结果，或者创造更多的价值，从价值的提高中取得更多的盈利。价值链理论认为，价值链分析的基础是价值，而不是成本；价值链是由各种价值活动构成的，即由基本增值活动和辅助性增值活动构成；企业的价值链体现在价值的更广泛的一连串活动中；一条基本价值链可以进行再分解，如作为基本增值活动的市场销售就可以再分为营销管理、广告、销售队伍管理、销售业务、技术文献、促销等活动，和价值链的各环节之间是相互关联、相互影响的；在

---

[1] 向勇，刘静. 文化产业应用理论[M]. 北京：金城出版社，2011：107.

同一产业中，不同的企业具有不同的价值链，对于同一家企业而言，在不同的发展时期会有不同的价值链。

价值链理论认为，在企业的经营活动中，并不是每个经营环节都创造价值或者具有比较优势。企业所创造的价值和比较优势，实际上来自企业价值链上某些特定环节的价值活动，这些真正创造价值的、具有比较优势的经营活动才是最有价值的战略环节。创意产业是具有原创性、具备明显知识经济特征和高度文化含量的一种产业，它将原创性的文化创意规模化、产业化，使之产生经济效益；它以创意为核心，将抽象的文化直接转换成具有高度经济价值的产业。

1. 内容创意

内容创意，即创意形成环节。参与的市场主体是文化内容提供者，其中的关键人物是艺术家、设计师等，或者可以说是任何能够为创意企业提供内容的创意生产者，是他们将文化资源转化为创意。这个环节是创意产业价值链的顶端，在任何情况下都是控制整个链条的关键环节，主要增值部分就在其原创性的知识含量之中。这种创造价值的活动改变了过去必须要有实体才能生产与制造的概念，将一个抽象的、无形的产品当作产业链的一环。近年来，企业已经展开对这个环节参与主体的争夺，纷纷与著名作家、画家、设计师签约，垄断他们的创意作品。作为这个环节参与主体的艺术家等从某种程度上成为稀缺资源。

2. 生产制造

这个环节将创意转化为产品。创意企业通过技术、工艺等生产流程批量生产创意产品。

3. 营销推广

在营销推广环节，"新媒介人"阶层是重要参与者，其中的关键人物是代理商、策划人、经纪人、传媒中介人和制作人等，他们运用各种营销模式将创意产品的价值和使用价值销售让渡给消费者。传统的创意作品消费往往在直接的面对面交流的自然经济中形成，不需要策划人、艺术中介机构、经纪人等中间环节。在今天全球化的消费社会中，创意产品不再是创意天才灵感突发的产物，而是精心设计、策划的结果。有时策划人、经纪人的地位和作用甚至超过作为传统"艺术生产"中的"关键环节"或"决定因素"的作家、艺术家和设计师等,因为他们懂市场、了解市场,能够准确预期和把握市场,能用经济和传媒运作的方式把创意作品推向大众。21世纪初的"刘令华现象"为这种情形做了一个很好的注释。国内外多项成功的案例显示,创意产品生产的市场规划、专业策划在创意产业价值链中举足轻重。

4. 传播渠道

产品要变成产业,关键是渠道。没有销售或发行通路,再好的产品也变不成产业。因此,传播渠道构成创意产业价值链上的重要环节,其市场主体是电影、电视的播映机构,报刊、电台、演出经营场所及网络运营商等。例如,中信文化传媒集团控股世纪环球电影院线,拥有26座影院,有强势媒体《中国电影报》《文汇百花周刊》《时尚财富》《新电影》《中国摄影家》,还开发经营北京和广州地铁内的广告、报刊分销网和娱乐终端卖场,掌控了诸多传播渠道,使内容传播的辐射力呈几何倍数增长。

5. 消费者

创意产业是由于创意赋予产品观念价值,引起消费者的购买兴趣和欲望,才具有高增值力,因此消费者不断增长的需求是创意产业价值链上的最终决定环节。消费者对整个价值链具有反馈和互动的作用。在新的知识经济时代,消费者精神、文化需求的变化每天都在发生着,它要求价值链条上的各个环节采取创新的方式来满足这种需求,这个过程中不断有新参与主体的加入、新盈利模式的产生,也导致创意产业价值链条和其他产业价值链条的交叉和融合,从而带来了整个价值链的变革。在创意产业价值链的起始端,是创作者无形的创意灵感与构思。随后通过进一步地创作转化为依附于相应载体得以表现的创意作品。再经一定规模的复制、生产成为创意产品或服务,在市场上传播与交换,并最终作为创意商品(或消费品)为消费者所使用或体验。

在价值链增值过程中,产业活动的内容分别围绕创意的创作(阶段Ⅰ)、复制、生产(阶段Ⅱ),传播、销售(阶段Ⅲ)及使用、体验(阶段Ⅳ)展开,并相应地表现为创意理念、创意作品、创意产品(服务)和创意商品等不同形态。

然而，从知识产权的角度来看，价值链形成同时也是从知识产权创造到知识产权开发、知识产权交易及知识产权消费的过程。因此，对知识产权的保护始终贯穿于整个产业价值链的增值过程，而且针对各阶段的不同知识产权活动及其特点，所采取的知识产权保护方法与途径也应有所差异和侧重，如图2-8所示。

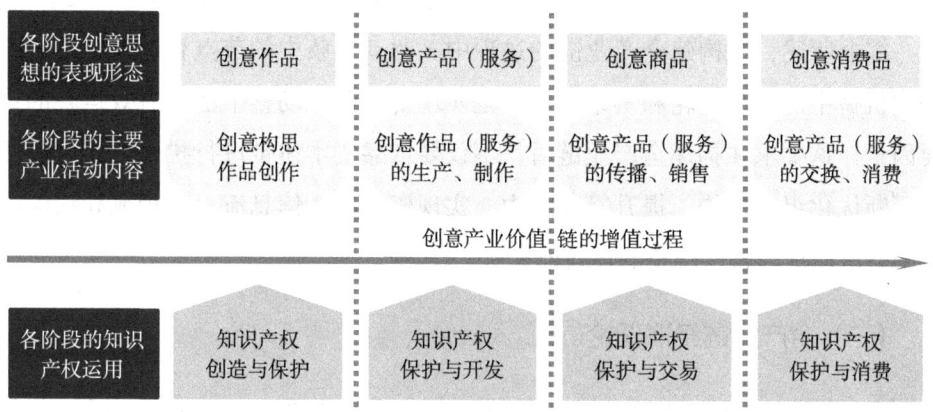

图2-8　创意产业价值链

（二）全产业链传动理论

在探讨构建全产业链的问题时，我们不可避免地会遇到"链"这一概念。这里的"链"并不仅是一个简单的连接，而且是一种通过特定机制使各节点企业实现全面对接的方式。这种对接形成一种内部准市场关系，确保生产过程的可控性。这种"链"的构建与机械学中的链传动理论有异曲同工之妙。在机械学中，链传动是一种通过链条将主动链轮的运动和动力传递到从动链轮的传动方式。主动链轮和链条是实现传动的关键。同样地，在构建全产业链的过程中，驱动链条中的节点企业就像机械中的关键零部件一样重要。这些节点企业不仅连接产业链的各个环节，而且在整个产业链中发挥传递动力和带动整个链条有效运转的作用。

要使全产业链有效运转，仅依靠节点企业的连接是不够的。我们还需要关注两个重要方面：一是链条运转的动力来源，二是链条企业之间的动力传导机制。首先，动力来源可以是某一家核心企业，这家企业应具有足够的实力和影响力以驱动整个链条的运转。同时，政府政策也是一个不可忽视的动力来源。通过制定有利于产业发展的政策，政府可以为全产业链的构建提供强大的推动力。其次，动力传导机制在全产业链构建中同样至关重要。一种良好的动力传导机制能够确保动力在链条企业之间有效传递，从而带动整个链条高效运转。这需要各节点企业之间建立紧密的合作关系和高效的沟通机制，确保信息的畅通和资源的共享。

综上所述，在构建全产业链的过程中，驱动链条中的节点企业是关键，它们像机械中的主动链轮和链条一样，是实现传动和带动整个链条有效运转的重要因素。这要求在构建全产业链时，不仅要依靠资本纽带进行扩张，而且要通过不断优化组织结构、提升管理能力，实现资金流、信息流、知识流和物流的协同，从而提高整个链条的运转效率。

（三）全产业链经济理论

全产业链的构建归根结底是一种企业组织形式的变革，主要是通过纵向一体化或建立战略联盟改变企业之间的交易模式来实现整体的经济性。这种企业组织创新理论与经济学中的经济效率理论、纵向市场圈定理论和交易费用理论较为接近。因此，基于这三个理论透视全产业链形成的动因有助于揭示全产业链的本质。❶

1. 经济效率理论

新古典经济理论将企业构造成一个技术上的生产函数，企业的特点在于它只是一个技术上的选择。企业的功能是在给定的市场条件和技术条件下，对生产要素进行最优组合，实现利润最大化目标。而规模经济和范围经济都反映了生产技术本身所具有的特征。因此，规模经济和范围经济成为企业规模（企业边界）的决定因素。纵向一体化的技术效率观认为，对技术的获取及由于保证生产的不可分割性等产生的成本节约（包括规模经济和范围经济）促成了纵向一体化的形成。此外，双重加价、多元化、保证原材料供给和解决信息不对称问题都是企业实施纵向一体化的重要原因。

---

❶ 郭丕斌，吴青龙，周喜君，等．"全产业链"理论与应用研究——以山西为例[M]．北京：经济管理出版社，2014：25．

范围经济指企业生产两种或两种以上产品时，所带来的单位产品成本低于单独生产一种产品的单位成本的现象。与规模经济通过提高规模而降低单位成本不同，范围经济是生产多种关联产品，通过生产要素的共享实现低成本。因此，范围经济对全产业链的构建尤其重要。

2. 纵向圈定理论

依据理论演变的时间顺序和观点的差异，纵向圈定理论大致分为传统的杠杆理论、芝加哥学派和新圈定理论三个阶段或流派。但从研究方法上看，这些理论都是在秉承产业组织理论SCP（Structure-Conduct-Performance）范式基础上的不断发展。

传统的杠杆理论认为，在某一市场中拥有垄断势力的企业可以通过纵向控制行为向上游或下游的关联市场扩展其垄断势力，即拥有垄断势力的纵向一体化企业可以对下游企业的产品收取垄断价格，攫取上下游两个市场的垄断利润，这就形成了企业纵向一体化的动力。芝加哥学派和新圈定理论虽然进行了理论发展，但都是加入了新方法对理论的修正或对研究对象的拓展，对企业纵向扩展的支持是既定的。例如，芝加哥学派认为，即使市场是不完全的，只要竞争是充分的，反竞争的市场圈定效果就不可能实现。因此，纵向一体化和纵向约束都是有效率的，因而是合法的。

3. 交易费用理论

交易费用，又称交易成本，是由诺贝尔经济学奖获得者罗纳德·H. 科斯（Ronald H. Coase）提出来的。该理论基于新制度经济学的企业观对企业的产生进行了解释，认为在整个经济系统中，由于通过市场价格机制运作与企业专业化分工相比，会带来较高的相对成本，因此选择以企业的形式来进行。交易费用理论为人们认识企业提供了独特的视角。

在科斯的基础上，威廉姆森（Williamson）进一步对交易费用的来源进行了分析，认为以下七个方面是导致交易费用产生的主要因素，包括有限理性、投机主义、资产专用性、不确定性与复杂性、少数交易、信息不对称和气氛。这也从另一个角度表明，当经济运作面临上述环境时，通过企业内运作可在一定程度上降低交易费用。

但也需要明确，企业通过市场交易的"体内化"运营确实可在一定程度上降低交易费用，但这种降低并不是必然的，也不一定会随着越来越多的市场交易"体内化"运营持续产生，这种效用的发挥有赖于高效的管理和有效的内部沟通体系建设。这就要求我们在构建全产业链的过程中，不断通过创新提升企业的管理能力和水平。

（四）全产业链管理理论

从管理学的角度来看，企业边界的理论主要源于20世纪80年代兴起的企业能力理论。该理论涵盖多个子理论，如企业成长理论、企业资源基础论、企业核心能力理论、企业动态能力理论及企业知识基础理论等。与以往的新古典理论和新制度理论——基于企业同质性假设不同，这些理论以企业的异质性为出发点，强调企业的本质是一个多元化的能力体系和集合。这意味着企业的规模边界变化是受其资源能力、管理能力、组织知识、战略意图及环境因素等共同影响的。

（五）全产业链生物进化理论

生物进化论是用来解释生物发展演化过程的理论，有两个较为著名的学说：一个是达尔文主义，另一个是拉马克主义。达尔文主义认为，生物进化是一个从简单到复杂、从低级到高级的过程，同时生物也是可变的，在生存斗争中，只有那些具备适应环境能力的个体才能被保留下来，而不具备适应环境能力的个体则会被淘汰。达尔文主义强调自然选择的重要性，认为自然选择是生物进化的动力。拉马克主义也被称为用进废退理论，该理论认为环境对生物的影响是促进生物进化的主要动力，环境变化后，"那些经常使用的器官逐渐变强，不经常使用的器官逐渐退化，并逐步演变成新物种"，而且这种获得的性状可以遗传给后代。可见，拉马克主义强调自然选择与主动适应的结合，而达尔文主义则强调环境选择的重要性。[1]

从全产业链的形成过程看，作为一种全新的产业组织模式，其本身就是环

---

[1] 郭丕斌，吴青龙，周喜君，等．"全产业链"理论与应用研究——以山西为例[M]．北京：经济管理出版社，2014：28．

境选择的结果，也是企业不断创新的结果，因此，按照生物进化论的观点，全产业链的形成是"拉马克主义"和"达尔文主义"的综合。

首先，从时代背景的角度看。随着国际化竞争程度的不断加深和买方市场的全面形成，作为企业发展外部环境中的重要方面——消费者市场要求企业给予更多的附加值，那些传统上死守产业链某一环节的企业由于不能为消费者提供一揽子解决方案而在一定程度上降低了消费者的感知价值，有被市场逐渐淘汰的风险，而通过为消费者提供一揽子解决方案，有效降低消费者成本，提升消费者感知价值的企业获得了成功。特别是金融危机以来，环境的变化使得企业对现金流更加重视，往往倾向于投资一些利润率较高的相关行业，出现了"制造业向下、服务业向上"的发展趋势，并且在实践中也取得了比较好的业绩。这种变化本身就是环境选择的结果，是市场对不同发展模式的选择的结果。

其次，从企业变革与环境选择的角度看。如图2-9所示，当外部环境发生变化时，企业有两种选择：一种是拒绝变革，这样的结果是不适应环境而遭到淘汰；另一种是通过技术创新、制度创新等途径进行适应性变革，变革的结果可能是适应环境并获得发展，也可能是不适应环境而遭到淘汰。一旦变革获得了市场的认可，企业就会沿着这一方向继续发展下去，直至新的环境变化出现。这一过程既是环境选择的结果，也是企业主动变革的结果。

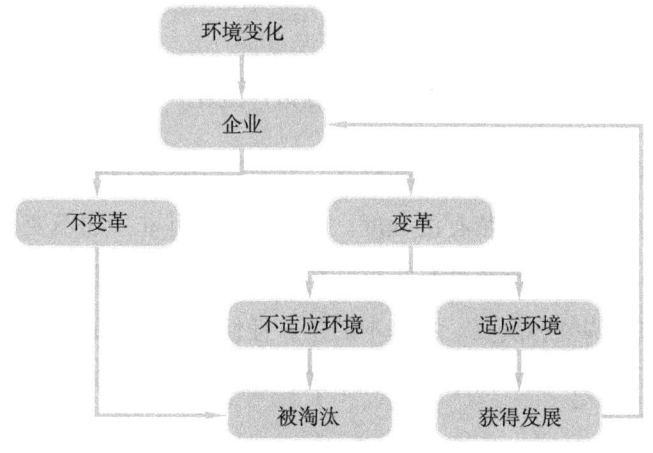

图2-9 企业变革的过程

四、科技创新促进产业结构升级理论

亚当·斯密在《国富论》中提出新技术发明是一个国家富裕的条件之一。马克思指出，只有不断改进生产工艺和方式才能极大地提高生产力。熊彼特在《经济发展理论》中首次提出"创新"的概念，他认为不断将创新引入经济体系，可以改变原有的生产方式，从而促进经济持续发展。熊彼特在《经济周期》中指出，创新即新的生产函数的建立，是生产要素和生产条件的新融合。他指出真正的创新是将新技术应用到实际生产中并为整个生产体系带来革命性变化。由此，熊彼特开创了技术创新理论研究的先河。

"科技"是科学技术的简称，"科学"是通过范畴、定理、定律等各种思维形式将现实世界中的各种现象的本质规律反映出来的知识体系；"技术"是指各种技术方法和生产工艺的综合，在产业中是指将要素的投入转化为产出的知识。"创新"是把感悟和技术转化为能够创造新的市值、驱动经济增长和提高生活标准的新产品、新的过程与方法和新的服务。

由此，发展至今科技创新包含科学、技术、知识和管理的创新。从科技创新的发展及线性应用逻辑看，其为从科学的基础研究到技术应用、产业试验开发、知识扩散与应用、产业全过程管理，最终到科技创新成果和产品的商业化的全过程。[1]

（一）科技创新通过改变需求结构促进产业结构升级

产业结构是一个复杂而多维的概念，涉及一个国家或地区经济体内不同产业之间的比例关系和相互依存的程度。而这种结构并非一成不变，会受到多种因素的影响，其中主要因素就是需求结构。需求结构的变化可以直接或间接地引发产业结构的调整和演变。更基本的是，任何一个产业的存在和发展必须基于一定的社会需求，没有需求就没有市场，也就没有产业生存的空间。产品需

---

[1] 郝挺雷.科技创新视域下我国文化产业竞争力研究[D].武汉：华中师范大学，2017：24.

求是多层次的,可以大致分为四个层面。首先,最基本的是生理需求,这是人类生存的基础,包括食物、衣物和住所等。其次,是满足和方便发展的需求,如教育、交通和通信等,这些是满足人们在社会生活中的进一步需求。再次,是对时尚和个性追求的需求,如奢侈品、艺术品等,这类需求更多地体现人们的精神追求和自我表达。最后,是对健康和环保的需求。一个明显的趋势是,人们的需求逐渐从基本的生理需求向更高层次的方便舒适型需求转变。这种转变不仅体现在物质消费上,而且体现在对服务、环境和精神文化的追求上。虽然有时人们的需求合乎情理,但是在技术还没有达到相应的水平时企业无法生产出满足人们需求的产品,新产业就不可能出现。如果技术有了新的突破,企业能生产出新产品,那么新的需求就会产生,新产业就会顺其自然地出现并得到迅速发展。对科技创新和突破来说,最好的时机往往是在现有需求结构发生改变前。通过前瞻性的研发和创新,企业不仅可以满足即将出现的新需求,而且可以在竞争中占得先机。这种科技创新和突破可以成为产业结构升级和需求结构变动的重要环节,为经济增长注入新的活力。因此,可以把科技创新和突破作为产业结构升级和需求结构调整的一个重要环节。

科技创新通过影响需求结构变化促进产业结构升级,我们可以从以下三个方面说明。

第一,科技创新可以降低产品生产成本,从而导致产业需求发生变化。许多产品从性能和用途来看都是现实生活中的必需品,但是由于产品的生产成本过高,市场需求有限。以电视机为例,20世纪20年代,世界上第一台电视机被制造出来,但是由于它的成本过高,市场对其需求较少。随着科技的进步,电视技术得到快速发展,电视机的生产成本越来越低,电视机价格也是直线下降,电视机走入千家万户。在某段时期内,各产业部门加大研发力度进行科技创新,当其他条件不变时,技术进步快速的部门,生产率自然提高得更快,产品在市场上更具竞争力,从而使该产业发展得更加迅速。

第二,科技创新使资源的利用效率得到提高。资源消耗强度降低,可以促使产业结构优化升级。资源消耗强度是指在生产过程中单位产品消耗的资源的多少。资源消耗主要分两种类型：一种是非替代性消耗的下降。随着科学技术的提高，资源深加工能力逐渐提升，资源利用率提高，科技创新使产品产量增长率低于资源消耗强度下降率，资源消耗的绝对量或相对量就会减少，进而导致资源需求减少，产品成本就会降低，需求结构也就会产生变化。另一种是替代性消耗的下降。技术进步促使人们不断改进产品设计、完善产品结构。

第三，产品通过科技创新升级换代，需求结构也随之发生改变，进而对产业结构进行优化升级。产品的发展规律大多遵循S形曲线，幼年期缓慢发展，成长期迅猛发展，再到成熟期稳定发展，直到饱和，最后进入衰退期，直到被新产品替代。这种情况出现的一个前提条件就是科技创新。

近年来，随着经济快速发展，技术不断进步，居民生活水平持续提高，相当一部分居民已经步入小康生活，在生活水平提高的同时也产生新需求，新需求的产生可以带动一批相关产业的发展，产业结构也就实现了升级。科技创新能够改变需求结构。同样，需求结构也能影响产业结构升级，需求结构可以决定产业未来的发展方向。一般来说，需求较高的产业，科技创新的频率和水平会较高，进而产业结构优化升级的进程也会加快。总之，科技创新可以通过改变需求结构来促使产业结构升级。

（二）科技创新通过改变就业结构促进产业结构升级

科技创新可以通过改变就业结构来达到产业结构优化升级的目标。科技创新可以促进社会劳动力分工合作。在这种状况下，劳动力的就业结构就会不断地被改善，技术型产业也会得到更好发展，技术的不断进步使部门的生产效率持续地提高，从而使整个产业的生产率得到很大提高。生产效率的提高会大大节省劳动时间。当某个产业部门不需要多余的劳动力时，必然会出现一些多余的劳动力游离在这个产业部门之外，这部分游离的剩余劳动力就会被其他生产部门吸纳进去。这就实现了劳动力在不同产业部门之间的转移。

由配第－克拉克定理可知，"随着经济的发展和人均国民收入的提高，劳动力首先由第一产业向第二产业转移，当人均国民收入水平进一步提高时，劳动力便向第三产业移动"。科技创新可以提高农业的生产效率，进而导致第一产业的劳动力需求降低。而在第二产业中，随着技术的进步，机器逐步取代人类来充当劳动力，于是就有一部分工人会失业。在整个产业规模不变的前提下，这些退出来的劳动力就会转移到第三产业或其他的新兴产业中去，产业结构就会发生改变。因此，科技创新可以通过改变就业结构来促进产业结构升级。

（三）科技创新通过影响生产要素供给促进产业结构升级

生产要素供给是一个产业发展的基础，主要包括资本、自然资源、劳动力和技术等，这些生产要素供给的质量和数量及它们相互结合所产生的效益的高低关系到劳动生产率的高低和是否能降低生产成本等问题，这对产业结构的发展有着直接的影响。

科技创新是产业结构优化升级的动力，产业结构的升级过程是从合理化到高度化。随着资源的日益枯竭，人们越来越重视科技创新，在人类社会技术还比较落后时，人类所拥有的生产资料是有限的，人类通过不断改造自然，使生产力不断提高，获取的生产资料才逐渐多了起来。当时的产业不像现在种类繁多，当时产业结构中第一产业还占较大比重，而第一产业主要是劳动密集型的。后来，科技的进步极大地促进了生产力的发展，尤其是以第一次工业革命为代表的技术革命，它开启以机器生产代替手工劳动的时代，从而使生产效率大大提高。人们利用科学技术制造出各种先进设备和工具来改造自然，获取生产和生活资料。随着人们对自然界的认识越来越深入，越来越多的资源被人们开发利用，同时在社会生产中技术也被更加广泛地应用。随着时间的推移，技术密集型产业逐渐替代劳动密集型产业而居于主导地位。科技创新通过影响生产要素在各个产业中的流动和配置，使其不断由低级化向高级化发展。

在市场经济体制下，生产要素的本质就是追求利益最大化，科技创新带动了生产率的提高，这样一来生产要素会在各个产业之间流动。技术的不断进步使得各产业部门的效益不断变化，而在产业结构中生产要素所占比重也会发生变化。对于这一状况，我们可以用"需求价格弹性"这一概念来解释。"所谓需求价格弹性是指在一定时期内一种商品的需求量的变动对于该商品的价格变动的反应程度，或者说，表示在一定时期内当一种商品的价格变化百分之一时所引起的该商品的需求量变化的百分比。"假设某个产业的需求价格弹性较小，即

$$E_d \leq 1 \tag{2-27}$$

技术进步前的收益表示为

$$R_0 = P_0 Q_0 \tag{2-28}$$

技术进步时的产出量为

$$Q_1 = Q_0 + \Delta Q \tag{2-29}$$

由于产出量的增加，价格下降为

$$P_1 = P_0 - \Delta P \tag{2-30}$$

此时收益为

$$\begin{aligned} R_1 &= (Q_0 + \Delta Q)(P_0 - \Delta P) \\ &= P_0 Q_0 - Q_0 \Delta P + \Delta Q P_0 - \Delta Q \Delta P \\ &= R_0 - Q_0 \Delta P + \Delta Q P_0 - \Delta Q \Delta P \end{aligned} \tag{2-31}$$

又因为

$$E_d = \frac{\Delta Q P_0}{Q_0 \Delta P} \leq 1 \tag{2-32}$$

所以，可以推出

$$\Delta Q P_0 - Q_0 \Delta P \leq 0 \tag{2-33}$$

由此可得

$$R_1 < R_0 \tag{2-34}$$

在这种状况下，虽然技术进步，但这个部门的收益在下降，效益更好的部

门会吸收更多的生产要素。由此可知,科技创新的一个很重要的影响要素是需求价格弹性。

如果一个产业的需求价格弹性较大,那么生产要素会从需求价格弹性较小的产业部门流入该产业部门。在科技进步的情况下,需求价格弹性较大的产业部门经常会获取超额利润,而需求价格弹性较小的产业部门的生产要素则会出现外流现象。新要素的流入使得需求价格弹性较大的产业部门在原来的基础上继续扩大生产规模,从而导致生产要素流出部门的规模越来越小,甚至消失;而生产要素流入部门的规模越来越大,这样就会导致产业结构产生变化。因此,科技创新可以通过影响生产要素的供给来促进产业结构升级。

(四)科技创新通过影响产业关联促进产业结构升级

在社会经济的发展中,产业结构中的每个部门都不是孤立的,而是处于一个复杂的互动网络中。这些部门通过各种方式相互联系、相互作用、相互影响。这种互动不仅体现在物质流、信息流、资金流的交换上,而且深刻地体现在技术进步的传播与影响上。由于科技创新的外溢性,所以一项技术的产生必然会和与其有关联的部门产生联系。产业的关联是指产业之间以各种投入品和产出品为纽带的技术经济联系,可以大致分为顺向关联和逆向关联。顺向关联是指某些产业因生产工序的前后,前一产业部门的产品是后一产业部门的生产要素,一直延续到最后一个产业的产品,即最终产品为止;逆向关联是指后续产业部门为先行产业部门提供产品,作为先行产业部门的生产消耗。其中,技术关联无疑是核心和关键的要素。以交通运输部门为例,在生产技术水平较低时,如在蒸汽机车时代,煤炭是主要的使用能源,这使它与煤炭部门发生关联。随着科学技术的进步,交通运输部门可以利用更先进的内燃机提供动力,又与石油产业部门发生关联。技术的创新和进步往往会带动整个产业链的发展与变革。

但是,有关联的产业部门之间的技术水平发展可能是不均衡的。有的部门可能因为某些技术突破而迅速发展,而有些部门可能因为技术落后而逐渐衰落。

这种不均衡发展导致技术创新的溢出效应。当一个产业部门实现某项重要的技术创新时，这种创新不仅局限于该部门内部，还会向其前向关联产业或后向关联产业进行传递和扩散。这种技术创新的溢出效应具有强大的推动力，可以刺激新技术在前向关联产业和后向关联产业中产生和运用，从而使这些产业发生扩张或收缩。随着时间的推移，这种变化会逐渐累积，最终引发整个产业结构发生根本性的变化。这种科技创新不仅通过其直接的推动作用影响产业结构，而且与产业部门之间的关联作用形成一个正向的反馈循环。这种循环促使产业结构不断优化和升级，使整个经济体系更加健康而富有活力。

总之，科技创新在产业结构升级中起到至关重要的作用，通过影响产业之间的关联关系促进新技术的传播和应用，从而推动产业结构的优化和升级。

第三章　北京文化产业全产业链结构的现状

北京文化产业链结构优化以文化产业政策为导向，以现有文化产业链结构为基础。本章通过分析近年来北京文化产业全产业链结构及北京文化产业集群发展的现状，对北京文化产业链的现状进行全面梳理和研究。

第一节　北京文化产业全产业链发展的现状

一、文化产业总体发展现状

（一）文化及相关产业增加值

关于北京文化及相关产业增加值的情况，从文化及相关产业增加值的数量看，2011—2021年，北京呈现增长趋势，由2011年的1358.7亿元增长到2021年的4509.0亿元。

从文化及相关产业增加值的增长率看，2011—2021年，北京连续11年为正增长，其中2017年的增长率最高，为22.82%；2012—2014年、2018年及2020—2021年的增长率均介于10%~20%；而2015年、2016年、2019三年的增长率不足10%，其中2016年的增长率最低，为6.53%。

从文化及相关产业增加值占地区生产总值的比重看，2011—2014年，北京呈现逐年上升趋势，由2011年所占比重7.90%上升到2014年所占比重8.45%；2014—2016年呈现小幅度下降趋势，由2014年所占比重8.45%下降到2016年所占比重8.20%；2016—2021年呈现快速增长趋势，由2016年所占比重8.20%上升到2021年所占比重11.20%。

从文化及相关产业增加值的基本数据看，文化产业在北京国民经济中的地位不断提升，特别是2016年发布《北京城市总体规划（2016年—2035年）》以来，北京作为全国文化中心的地位凸显，北京文化产业得到快速的发展。2011—2021年北京文化及相关产业增加值及占地区生产总值比重如表3-1所示。

表3-1　2011—2021年北京文化及相关产业增加值及占地区生产总值比重

年份	增加值/亿元	增长率/%	地区生产总值/亿元	占地区生产总值比重/%
2011	1358.7	—	17 188.8	7.90
2012	1569.4	15.51	19 024.7	8.25
2013	1754.2	11.78	21 134.6	8.30
2014	1937.2	10.43	22 926.0	8.45
2015	2081.4	7.44	24 779.1	8.40
2016	2217.4	6.53	27 041.2	8.20
2017	2723.5	22.82	29 883.0	9.11
2018	3075.1	12.91	33 106.0	9.29
2019	3318.4	7.91	35 445.1	9.36
2020	3770.2	13.61	35 943.3	10.49
2021	4509.0	19.60	40 269.6	11.20

资料来源：《北京统计年鉴》《中国文化及相关产业统计年鉴》。

注：根据《中国文化及相关产业统计年鉴》对主要统计指标的解释，文化及相关产业是指为社会公众提供文化产品和文化相关产品的生产活动的集合。《文化及相关产业分类（2018）》规定文化及相关产业包括新闻信息服务、内容创作生产、创意设计服务等九大类。按业态不同可以分为文化制造业、文化零售业和文化服务业。

（二）规模以上文化及相关产业法人单位

关于北京规模以上文化及相关产业法人单位基本情况，从法人单位数看，2016—2020年，除2018年小幅度下降，由2017年的3994个下降到2018年的

3887个以外，整体上呈现增长趋势，由2016年的3539个增加到2020年的5119个，增长了44.65%。

从年末从业人员数看，2016—2020年，北京规模以上文化及相关产业法人单位年末从业人员数与法人单位数呈现相同的变化趋势，除2018年小幅度下降，由2017年的541 371人下降到2018年的537 337人以外，整体上呈现增长趋势，由2016年的481 281人增加到2020年的560 339人，增长了16.43%。

从资产总额看，2016—2020年，北京规模以上文化及相关产业法人单位资产总额从2016年的108 702 377万元增长到2020年的237 283 553万元，增长了118.29%。

从营业收入看，2016—2020年，北京规模以上文化及相关产业法人单位营业收入从2016年的81 954 490万元增长到2020年的149 940 260万元，增长了82.35%。

从税金及附加看，2016—2020年，除2020年受新冠疫情影响有所下降，由2019年的772 242万元下降到2020年的420 406万元以外，北京规模以上文化及相关产业法人单位税金及附加呈持续增加趋势，由2016年的470 026万元增加到2019年的772 242万元，增长了64.30%。

从营业利润看，2016—2020年，除2019年略有下降，由2018年的8 677 537万元下降到2019年的8 233 923万元以外，北京规模以上文化及相关产业法人单位营业利润整体上呈现增加趋势，由2016年的4 269 423万元增加到2020年的13 387 844万元，增长了213.58%。

从利润总额看，2016—2020年，北京规模以上文化及相关产业法人单位利润总额与营业利润的变化趋势一致，除2019年略有下降，由2018年的8 526 768万元下降到2019年的7 390 664万元以外，整体上呈现增加趋势，由2016年的5 305 158万元增加到2020年的13 243 714万元，增长了149.64%。

从应缴增值税看，2016—2020年，北京规模以上文化及相关产业法人单位应交增值税额同法人单位数、年末从业人员数变化趋势相同，除2018年有小幅度下降，由2017年的1 646 471万元下降到2018年的1 564 718万元以外，整体上呈现增加趋势,由2016年的1 074 889万元增加到2020年的2 004 488万元,增加了86.48%。

从北京规模以上文化及相关产业法人单位的基本情况看,2016—2020年,除税金及附加外,其他各项经济指标均呈现出增长趋势,即便是法人单位数和年末从业人员数减少的2018年,各项经济指标也都呈现出增长趋势,表现出良好的经营状况及长足的发展潜力。2016—2020年北京规模以上文化及相关产业法人单位基本情况如表3-2所示。

表3-2　2016—2020年北京规模以上文化及相关产业法人单位基本情况

年份	法人单位数/个	年末从业人员数/人	资产总额/万元	营业收入/万元	税金及附加/万元	营业利润/万元	利润总额/万元	应缴增值税/万元
2016	3539	481 281	108 702 377	81 954 490	470 026	4 269 423	5 305 158	1 074 889
2017	3994	541 371	138 879 426	95 860 131	594 468	7 515 139	8 029 021	1 646 471
2018	3887	537 337	165 789 795	109 629 568	699 267	8 677 537	8 526 768	1 564 718
2019	4831	542 365	190 203 386	129 972 649	772 242	8 233 923	7 390 664	1 800 555
2020	5119	560 339	237 283 553	149 440 260	420 406	13 387 844	13 243 714	2 004 488

资料来源:《中国文化及相关产业统计年鉴》。

注:根据《中国文化及相关产业统计年鉴》对主要统计指标的解释,规模以上文化及相关产业企业是指《文化及相关产业分类(2018)》所规定行业范围内,年主营业务收入在2000万元及以上的企业法人。法人单位是指有权拥有资产、承担负债,并独立从事社会经济活动(或与其他单位进行交易)的组织。法人单位应同时具备以下条件:①依法成立,有自己的名称、组织机构和场所,能够独立承担民事责任;②独立拥有(或授权使用)资产或者经费,承担负债,有权与其他单位签订合同;③具有包括资产负债表在内的账户,或者能够根据需要编制账户。法人单位包括五种类型:企业法人、事业单位法人、机关法人、社会团体和其他成员组织法人、其他法人。

(三) 规模以上文化制造业企业

关于北京规模以上文化制造业企业基本情况,从法人单位数看,2014—2020年,除2019年有小幅度上升,由2018年的150个上升到2019年的152个法人单位以外,整体上呈现下降趋势,由2014年的186个下降到2020年的138个,下降了25.81%。

从年末从业人员数看，2014—2020年，北京规模以上文化制造业企业年末从业人员数整体上呈现下降趋势，由2014年的42 216人下降到2020年的24 921人，下降了40.97%。

从资产总额看，2014—2020年，北京规模以上文化制造业企业资产总额除2019年略有下降，由2018年的5 300 940万元下降到2019年的5 145 649万元以外，整体上呈现增长趋势，由2014年的4 102 945万元增长到2020年的5 373 319万元，增长了30.96%。

从营业收入看，2014—2020年，北京规模以上文化制造业企业营业收入与资产总额呈现相同的变化趋势，除2019年略有下降，由2018年的4 436 981万元下降到2019年的4 195 569万元以外，整体上呈现上升趋势，由2014年的3 177 381万元增长到2020年的4 714 441万元，增长了48.37%。

从营业成本看，2014—2020年，北京规模以上文化制造业企业营业成本与资产总额和营业收入呈现相同的变化趋势，除2019年略有下降，由2018年的3 693 150万元下降到2019年的3 490 262万元以外，整体上呈增加趋势，由2014年的2 581 702万元增加到2020年的4 018 254万元，增长了55.64%。

从税金及附加看，2014—2020年，北京规模以上文化制造业企业税金及附加呈现波动性变化趋势。2014—2015年，税金及附加由17 083万元增加到18 026万元；2015—2016年，税金及附加由18 026万元下降到17 401万元；2016—2018年，税金及附加由17 401万元增加到26 020万元；2018—2020年，税金及附加由26 020万元下降到20 973万元。

从利润总额看，2014—2020年，北京规模以上文化制造业企业利润总额呈现波动性变化趋势。2014—2015年，利润总额由158 871万元下降到154 741万元；2015—2016年，利润总额由154 741万元增加到209 713万元；2016—2017年，利润总额由209 713万元下降到158 104万元；2017—2018年，利润总额由158 104万元增加到240 079万元；2018—2020年，利润总额由240 079万元下降到176 411万元。

从北京规模以上文化制造业企业的基本情况看，2014—2020年，除法人单位数和年末从业人员数外，其他各项经济指标均呈现增长趋势，表现出良好的经营状况及长足的发展潜力。2014—2020年北京规模以上文化制造业企业基本情况如表3-3所示。

表3-3　2014—2020年北京规模以上文化制造业企业基本情况

年份	法人单位数/个	年末从业人员数/人	资产总额/万元	营业收入/万元	营业成本/万元	税金及附加/万元	利润总额/万元
2014	186	42 216	4 102 945	3 177 391	2 581 702	17 083	158 871
2015	179	38 612	4 322 587	3 603 809	3 020 059	18 026	154 741
2016	159	34 799	4 438 859	3 895 421	3 251 378	17 401	209 713
2017	152	32 867	4 757 442	3 945 982	3 307 684	23 068	158 104
2018	150	30 834	5 300 940	4 436 981	3 693 150	26 020	240 079
2019	152	28 408	5 145 649	4 195 569	3 490 262	23 393	209 263
2020	138	24 921	5 373 319	4 714 441	4 018 254	20 973	176 411

资料来源：《中国文化及相关产业统计年鉴》。

注：根据《中国文化及相关产业统计年鉴》对主要统计指标的解释，规模以上文化制造业企业是指《文化及相关产业分类（2018）》所规定行业范围内，年主营业务收入在2000万元及以上的工业企业法人。

（四）限额以上文化批发和零售业企业

关于北京限额以上文化批发和零售业企业基本情况，从法人单位数看，2014—2020年呈现出先降后升再降的变化过程。2014—2016年，法人单位数由513个下降到2016年的348个；2016—2019年，法人单位数由348个增长到591个；2019—2020年，法人单位数再次下降，由591个下降到575个。

从年末从业人员数看，2014—2020年，北京限额以上文化批发和零售业企业年末从业人员数呈现出先降后升再降的变化过程。2014—2016年，年末从业人员数由55 480人下降到45 476人；2016—2018年，年末从业人员数由45 476人增长到52 397人；2018—2020年，年末从业人员数再次下降，由52 397人下降到41 598人。

  从资产总额看，2014—2020年，北京限额以上文化批发和零售业企业资产总额呈现出波动的变化过程。2014—2015年，资产总额由15 318 315万元增长到15 970 632万元；2015—2017年，资产总额由15 970 632万元下降到14 576 793万元；2017—2019年，资产总额再次增长，由14 576 793万元增加到20 557 492万元；2019—2020年，资产总额再次下降，由20 557 492万元下降到19 731 793万元。

  从营业收入看，2014—2020年，北京限额以上文化批发和零售业企业营业收入呈现出先下降后上升的变化趋势。2014—2016年，营业收入由21 210 898万元下降到18 380 430万元；2016—2020年，营业收入由18 380 430万元上升到22 569 466万元。

  从营业成本看，2014—2020年，北京限额以上文化批发和零售业企业营业成本与营业收入的变化趋势相同，呈现出先下降后上升的变化趋势。2014—2016年，营业成本由18 800 597万元下降到16 182 058万元；2016—2020年，营业成本由16 182 058万元上升到20 005 422万元。

  从税金及附加看，2014—2020年，北京限额以上文化批发和零售业企业税金及附加呈现波动性变化趋势。2014—2015年，税金及附加由45 315万元增长到45 790万元；2015—2016年，税金及附加由45 790万元下降到38 987万元；2016—2018年，税金及附加再次增长，由38 987万元增加到77 452万元；2018—2020年，税金及附加再次下降，由77 452万元下降到59 915万元。

  从利润总额看，2014—2020年，北京限额以上文化批发和零售业企业利润总额呈现波动性变化趋势。2014—2016年，利润总额由471 139万元上升到685 964万元；2016—2018年，利润总额由685 964万元下降到503 033万元；2018—2020年，利润总额再次上升，由503 033万元上升到759 933万元。

  从北京限额以上文化批发和零售业企业的基本情况看，2014—2020年，除年末从业人员数外，其他各项经济指标均呈现出增长趋势，表现出良好的经营状况及长足的发展潜力。2014—2020年北京限额以上文化批发和零售业企业基本情况如表3-4所示。

表 3-4　2014—2020 年北京限额以上文化批发和零售业企业基本情况

年份	法人单位数/个	年末从业人员数/人	资产总额/万元	营业收入/万元	营业成本/万元	税金及附加/万元	利润总额/万元
2014	513	55 480	15 318 315	21 210 898	18 800 597	45 315	471 139
2015	358	49 809	15 970 632	19 608 562	17 243 714	45 790	558 720
2016	348	45 476	15 174 737	18 380 430	16 182 058	38 987	685 964
2017	378	49 837	14 576 793	18 765 227	16 276 427	67 548	610 610
2018	422	52 397	19 362 704	22 405 785	19 602 170	77 452	503 033
2019	591	48 453	20 557 492	22 493 250	19 650 731	72 246	624 571
2020	575	41 598	19 731 793	22 569 466	20 005 422	59 915	759 933

资料来源：《中国文化及相关产业统计年鉴》。

注：根据《中国文化及相关产业统计年鉴》对主要统计指标的解释，限额以上文化批发和零售业企业是指《文化及相关产业分类（2018）》所规定行业范围内，年主营业务收入在 2000 万元及以上的批发业企业法人和年主营业务收入在 500 万元以上的零售业企业法人。

（五）规模以上文化服务业企业

关于北京规模以上文化服务业企业基本情况，从法人单位数看，2014—2020 年，呈现出波动性变化趋势。2014—2015 年，法人单位数由 3121 个下降到 2881 个；2015—2017 年，法人单位数由 2881 个增长到 3464 个；2017—2018 年，法人单位数再次下降，由 3464 个下降到 3315 个；2018—2020 年，法人单位数再次上升，由 3315 个上升到 4406 个。

从年末从业人员数看，2014—2020 年，北京规模以上文化服务业企业年末从业人员数呈现出波动性变化趋势。2014—2017 年，年末从业人员数由 380 179 人上升到 458 667 人；2017—2018 年，年末从业人员数由 458 667 人下降到 454 106 人；2018—2020 年，年末从业人员数再次上升，由 454 106 人上升到 493 820 人。

从资产总额看，2014—2020 年，北京规模以上文化服务业企业资产总额呈现不断增长的趋势，由 2014 年的 59 957 674 万元增长到 2020 年的 212 278 442 万元，增长了 254.05%。

从营业收入看，2014—2020年，北京规模以上文化服务业企业营业收入与资产总额的变化趋势相同，呈现出不断增长的趋势，由2014年的44 380 353万元上升到2020年的122 156 352万元，增长了175.25%。

从营业成本看，2014—2020年，北京规模以上文化服务业企业营业成本与资产总额和营业收入的变化趋势相同，呈现出不断增长的趋势，由2014年的30 715 084万元上升到2020年的81 396 021万元，增长了165%。

从税金及附加看，2014—2020年，北京规模以上文化服务业企业税金及附加呈现波动性变化趋势。2014—2015年，税金及附加由434 631万元增长到450 959万元；2015—2016年，税金及附加由450 959万元下降到413 638万元；2016—2019年，税金及附加再次增长，由413 638万元增加到676 602万元；2019—2020年，税金及附加再次下降，由676 602万元下降到339 519万元。

从利润总额看，2014—2020年，北京规模以上文化服务业企业利润总额呈现波动性变化趋势。2014—2015年，利润总额由4 325 865万元上升到4 794 627万元；2015—2016年，利润总额由4 794 627万元下降到4 409 481万元；2016—2018年，利润总额再次上升，由4 409 481万元上升到8 064 637万元；2018—2019年，利润总额再次下降，由8 064 637万元下降到6 556 831万元；2019—2020年，利润总额又一次上升，由6 556 831万元上升到12 307 370万元。

从北京规模以上文化服务业企业的基本情况看，2014—2020年，除税金及附加外，其他各项经济指标均呈现出增长趋势，表现出良好的经营状况及长足的发展潜力。2014—2020年北京规模以上文化服务业企业基本情况如表3-5所示。

表3-5　2014—2020年北京规模以上文化服务业企业基本情况

年份	法人单位数/个	年末从业人员数/人	资产总额/万元	营业收入/万元	营业成本/万元	税金及附加/万元	利润总额/万元
2014	3121	380 179	59 957 674	44 380 353	30 715 084	434 631	4 325 865
2015	2881	385 884	73 902 865	52 268 206	37 121 078	450 959	4 794 627
2016	3032	401 006	89 088 781	59 678 639	42 956 467	413 638	4 409 481

续表

年份	法人单位数/个	年末从业人员数/人	资产总额/万元	营业收入/万元	营业成本/万元	税金及附加/万元	利润总额/万元
2017	3464	458 667	119 545 191	73 148 923	50 138 720	503 852	7 260 307
2018	3315	454 106	141 126 151	82 788 030	55 555 205	595 795	8 064 637
2019	4088	465 504	164 500 246	103 283 831	73 645 888	676 602	6 556 831
2020	4406	493 820	212 278 442	122 156 352	81 396 021	339 519	12 307 370

资料来源：《中国文化及相关产业统计年鉴》。

注：根据《中国文化及相关产业统计年鉴》对主要统计指标的解释，规模以上文化服务业企业是指《文化及相关产业分类（2018）》所规定行业范围内，年主营业务收入在1000万元及以上的服务业企业，其中交通运输、仓储和邮政业，信息传输、软件和信息技术服务业，水利、环境和公共设施管理业的年营业收入在2000万元及以上，居家服务、修理和其他服务业以及文化、体育和娱乐业的年营业收入在500万元及以上。

（六）文化及相关产业科技活动

关于北京文化及相关产业专利授权情况，从专利授权总数看，2014—2020年呈现持续增长趋势，由2014年的3203项增加到2020年的10 472项，增长了226.94%。专利授权包括三个部分，即发明专利、实用新型专利和外观设计专利。

从发明专利数看，2014—2020年，北京文化及相关产业发明专利数呈现持续增长趋势，由2014年的945项增加到2020年的4247项，增长349.42%。

从实用新型专利数看，2014—2020年，北京文化及相关产业实用新型专利数呈现波动变化趋势。2014—2018年，实用新型专利数呈现上升趋势，由1315项增加到2506项；2018—2019年，实用新型专利数呈现下降趋势，由2506项降到2246项；2018—2020年，实用新型专利数再次呈现上升趋势，由2246项增加到2851项。

从外观设计专利数看，2014—2020年，北京文化及相关产业外观设计专利数呈现持续增长趋势，由2014年的943项增加到2020年的3374项，增长257.79%。

从北京文化及相关产业专利授权情况看，2014—2020年，总体上各项经济指标均呈现出增长趋势，表现出良好的经营状况及长足的发展潜力。2014—2020年北京文化及相关产业专利授权情况如表3-6所示。

表3-6　2014—2020年北京文化及相关产业专利授权情况

单位：项

年份	专利授权数			
	发明专利数	实用新型专利数	外观设计专利数	总计
2014	945	1315	943	3203
2015	1399	1549	1774	4722
2016	1840	1701	1875	5416
2017	2288	1783	2250	6321
2018	3176	2506	2344	8026
2019	3920	2246	2505	8671
2020	4247	2851	3374	10 472

资料来源：《中国文化及相关产业统计年鉴》。

（七）规模以上文化制造业企业科技活动

关于北京规模以上文化制造业企业科技活动的基本情况，从有研究与试验发展（Research and Experimental Development，R&D）活动的企业数看，2014—2020年，呈现波动性变化趋势。2014—2015年，有R&D活动的企业数呈上升趋势，由7个增加到35个；2015—2016年，有R&D活动的企业数呈下降趋势，由35个下降到34个；2016—2017年，有R&D活动的企业数再次呈现上升趋势，由34个增加到37个；2017—2018年，有R&D活动的企业数再次呈现下降趋势，由37个减少到31个；2018—2020年，有R&D活动的企业数又一次呈现上升趋势，由31个上升到46个。

从R&D人员折合全时当量看，2014—2020年，北京规模以上文化制造业企业R&D人员折合全时当量呈现波动性变化趋势。2014—2015年，R&D人员折合全时当量呈下降趋势，由1121人年减少到974人年；2015—2016年，R&D人员折合全时当量呈增长趋势，由974人年增加到1062人年；2016—2020年，R&D人员折合全时当量再次呈下降趋势，由1062人年下降到736人年。

从R&D经费内部支出看，2014—2020年，北京规模以上文化制造业企业R&D经费内部支出呈现波动性变化趋势。2014—2016年，R&D经费内部支出呈下降趋势，由29 216万元下降到27 928万元；2016—2017年，R&D经费内部支出呈增长趋势，由27 928万元增加到38 600万元；2017—2018年，R&D经费内部支出再次呈下降趋势，由38 600万元下降到35 207万元；2018—2020年，R&D经费内部支出再次呈增长趋势，由35 207万元增加到44 240万元。

从新产品开发项目数看，2014—2020年，北京规模以上文化制造业企业新产品开发项目数呈现波动性变化趋势。2014—2016年，新产品开发项目数由347个下降到263个；2016—2019年，新产品开发项目数由263个上升到491个；2019—2020年，新产品开发项目数再次下降，由491个下降到398个。

从新产品开发经费支出看，2014—2020年，北京规模以上文化制造业企业新产品开发经费支出呈现波动性变化趋势。2014—2015年，新产品开发经费支出呈减少趋势，由65 839万元下降到58 891万元；2015—2019年，新产品开发经费支出呈增加趋势，由58 891万元增加到120 409万元；2019—2020年，新产品开发经费支出再次呈现下降趋势，由120 409万元下降到85 086万元。

从新产品销售收入看，2014—2020年，北京规模以上文化制造业企业新产品销售收入呈不断增长趋势，由2014年的585 732万元增加到2020年的1 268 258万元，增长116.53%。

从专利申请数看，2014—2020年，北京规模以上文化制造业企业专利申请数呈现波动性变化趋势。2014—2016年，专利申请数呈上升趋势，由236项增加到406项；2016—2017年，专利申请数呈下降趋势，由406项下降到337项；2017—2019年，专利申请数再次呈上升趋势，由337项增加到469项；2019—2020年，专利申请数再次呈下降趋势，由469项减少到324项。

从有效发明专利数看，2014—2020年，北京规模以上文化制造业企业有效发明专利数呈现波动性变化趋势。2014—2016年，有效发明专利数呈上升趋势，由613项增加到1005项；2016—2017年，有效发明专利数呈下降趋势，由1005项减少到580项；2017—2018年，有效发明专利数再次呈上升趋势，由580项增加到1088项；2018—2020年，有效发明专利数再次呈下降趋势，由1088项减少到811项。

从北京规模以上文化制造业企业科技活动的基本情况看，2014—2020年，有R&D活动的企业数、R&D经费内部支出、新产品销售收入三个指标呈增长趋势，表明文化制造业企业科技活动的投入在不断增加；而其他经济指标呈下降趋势，表明文化制造业企业科技活动的产出在不断缩减，说明北京规模以上文化制造业企业科技活动的有效性不强。2014—2020年北京规模以上文化制造业企业科技活动情况如表3-7所示。

表3-7　2014—2020年北京规模以上文化制造业企业科技活动情况

年份	有R&D活动的企业数/个	R&D人员折合全时当量/人年	R&D经费内部支出/万元	新产品开发项目数/个	新产品开发经费支出/万元	新产品销售收入/万元	专利申请数/项	有效发明专利数/项
2014	27	1121	29 216	347	65 839	585 732	236	613
2015	35	974	28 584	299	58 891	660 439	403	636
2016	34	1062	27 928	263	65 176	744 121	406	1005
2017	37	906	38 600	292	71 481	827 643	337	580
2018	31	824	35 207	363	81 356	863 843	443	1088
2019	40	822	38 269	491	120 409	989 781	469	1006
2020	46	736	44 240	398	85 086	1 268 258	324	811

资料来源：《中国文化及相关产业统计年鉴》。

注：根据《中国文化及相关产业统计年鉴》对主要统计指标的解释，R&D是指在科学技术领域，为增加知识总量，以及运用这些知识去创造新的应用而进行的系统的、创造性的活动，包括基础研究、应用研究、试验发展三类活动。R&D人员全时当量是指报告期企业R&D全时人员（全年从事R&D活动累积工作时间占全部工作时间的90%及以上人员）工作量与非全时人员按工作时间折算的工作量之和。R&D经费内部支出是指企业在报告年度用于内部开展R&D活动的实际支出，包括用于R&D项目（课题）活动的直接支出，以及间接用于R&D活动的管理费、服务费、与R&D有关的基本建设支出及外协加工费等；不包括生产性活动支出、归还贷款支出及与外单位合作或委托外单位进行R&D活动而转拨给对方的经费支出。

（八）文化科技融合发展规模指数

通过指标模型测算可以看出，以 2014 年为基期（发展规模指数为 100.0），北京文化科技融合发展规模指数由 100.0 逐年递增至 2018 年的 156.4，显示北京文化科技融合发展 2014—2018 年取得稳步且显著的成效。发展规模指数增长呈逐年加速的态势，由 2014 年的 100.0 增长到 2015 年的 109.4，增长 9.4，2016 年发展规模指数增长 10.6，2017 年发展规模指数增长 14.1，2018 年发展规模指数增长 22.3，最终达 156.4。发展规模指数的逐年加速增长显示北京文化科技融合发展的良好态势。❶

在文化科技融合基础方面，设置了文化基础与科技基础两个二级指标。区域文化与区域科技的各自发展基础是区域文化科技融合发展的前提条件，将决定该区域文化科技融合发展的基础与起点，也在一定程度上影响文化科技融合发展未来的高度与深度。2018 年，融合基础发展规模指数达 145.1，实现逐年稳步增加，较 2017 年的 132.6 实现较大增长。该领域中的两项指标均有所增加。2018 年，文化基础发展规模指数为 151.1，与基期 2014 年相比，保持逐年快速增长态势；科技基础发展规模指数为 139.1，历年也实现了稳步增长，特别是较 2016 年有较大增加，体现出科技基础发展规模指数稳步增长的良好态势。

在文化科技融合投入方面，设置人力投入与财力投入两个二级指标。融合投入不简单地等同于文化方面投入与科技方面投入的总和，在实践中更主要体现在文化领域的科技投入及文化科技融合发展的相关投入方面，包括人力和财力的投入。2018 年融合投入发展规模指数达 103.6，较 2017 年的 108.8 有所下降。2018 年，该领域中两个指标均较 2017 年有所下降。其中，人力投入发展规模指数为 86.8，较 2017 年的 89.5 下降 2.7，人力投入发展规模指数自 2016 年达到最高值 100.7 后逐年减少，说明北京文化科技融合的人力投入发展态势不佳，有待进一步加强；财力投入发展规模指数为 120.5，较 2017 年的 128.1 下降 7.6，2015—2017 年该指标指数呈现逐年增加态势，2018 年的下降主要是由年

---

❶ 方力．北京文化科技融合发展报告（2020~2021）［M］．北京：社会科学文献出版社，2021：52-79.

度科普经费筹集额和规模以上文化制造业企业研发经费内部支出有所减少导致的。

在文化科技融合产出方面，设置产出数量和产出质量两个二级指标。通过文化产业实践中可采集的统计指标与数据，体现文化科技融合在文化产业、企业、产品等方面所取得的效果与成绩。2018年，融合产出发展规模指数达193.3，是所有分领域指标指数中数值最大的，较2017年的165.8大幅度上升，说明文化科技融合的产出规模扩大。2018年，该领域中两个二级指标指数较2017年均出现上升，特别是产出数量方面，发展规模指数为225.5，是基期的2.2倍多，较2017年的176.8大幅度上升，说明北京在文化科技融合产出数量方面取得的成效非常显著，文化及相关产业发明专利授权总数，规模以上文化制造业企业新产品开发项目数，游戏、动漫企业营业收入总额均获得较快发展。在文化科技融合产出质量方面，2018年发展规模指数为161.1，较2017年的154.8出现一定的上升，较2016年的125.7有较大增长。这说明北京文化科技融合在产出质量方面取得的成效也较为显著。当年文化企业认定国家高新技术企业数量、广播影视科技创新奖情况和国家文化出口重点企业数量均取得较好的成绩，高质量发展成效显著。

在文化科技融合环境方面，设置经济环境与社会环境两个二级指标。通过对经济环境与社会环境相关指标的考量，可在一定程度上反映地区文化科技融合未来发展的广度与深度。2018年，融合环境发展规模指数达183.6，较2017年的129.2显著增加。该领域两个二级指标发展规模指数均呈现良好的增长态势。特别是社会环境发展规模指数，2018年达231.4，远高于2017年的130.4，是2014年基期的2.3倍多，这说明北京文化科技融合发展在社会环境方面取得较大的突破。主要指标影响因素是中央在京单位组织开展的全国性科普活动参加人次增加较多，网络形式的科普活动的开展大大增加了参加人次。经济环境方面，2018年发展规模指数为135.8，2014—2018年呈现平稳增长态势。这说明北京文化科技融合在经济环境方面的成效较为显著且稳定。2014—2018年北京文化科技融合发展规模指数如表3-8所示。

表3-8 2014—2018年北京文化科技融合发展规模指数

评价指标	2014年	2015年	2016年	2017年	2018年
北京文化科技融合发展规模指数	100.0	109.4	120.0	134.1	156.4
一、融合基础发展规模指数	100.0	112.2	120.9	132.6	145.1
文化基础发展规模指数	100.0	115.3	123.3	139.0	151.1
科技基础发展规模指数	100.0	109.1	118.5	126.1	139.1
二、融合投入发展规模指数	100.0	96.2	103.1	108.8	103.6
人力投入发展规模指数	100.0	94.6	100.7	89.5	86.8
财力投入发展规模指数	100.0	97.8	105.6	128.1	120.5
三、融合产出发展规模指数	100.0	115.1	137.4	165.8	193.3
产出数量发展规模指数	100.0	122.5	149.0	176.8	225.5
产出质量发展规模指数	100.0	107.7	125.7	154.8	161.1
四、融合环境发展规模指数	100.0	114.1	118.7	129.2	183.6
经济环境发展规模指数	100.0	110.2	119.5	128.0	135.8
社会环境发展规模指数	100.0	118.1	117.9	130.4	231.4

资料来源：《北京文化科技融合发展报告（2020~2021）》。

注：表中数据以2014年为基年。

（九）文化科技融合发展速度指数

以2014年为基期，基数为100.0，对北京文化科技融合发展速度指数进行测算，测算结果显示，2018年北京文化科技融合发展速度指数首次突破140，达148.6，较2017年大幅度增长15.1%，增速较2017年加快。[1]

在文化科技融合基础方面，2018年北京文化科技融合基础发展速度指数达137.9，比2017年增长7.4%，增速较2017年下降0.5个百分点，指数总体呈现逐年增长态势。2018年，融合基础两个指标较2017年均有所增长，其中，文化基础发展速度指数为144.1，较2017年增长6.2%，增速有所放缓，仍呈现稳步增长态势；科技基础发展速度指数也实现稳定增长，达131.7，较2017年增长8.8%，增速上升4.9个百分点。

[1] 方力.北京文化科技融合发展报告（2020~2021）[M].北京：社会科学文献出版社，2021：52-79.

在文化科技融合投入方面,2018年融合投入发展速度指数达103.1,出现略微回落,较2017年下降5.0%,但仍高于100.0。2018年,融合投入两个指标较2017年均有所下降。人力投入发展速度指数有所下降,为85.7,较2017年下降3.8%;财力投入发展速度指数为120.4,较2017年下降5.9%,但仍高于100.0。

在文化科技融合产出方面,2018年北京文化科技融合产出发展速度指数达175.0,比2017年增长15.7%,是所有分领域指标中增速较快的指标之一。2018年,融合产出的两个指标发展速度指数均实现增长,其中,产出数量发展速度指数为201.8,比2017年增长25.8%,产出质量发展速度指数为148.2,较2017年增长4.1%。

在文化科技融合环境方面,2018年北京文化科技融合环境发展速度指数达178.3,呈现逐年不断优化提升的良好发展态势。2018年,文化科技融合环境两个指标中,经济环境发展速度指数为135.4,较2017年增长5.9%。社会环境发展速度指数为221.3,较2017年增长72.8%,在全部评价指标指数中增速最快。2014—2018年北京文化科技融合发展速度指数如表3-9所示。

表3-9 2014—2018年北京文化科技融合发展速度指数

评价指标	2014年	2015年	2016年	2017年	2018年
北京文化科技融合发展速度指数	100.0	108.7	117.4	129.1	148.6
一、融合基础发展速度指数	100.0	111.8	119.0	128.4	137.9
文化基础发展速度指数	100.0	115.1	121.6	135.7	144.1
科技基础发展速度指数	100.0	108.5	116.5	121.1	131.7
二、融合投入发展速度指数	100.0	96.1	102.8	108.5	103.1
人力投入发展速度指数	100.0	94.3	100.5	89.1	85.7
财力投入发展速度指数	100.0	97.8	105.1	127.9	120.4
三、融合产出发展速度指数	100.0	113.4	130.2	151.3	175.0
产出数量发展速度指数	100.0	119.2	137.2	160.4	201.8
产出质量发展速度指数	100.0	107.6	123.2	142.3	148.2
四、融合环境发展速度指数	100.0	113.6	117.5	128.0	178.3

续表

评价指标	2014年	2015年	2016年	2017年	2018年
经济环境发展速度指数	100.0	110.1	119.4	127.8	135.4
社会环境发展速度指数	100.0	117.1	115.6	128.1	221.3

资料来源：《北京文化科技融合发展报告（2020~2021）》。

注：表中数据以2014年为基年。

二、文化产业主要细分行业发展现状

（一）出版业

根据北京出版物发行的基本情况，图书出版、期刊发行、报纸发行、音像制品发行、电子出版物等呈现不同的变化趋势。从图书出版情况看，2014—2020年，出版的图书种数和总印数都呈现波动性变化趋势。从图书出版种数看，2014—2017年，图书出版种数在不断增长，由10 802种增加到14 411种；2017—2019年，图书出版种数在不断下降，由14 411种下降到12 350种；2019—2020年，图书出版种数再次呈现增长趋势，由12 350种增加到12 803种。从图书出版总印数看，2014—2016年，图书出版总印数在不断增长，由16 746万册（张）增加到28 144万册（张）；2016—2019年，图书出版总印数在不断下降，由28 144万册（张）下降到22 475万册（张）；2019—2020年，图书出版总印数再次呈现增长趋势，由22 475万册（张）增加到23 445万册（张）。

从期刊发行情况看，2014—2020年，期刊发行种数呈现先增长后下降的趋势，而期刊发行总印数呈现不断下降的趋势。从期刊发行种数看，2014—2017年，期刊发行种数在不断增长，由172种增加到175种；2017—2020年，期刊发行种数在不断下降，由175种下降到171种。从期刊发行总印数看，2014—2020年，期刊发行总印数呈现不断下降的趋势，由3792万册下降到2334万册，下降了38.45%。

从报纸发行情况看，2014—2020年，报纸发行种数和总印数均呈现不断下降的趋势。报纸发行种数由2014年的35种减少到2020年的32种，下降了8.57%。报纸发行总印数由2014年的94 640万份下降到2020年的29 418万份，下降了68.92%。

从音像制品发行情况看，2014—2020年，发行的音像制品种数和数量都呈现波动性变化趋势。从音像制品发行种数看，2014—2015年，音像制品发行种数在不断下降，由355种下降到190种；2015—2018年，音像制品发行种数在不断增长，由190种增长到414种；2018—2020年，音像制品发行种数再次呈现下降趋势，由414种减少到222种。从音像制品发行数量看，2014—2016年，音像制品发行数量在不断下降，由539.5万张（盒）减少到61.7万张（盒）；2016—2017年，音像制品发行数量不断增长，由61.7万张（盒）增长到155.0万张（盒）；2017—2019年，音像制品发行数量再次呈现下降趋势，由155.0万张（盒）减少到88.5万张（盒）；2019—2020年，音像制品发行数量再次呈现增长趋势，由88.5万张（盒）增加到102.9万张（盒）。

从电子出版物发行情况看，2014—2020年，发行的电子出版物种数和数量都呈现波动性变化趋势。从电子出版物发行种数看，2014—2016年，电子出版物发行种数不断下降，由92种下降到51种；2016—2018年，电子出版物发行种数不断增长，由51种增长到141种；2018—2019年，电子出版物发行种数再次呈现下降趋势，由141种减少到28种；2019—2020年，电子出版物发行种数再次呈现增长趋势，由28种增长到40种。从电子出版物发行数量看，2014—2016年，电子出版物发行数量不断增长，由27.9万张增加到46.8万张；2016—2017年，电子出版物发行数量不断减少，由46.8万张减少到30.0万张；2017—2020年，电子出版物发行数量再次呈现增长趋势，由30.0万张增加到82.4万张。

从北京出版业主要出版物的发行情况看，图书出版的种数和数量总体上呈现增长趋势，期刊、报纸、音像制品发行的种数和数量总体上呈现下降趋势，电子出版物发行的种数不断减少，而数量不断增加。2014—2020年北京出版物基本情况如表3-10所示。

表 3-10　2014—2020 年北京出版物基本情况

年份	图书 种数/种	图书 总印数/万册（张）	期刊 种数/种	期刊 总印数/万册	报纸 种数/种	报纸 总印数/万份	音像制品 种数/种	音像制品 发行数量/万张（盒）	电子出版物 种数/种	电子出版物 发行数量/万张
2014	10 802	16 746	172	3792	35	94 640	355	539.5	92	27.9
2015	11 907	22 446	172	3673	35	79 060	190	129.5	54	29.3
2016	13 712	28 144	174	3371	35	72 308	233	61.7	51	46.8
2017	14 411	27 407	175	3030	34	57 625	362	155.0	79	30.0
2018	13 759	26 742	174	2751	34	48 511	414	154.6	141	44.7
2019	12 350	22 475	174	2535	33	37 738	273	88.5	28	48.3
2020	12 803	23 445	171	2334	32	29 418	222	102.9	40	82.4

资料来源：《中国文化及相关产业统计年鉴》。

关于北京少年儿童读物和课本出版基本情况，出版种数、总印数和总印张均呈现出不同的变化趋势。从出版种数上看，2014—2020 年，少年儿童读物出版种数呈现波动性变化趋势。2014—2016 年，少年儿童读物出版种数呈增长趋势，由 1906 种增加到 2947 种；2016—2017 年，少年儿童读物出版种数呈减少趋势，由 2947 种减少到 2649 种；2017—2018 年，少年儿童读物出版种数呈增长趋势，由 2649 种增加到 2765 种；2018—2020 年，少年儿童读物出版种数呈减少趋势，由 2765 种减少到 2395 种。2014—2020 年，少年儿童课本出版种数呈现波动性变化趋势。2014—2015 年，少年儿童课本出版种数呈减少趋势，由 758 种减少到 730 种；2015—2017 年，少年儿童课本出版种数呈增加趋势，由 730 种增加到 1050 种；2017—2019 年，少年儿童课本出版种数呈减少趋势，由 1050 种减少到 723 种；2019—2020 年，少年儿童课本出版种数呈增加趋势，由 723 种增加到 832 种。

从总印数上看，2014—2020 年，少年儿童读物总印数呈现波动性变化趋势。2014—2016 年，少年儿童读物总印数呈增加趋势，由 2569 万册增加到 7310 万册；2016—2017 年，少年儿童读物总印数呈减少趋势，由 7310 万册减少到 5519 万册；2017—2018 年，少年儿童读物总印数呈增加趋势，由 5519 万册增加

第三章 北京文化产业全产业链结构的现状

到5739万册；2018—2019年，少年儿童读物总印数呈减少趋势，由5739万册减少到5304万册；2019—2020年，少年儿童读物总印数呈增加趋势，由5304万册增加到5538万册。2014—2020年，少年儿童课本总印数呈现波动性变化趋势。2014—2016年，少年儿童课本总印数呈增加趋势，由1794万册增加到2059万册；2016—2018年，少年儿童课本总印数呈减少趋势，由2059万册减少到1011万册；2018—2020年，少年儿童课本总印数呈增加趋势，由1011万册增加到2343万册。

从总印张上看，2014—2020年，少年儿童读物总印张呈现波动性变化趋势。2014—2016年，少年儿童课本总印张呈增加趋势，由214 314千印张增加到585 405千印张；2016—2017年，少年儿童课本总印张呈减少趋势，由585 405千印张减少到488 352千印张；2017—2018年，少年儿童课本总印张呈增加趋势，由488 352千印张增加到496 219千印张；2018—2020年，少年儿童课本总印张呈减少趋势，由496 219千印张减少到359 977千印张。2014—2020年，少年儿童课本总印张呈现波动性变化趋势。2014—2015年，少年儿童课本总印张呈减少趋势，由156 512千印张减少到140 680千印张；2015—2016年，少年儿童课本总印张呈增加趋势，由140 680千印张增加到205 094千印张；2016—2018年，少年儿童课本总印张呈减少趋势，由205 094千印张减少到92 213千印张；2018—2020年，少年儿童课本总印张呈增加趋势，由92 213千印张增加到205 649千印张。

从北京少年儿童读物和课本出版基本情况看，少年儿童读物的种数、总印数和总印张总体上呈现增长趋势，少年儿童课本的种数、总印数和总印张总体上也呈现增长趋势。2014—2020年北京少年儿童读物和课本出版基本情况如表3-11所示。

关于北京图书出版机构及人员基本情况，2014—2020年，北京图书出版机构数呈增加趋势，由18个增加到20个，增加了11.11%。2014—2020年，北京图书出版机构职工人数同样呈增加趋势，由901人增加到1068人，增加了18.53%。2014—2020年北京图书出版机构及人员基本情况如表3-12所示。

表3-11 2014—2020年北京少年儿童读物和课本出版基本情况

年份	种数/种 读物	种数/种 课本	总印数/万册 读物	总印数/万册 课本	总印张/千印张 读物	总印张/千印张 课本
2014	1906	758	2569	1794	214 314	156 512
2015	2271	730	4393	1801	362 922	140 680
2016	2947	885	7310	2059	585 405	205 094
2017	2649	1050	5519	1911	488 352	166 368
2018	2765	872	5739	1011	496 219	92 213
2019	2514	723	5304	1622	429 509	145 282
2020	2395	832	5538	2343	359 977	205 649

资料来源：《中国文化及相关产业统计年鉴》。

表3-12 2014—2020年北京图书出版机构及人员基本情况

年份	机构数/个	职工人数/人
2014	18	901
2015	19	911
2016	19	943
2017	20	978
2018	20	980
2019	20	1032
2020	20	1068

资料来源：《中国文化及相关产业统计年鉴》。

关于北京出版物购进、销售、库存的情况。从出版物购进情况看，2014—2020年，出版物购进金额呈波动性变化趋势。2014—2015年，北京出版物购进金额呈减少趋势，由406 204万元减少到377 704万元；2015—2019年，北京出版物购进金额呈增加趋势，由377 704万元增加到679 449万元；2019—2020年，北京出版物购进金额呈减少趋势，由679 449万元减少到644 160万元。

从出版物销售情况看，2014—2020年，出版物销售金额呈波动性变化趋势。2014—2015年，北京出版物销售金额呈减少趋势，由374 645万元减少到

350 715万元；2015—2019年，北京出版物销售金额呈增加趋势，由350 715万元增加到705 372万元；2019—2020年，北京出版物销售金额呈减少趋势，由705 372万元减少到670 636万元。

从出版物库存情况看，2014—2020年，出版物库存金额呈波动性变化趋势。2014—2015年，北京出版物库存金额呈减少趋势，由256 860万元减少到254 464万元；2015—2018年，北京出版物库存金额呈增加趋势，由254 464万元增加到497 723万元；2018—2019年，北京出版物库存金额呈减少趋势，由497 723万元减少到479 324万元；2019—2020年，北京出版物库存金额呈增加趋势，由479 324万元增加到496 530万元。

虽然北京出版物购进、销售、库存情况呈现波动性变化趋势，但整体上呈现增长趋势，2014—2020年，北京出版物购进金额增加了58.58%，出版物销售金额增加了79.01%，出版物库存金额增加了93.31%。2014—2020年北京出版物购进、销售、库存情况如表3-13所示。

表3-13　2014—2020年北京出版物发行购进、销售、库存情况

单位：万元

年份	购进金额	销售金额	库存金额
2014	406 204	374 645	256 860
2015	377 704	350 715	254 464
2016	393 276	366 419	269 185
2017	415 373	389 097	290 485
2018	659 322	644 081	497 723
2019	679 449	705 372	479 324
2020	644 160	670 636	496 530

资料来源：《中国文化及相关产业统计年鉴》。

关于北京出版物印刷单位情况，2014—2020年出版物印刷单位数、职工人数、印刷产量、装订产量呈现出不同的变化趋势。

从印刷单位数看，2014—2020年，北京出版物印刷单位数呈现出先增后减

的变化趋势。2014—2015年，印刷单位数呈增加趋势，由794个增加到817个；2015—2018年，印刷单位数呈减少趋势，由817个减少到723个；2018—2020年，印刷单位数呈增加趋势，由723个增加到881个。

从职工人数看，2014—2020年，北京出版物印刷单位职工人数呈减少趋势，由3.96万人减少到2.57万人，减少了35.10%。

从印刷产量看，2014—2020年，北京出版物黑白印刷产量和彩色印刷产量均呈现波动性变化趋势。2014—2017年，黑白印刷产量呈减少趋势，由2472万令减少到2009万令；2017—2018年，黑白印刷产量呈增加趋势，由2009万令增加到2025万令；2018—2020年，黑白印刷产量呈减少趋势，由2025万令减少到1536万令。2014—2015年，彩色印刷产量呈减少趋势，由17 818万对开色令减少到15 393万对开色令；2015—2016年，彩色印刷产量呈增加趋势，由15 393万对开色令增加到16 293万对开色令，2016—2020年，彩色印刷产量呈减少趋势，由16 293万对开色令减少到11 923万对开色令。

从装订产量上看，2014—2020年，北京出版物印刷单位装订产量呈波动性变化趋势。2014—2015年，装订产量呈减少趋势，由3316万令减少到3159万令；2015—2016年，装订产量呈增加趋势，由3159万令增加到3310万令；2016—2017年，装订产量呈减少趋势，由3310万令减少到2803万令；2017—2018年，装订产量呈增加趋势，由2803万令增加到2829万令；2018—2020年，装订产量呈减少趋势，由2829万令减少到2483万令。

从北京出版物印刷单位的情况看，2014—2020年，虽然印刷单位数、职工人数、印刷产量、装订产量均呈现波动性变化趋势，但从总体上看除印刷单位数略有增加（增加了10.96%）以外，其余指标均呈现减少趋势，职工人数减少35.10%，黑白印刷产量减少37.86%，彩色印刷产量减少33.08%，装订产量减少25.12%。2014—2020年北京出版物印刷单位情况如表3-14所示。

第三章 北京文化产业全产业链结构的现状

表3-14 2014—2020年北京出版物印刷单位情况

年份	印刷单位数/个	职工人数/万人	印刷产量 黑白/万令	印刷产量 彩色/万对开色令	装订产量/万令
2014	794	3.96	2472	17 818	3316
2015	817	3.70	2100	15 393	3159
2016	780	3.48	2085	16 293	3310
2017	780	3.32	2009	14 631	2803
2018	723	2.94	2025	13 796	2829
2019	808	2.88	1802	13 439	2671
2020	881	2.57	1536	11 923	2483

资料来源：《中国文化及相关产业统计年鉴》。

（二）广播、电影、电视业

关于北京广播节目制作情况，2014—2020年，全年制作广播节目总时长及新闻资讯类、专题服务类、综艺类、广播剧类、广告类及其他广播节目制作时长呈现出不同的变化趋势。

从全年制作广播节目总时长看，2014—2020年，北京全年制作广播节目总时长呈现先增长后减少趋势。2014—2016年，北京全年制作广播节目总时长呈增加趋势，由139 281小时增加到222 588小时；2016—2020年，北京全年制作广播节目总时长呈减少趋势，由222 588小时减少到112 999小时。

从新闻资讯类广播节目制作时长看，2014—2020年，北京新闻资讯类广播节目制作时长呈波动性变化趋势。2014—2016年，北京新闻资讯类广播节目制作时长呈增加趋势，由15 611小时增加到21 142小时；2016—2019年，北京新闻资讯类广播节目制作时长呈减少趋势，由21 142小时减少到11 845小时；2019—2020年，北京新闻资讯类广播节目制作时长呈增加趋势，由11 845小时增加到12 097小时。

从专题服务类广播节目制作时长看，2014—2020年，北京专题服务类广播节目制作时长呈波动性变化趋势。2014—2015年，北京专题服务类广播节目制作时长呈减少趋势，由29 569小时减少到24 800小时；2015—2016年，北京专题服务类广播节目制作时长呈增加趋势，由24 800小时增加到29 941小时；2016—2018年，北京专题服务类广播节目制作时长呈减少趋势，由29 941小时减少到28 953小时；2018—2019年，北京专题服务类广播节目制作时长呈增加趋势，由28 953小时增加到31 387小时；2019—2020年，北京专题服务类广播节目制作时长呈减少趋势，由31 387小时减少到29 810小时。

从综艺类广播节目制作时长看，2014—2020年，北京综艺类广播节目制作时长呈先增加后减少趋势。2014—2016年，北京综艺类广播节目制作时长呈增加趋势，由39 662小时增加到49 274小时；2016—2020年，北京综艺类广播节目制作时长呈减少趋势，由49 274小时减少到32 964小时。

从广播剧类广播节目制作时长看，2014—2020年，北京广播剧类广播节目制作时长呈波动性变化趋势。2014—2016年，北京广播剧类广播节目制作时长呈减少趋势，由6939小时减少到4879小时；2016—2019年，北京广播剧类广播节目制作时长呈增加趋势，由4879小时增加到13 806小时；2019—2020年，北京广播剧类广播节目制作时长呈减少趋势，由13 806小时减少到13 346小时。

从广告类广播节目制作时长看，2014—2020年，北京广告类广播节目制作时长呈逐年下降趋势，由18 606小时减少到803小时，减少了95.68%。

从其他广播节目制作时长看，2014—2020年，北京其他广播节目制作时长呈波动性变化趋势。2014—2016年，北京其他广播节目制作时长呈增加趋势，由28 893小时增加到101 992小时；2016—2019年，北京其他广播节目制作时长呈减少趋势，由101 992小时减少到21 606小时；2019—2020年，北京其他广播节目制作时长呈增加趋势，由21 606小时增加到23 980小时。

从北京广播节目制作情况看，2014—2020年，在全年制作广播节目总时长减少（减少18.87%）的情况下，新闻资讯类、综艺类、广告类和其他广播节目制作时长总体上减少，其中新闻资讯类广播节目制作时长减少了22.51%，综艺类广播节目制作时长减少了16.89%，广告类广播节目制作时长减少了95.68%，其他广播节目制作时长减少了17.00%；而专题服务类、广播剧类广播节目制作时长总体上增加,其中专题服务类广播节目制作时长增加了0.82%,广播剧类广播节目制作时长增加了92.33%。2014—2020年北京广播节目制作情况如表3-15所示。

表3-15 2014—2020年北京广播节目制作情况

单位:小时

年份	全年制作广播节目时长						
	新闻资讯类	专题服务类	综艺类	广播剧类	广告类	其他	总计
2014	15 611	29 569	39 662	6939	18 606	28 893	139 281
2015	19 489	24 800	41 382	6011	17 260	69 911	178 853
2016	21 142	29 941	49 274	4879	15 360	101 992	222 588
2017	13 698	29 058	49 015	7521	13 977	65 565	178 834
2018	12 199	28 953	40 120	12 121	3490	32 510	129 392
2019	11 845	31 387	36 820	13 806	945	21 606	116 410
2020	12 097	29 810	32 964	13 346	803	23 980	112 999

资料来源:《中国文化及相关产业统计年鉴》。

关于北京电视节目制作情况,2014—2020年,全年制作电视节目总时长及新闻资讯类、专题服务类、综艺益智类、影视剧类、广告类及其他电视节目制作时长呈现不同的变化趋势。

从全年制作电视节目总时长来看,2014—2020年,北京全年制作电视节目总时长呈现波动性变化趋势。2014—2015年,北京全年制作电视节目总时长呈增加趋势,由100 528小时增加到179 737小时;2015—2016年,北京全年制作电视节目总时长呈减少趋势,由179 737小时减少到151 490小时;2016—2017年,北京全年制作电视节目总时长呈增加趋势,由151 490小时增加到180 498小时;2017—2018年,北京全年制作电视节目总时长呈减少趋势,由180 498小时减少到157 531小时;2018—2019年,北京全年制作电视节目总时长呈增加趋势,由157 531小时增加到188 342小时;2019—2020年,北京全年制作电视节目总时长呈减少趋势,由188 342小时减少到76 341小时。

从新闻资讯类电视节目制作时长来看，2014—2020年，北京新闻资讯类电视节目制作时长呈现波动性变化趋势。2014—2015年，北京新闻资讯类电视节目制作时长呈增加趋势，由11 993小时增加到13 801小时；2015—2016年，北京新闻资讯类电视节目制作时长呈减少趋势，由13 801小时减少到11 215小时；2016—2017年，北京新闻资讯类电视节目制作时长呈增加趋势，由11 215小时增加到51 022小时；2017—2018年，北京新闻资讯类电视节目制作时长呈减少趋势，由51 022小时减少到17 056小时；2018—2019年，北京新闻资讯类电视节目制作时长呈增加趋势，由17 056小时增加到47 497小时；2019—2020年，北京新闻资讯类电视节目制作时长呈减少趋势，由47 497小时减少到17 756小时。

从专题服务类电视节目制作时长看，2014—2020年，北京专题服务类电视节目制作时长呈现先增加后减少的趋势。2014—2016年，北京专题服务类电视节目制作时长呈增加趋势，由37 634小时增加到65 756小时；2016—2020年，北京专题服务类电视节目制作时长呈减少趋势，由65 756小时减少到23 338小时。

从综艺益智类电视节目制作时长看，2014—2020年，北京综艺益智类电视节目制作时长呈现波动性变化趋势。2014—2015年，北京综艺益智类电视节目制作时长呈增加趋势，由21 104小时增加到33 947小时；2015—2018年，北京综艺益智类电视节目制作时长呈减少趋势，由33 947小时减少到9637小时；2018—2019年，北京综艺益智类电视节目制作时长呈增加趋势，由9637小时增加到12 151小时；2019—2020年，北京综艺益智类电视节目制作时长呈减少趋势，由12 151小时减少到4269小时。

从影视剧类电视节目制作时长看，2014—2020年，北京影视剧类电视节目制作时长呈现波动性变化趋势。2014—2015年，北京影视剧类电视节目制作时长呈增加趋势，由8024小时增加到17 358小时；2015—2016年，北京影视剧类电视节目制作时长呈减少趋势，由17 358小时减少到11 670小时；2016—2017年，北京影视剧类电视节目制作时长呈增加趋势，由11 670小时增加到14 446小时；2017—2020年，北京影视剧类电视节目制作时长呈减少趋势，由14 446小时减少到5375小时。

第三章　北京文化产业全产业链结构的现状

从广告类电视节目制作时长看，2014—2020年，北京广告类电视节目制作时长呈现波动性变化趋势。2014—2016年，北京广告类电视节目制作时长呈增加趋势，由2627小时增加到8476小时；2016—2017年，北京广告类电视节目制作时长呈减少趋势，由8476小时减少到3603小时；2017—2019年，北京广告类电视节目制作时长呈增加趋势，由3603小时增加到5969小时；2019—2020年，北京广告类电视节目制作时长呈减少趋势，由5969小时减少到2444小时。

从其他电视节目制作时长看，2014—2020年，北京其他电视节目制作时长呈波动性变化趋势。2014—2015年，北京其他电视节目制作时长呈增加趋势，由19 147小时增加到50 316小时；2015—2016年，北京其他电视节目制作时长呈减少趋势，由50 316小时减少到36 785小时；2016—2019年，北京其他电视节目制作时长呈增加趋势，由36 785小时增加到76 014小时；2019—2020年，北京其他电视节目制作时长呈减少趋势，由76 014小时减少到23 159小时。

从北京电视节目制作情况看，2014—2020年，在全年制作电视节目总时长减少（24.06%）的情况下，专题服务类、综艺益智类、影视剧类和广告类等电视节目制作时长总体上减少，其中专题服务类电视节目制作时长减少了37.99%，综艺益智类电视节目制作时长减少了79.77%，影视剧类电视节目制作时长减少了33.01%，广告类电视节目制作时长减少了6.97%；而新闻资讯类、其他电视节目制作时长总体上增加，其中新闻资讯类电视节目制作时长增加了48.05%，其他电视节目制作时长增加了20.95%。2014—2020年北京电视节目制作情况如表3-16所示。

表3-16　2014—2020年北京电视节目制作情况

单位：小时

年份	全年制作电视节目时长						
	新闻资讯类	专题服务类	综艺益智类	影视剧类	广告类	其他	总计
2014	11 993	37 634	21 104	8024	2627	19 147	100 528
2015	13 801	56 646	33 947	17 358	7669	50 316	179 737
2016	11 215	65 756	17 588	11 670	8476	36 785	151 490

续表

年份	全年制作电视节目时长						
	新闻资讯类	专题服务类	综艺益智类	影视剧类	广告类	其他	总计
2017	51 022	53 954	13 843	14 446	3603	43 629	180 498
2018	17 056	48 517	9637	9583	3717	69 021	157 531
2019	47 497	41 335	12 151	5375	5969	76 014	188 342
2020	17 756	23 338	4269	5375	2444	23 159	76 341

资料来源：《中国文化及相关产业统计年鉴》。

关于北京电视节目交易情况，2014—2020年，北京全年电视节目制作投资额和国内销售额均呈现波动性变化趋势。从全年电视节目制作投资额看，2014—2020年，北京全年电视节目制作投资额呈波动性变化趋势。2014—2015年，北京全年电视节目制作投资额呈减少趋势，由797 247万元减少到727 555万元；2015—2016年，北京全年电视节目制作投资额呈增加趋势，由727 555万元增加到864 901万元；2016—2017年，北京全年电视节目制作投资额呈减少趋势，由864 901万元减少到790 679万元；2017—2018年，北京全年电视节目制作投资额呈增加趋势，由790 679万元增加到819 035万元；2018—2019年，北京全年电视节目制作投资额呈减少趋势，由819 035万元减少到681 500万元；2019—2020年，北京全年电视节目制作投资额呈增加趋势，由681 500万元增加到871 562万元。

在电视节目制作投资中，电视剧制作投资额和动漫电视制作投资额同样呈现波动性变化趋势。从电视剧制作投资额看，2014—2020年，北京电视剧制作投资额呈波动性变化趋势。2014—2015年，北京电视剧制作投资额呈减少趋势，由505 165万元减少到425 615万元；2015—2017年，北京电视剧制作投资额呈增加趋势，由425 615万元增加到565 043万元；2017—2019年，北京电视剧制作投资额呈减少趋势，由565 043万元减少到388 071万元；2019—2020年，北京电视剧制作投资额呈增加趋势，由388 071万元增加到724 148万元。从动漫电视制作投资额看，2014—2020年，北京动漫电视制作投资额呈波动性变化趋势。2014—2015年,北京动漫电视制作投资额呈减少趋势,由22 520万元减少到16 320万元;2015—2016年,北京动漫电视制作投资额呈增加趋势,由16 320万元增加到28 483万元;2016—2017年,北京动漫电视制作投资额呈减少趋势,由28 483万元减少到23 542万元;2017—2018年,北京动漫电视制作投资额呈增加趋势,由23 542万元增加到30 066万元;2018—2019年,北京动漫电视制作投资额呈减少趋势,由30 066万元减少到28 659万元;2019—2020年,北京动漫电视制作投资额呈减少趋势,由28 659万元减少到10 665万元。

从全年电视节目国内销售额看,2014—2020年,北京全年电视节目国内销售额呈先增加后减少的趋势。2014—2016年,北京全年电视节目国内销售额呈增长趋势,由501 358万元增加到710 168万元;2016—2020年,北京全年电视节目国内销售额呈减少趋势,由710 168万元减少到300 696万元。

在全年电视节目国内销售额中,电视剧国内销售额和动漫电视国内销售额同样呈现波动性变化趋势。从电视剧国内销售额看,2014—2020年,北京电视剧国内销售额呈波动性变化趋势。2014—2015年,北京电视剧国内销售额呈减少趋势,由365 352万元减少到344 796万元;2015—2017年,北京电视剧国内销售额呈增加趋势,由344 796万元增加到419 774万元;2017—2018年,北京电视剧国内销售额呈减少趋势,由419 774万元减少到396 996万元;2018—2019年,北京电视剧国内销售额呈增加趋势,由396 996万元增加到422 977万元;2019—2020年,北京电视剧国内销售额呈减少趋势,由422 977万元减少到178 928万元。从动漫电视国内销售额看,2014—2020年,北京动漫电视国内销售额呈波动性变化趋势。2014—2015年,北京动漫电视国内销售额呈增加趋势,由7721万元增加到15 368万元;2015—2016年,北京动漫电视国内销售额呈减少趋势,由15 368万元减少到8674万元;2016—2017年,北京动漫电视国内销售额呈增加趋势,由8674万元增加到10 002万元;2017—2018年,北京动漫电视国内销售额呈减少趋势,由10 002万元减少到7059万元;2018—2019年,北京动漫电视国内销售额呈增加趋势,由7059万元增加到9793万元;2019—2020年,北京动漫电视国内销售额呈减少趋势,由9793万元减少到6614万元。

从北京电视节目交易情况看，2014—2020年，全年电视节目制作投资额总体上呈增加趋势，增加了9.32%，其中电视剧制作投资额总体上呈增加趋势，增加了43.35%，动漫电视制作投资额总体上呈减少趋势，减少了52.64%。2014—2020年，全年电视节目国内销售额总体上呈减少趋势，减少了40.02%，其中电视剧国内销售额总体上呈减少趋势，减少了51.03%，动漫电视国内销售额总体上呈减少趋势，减少了14.34%。2014—2020年北京电视节目交易情况如表3-17所示。

表3-17　2014—2020年北京电视节目交易情况

单位：万元

年份	全年电视节目制作投资额			全年电视节目国内销售额		
	电视剧制作投资额	动漫电视制作投资额	总计	电视剧国内销售额	动漫电视国内销售额	总计
2014	505 165	22 520	797 247	365 352	7721	501 358
2015	425 615	16 320	727 555	344 796	15 368	662 575
2016	490 016	28 483	864 901	395 071	8674	710 168
2017	565 043	23 542	790 679	419 774	10 002	602 333
2018	444 403	30 066	819 035	396 996	7059	561 877
2019	388 071	28 659	681 500	422 977	9793	543 185
2020	724 148	10 665	871 562	178 928	6614	300 696

资料来源：《中国文化及相关产业统计年鉴》。

关于北京广播电视从业人员情况，2014—2020年，从业人员总数持续增加，其中编辑、记者从业人数不断增加，播音员、主持人从业人数虽然有波动性变化，但总体上呈现增加趋势，工程技术人员从业人数同样有波动性变化，但总体上呈现增加趋势。

从从业人员总数看，2014—2020年，北京广播电视从业人员数呈增加趋势，由46 028人增加到108 545人，增加了135.82%。其中，编辑、记者从业人员数同样呈现逐年增加趋势，2014—2020年，北京广播电视编辑、记者从业人员数由5586人增加到11 556人，增加了106.87%。播音员、主持人从业人员数呈波动性变化趋势，2014—2015年，北京广播电视播音员、主持人从业人员数呈减少趋势，由785人减少到764人；2015—2017年，北京广播电视播音员、主持人从业人员数呈增加趋势，由764人增加到1328人；2017—2018年，北京广播电视播音员、主持人从业人员数呈减少趋势，由1328人减少到1272人；2018—2019年，北京广播电视播音员、主持人从业人员数呈增加趋势，由1272人增加到1892人；2019—2020年，北京广播电视播音员、主持人从业人员数呈减少趋势，由1892人减少到1705人。工程技术人员从业人数呈波动性变化趋势，2014—2018年，北京广播电视工程技术人员从业人数呈增加趋势，由4768人增加到10 730人；2018—2019年，北京广播电视工程技术人员从业人数呈减少趋势，由10 730人减少到10 568人；2019—2020年，北京广播电视工程技术人员从业人数呈增加趋势，由10 568人增加到10 616人。

从北京广播电视从业人员情况看，2014—2020年，无论是从业人员总数，还是其中的编辑、记者、播音员、主持人、工程技术人员从业人数，总体上均呈现增加趋势。2014—2020年，从业人员总数增加了135.82%，其中编辑、记者从业人员数增加了106.87%，播音员、主持人从业人员数增加了117.20%，工程技术人员从业人员数增加了122.65%。2014—2020年北京广播电视从业人员情况如表3-18所示。

表3-18　2014—2020年北京广播电视从业人员情况

单位：人

年份	从业人员总数	编辑、记者从业人数	播音员、主持人从业人数	工程技术人员从业人数
2014	46 028	5586	785	4768
2015	57 243	6712	764	6917
2016	67 953	7151	891	8392
2017	82 869	8120	1328	9599
2018	89 122	9661	1272	10 730
2019	94 223	10 387	1892	10 568
2020	108 545	11 556	1705	10 616

资料来源：《中国文化及相关产业统计年鉴》。

关于北京电视节目进口情况，2014—2020年，电视节目进口额和进口量均呈现波动性变化趋势。从电视节目进口额看，2014—2020年，北京电视节目进口总额呈波动性变化趋势。2014—2015年，北京电视节目进口总额呈减少趋势，由145 519万元减少到49 230万元；2015—2016年，北京电视节目进口总额呈增加趋势，由49 230万元增加到151 135万元；2016—2017年，北京电视节目进口总额呈减少趋势，由151 135万元减少到146 468万元；2017—2018年，北京电视节目进口总额呈增加趋势，由146 468万元增加到330 280万元；2018—2020年，北京电视节目进口总额呈减少趋势，由330 280万元减少到68 808万元。

在电视节目进口额中，电视剧进口额和动画电视进口额同电视节目进口总额呈现相同的变化趋势。2014—2020年，北京电视剧进口额呈波动性变化趋势。2014—2015年，北京电视剧进口额呈减少趋势，由134 848万元减少到9916万元；2015—2018年，北京电视剧进口额呈增加趋势，由9916万元增加到79 102万元；2018—2019年，北京电视剧进口额呈减少趋势，由79 102万元减少到31 236万元；2019—2020年，北京电视剧进口额呈增加趋势，由31 236万元增加到32 988万元。2014—2020年，北京动画电视进口额呈波动性变化趋势。2014—2016年，北京动画电视进口额呈增加趋势，由10 168万元增加到102 030万元；2016—2017年，北京动画电视进口额呈减少趋势，由102 030万元减少到76 609万元；2017—2018年，北京动画电视进口额呈增加趋势，由76 609万元增加到247 974万元；2018—2020年，北京动画电视进口额呈减少趋势，由247 974万元减少到32 988万元。

从电视节目进口量看，2014—2020年，北京电视节目进口量呈波动性变化趋势。2014—2015年，北京电视节目进口量呈增加趋势，由12 774小时增加到18 211小时；2015—2016年，北京电视节目进口量呈减少趋势，由18 211小时减少到9262小时；2016—2018年，北京电视节目进口量呈增加趋势，由9262小时增加到23 506小时；2018—2020年，北京电视节目进口量呈减少趋势，由23 506小时减少到5210小时。

从电视剧进口部数看，2014—2020年，北京电视剧进口部数呈波动性变化趋势。2014—2015年，北京电视剧进口部数呈减少趋势，由529部减少到65部；2015—2018年，北京电视剧进口部数呈增加趋势，由65部增加到319部；2018—2019年，北京电视剧进口部数呈减少趋势，由319部减少到107部；2019—2020年，北京电视剧进口部数呈增加趋势，由107部增加到142部。

从电视剧进口集数看，2014—2020年，北京电视剧进口集数呈波动性变化趋势。2014—2015年，北京电视剧进口集数呈减少趋势，由10 782集减少到788集；2015—2016年，北京电视剧进口集数呈增加趋势，由788集增加到1947集；2016—2017年，北京电视剧进口集数呈减少趋势，由1947集减少到1344集；2017—2018年，北京电视剧进口集数呈增加趋势，由1344集增加到6179集；2018—2019年，北京电视剧进口集数呈减少趋势，由6179集减少到1631集；2019—2020年，北京电视剧进口集数呈增加趋势，由1631集增加到2598集。

从北京电视节目进口情况看，2014—2020年，电视节目进口总额总体上呈减少趋势，减少了52.72%。其中，电视剧进口额总体上呈减少趋势，减少了75.54%，而动画电视进口额总体上呈增加趋势，增加了231.52%。2014—2020年，北京电视节目进口量总体上呈减少趋势，减少了59.21%。其中，进口电视剧的部数总体上呈减少趋势，减少了73.16%，进口电视剧的集数总体上呈减少趋势，减少了75.90%。2014—2020年北京电视节目进口情况如表3-19所示。

表3-19　2014—2020年北京电视节目进口情况

年份	电视节目进口额/万元			电视节目进口量/小时	进口电视剧	
	总额	电视剧	动画电视		部数/部	集数/集
2014	145 519	134 848	10 168	12 774	529	10 782
2015	49 230	9916	38 610	18 211	65	788
2016	151 135	48 117	102 030	9262	150	1947
2017	146 468	67 849	76 609	13 166	239	1344
2018	330 280	79 102	247 974	23 506	319	6179
2019	129 422	31 236	95 281	8375	107	1631
2020	68 808	32 988	33 709	5210	142	2598

资料来源：《中国文化及相关产业统计年鉴》。

（三）旅游业

关于北京国际旅游基本情况，2010—2019年，入境过夜游客总数、外国游客数、国际旅游（外汇）收入呈现不同的变化趋势。由于受新冠疫情影响，未对2020年国际旅游情况做分析。

从入境过夜游客总数看，2010—2019年，北京国际旅游入境过夜游客总数呈波动性变化趋势。2010—2011年，北京国际旅游入境过夜游客总数呈增加趋势，由490.1万人次增加到520.4万人次；2011—2017年，北京国际旅游入境过夜游客总数呈减少趋势，由520.4万人次减少到392.6万人次；2017—2018年，北京国际旅游入境过夜游客总数呈增加趋势，由392.6万人次增加到400.4万人次；2018—2019年，北京国际旅游入境过夜游客总数呈减少趋势，由400.4万人次减少到376.9万人次。其中，从入境过夜的外国游客数看，2010—2019年，北京国际旅游入境过夜的外国游客数与入境过夜游客总数的变化趋势相同，呈现波动性变化趋势。2010—2011年，北京国际旅游入境过夜的外国游客数呈增加趋势，由421.6万人次增加到447.4万人次；2011—2017年，北京国际旅游入境过夜外国游客数呈减少趋势，由447.4万人次减少到332.0万人次；2017—2018年，北京国际旅游入境过夜的外国游客数呈增加趋势，由332.0万人次增加到339.8万人次；2018—2019年，北京国际旅游入境过夜的外国游客数呈减少趋势，由339.8万人次减少到320.7万人次。

从国际旅游（外汇）收入看，2010—2019年，北京国际旅游（外汇）收入呈波动性变化趋势。2010—2011年，北京国际旅游（外汇）收入呈增加趋势，由5044.6百万美元增加到5416.0百万美元；2011—2015年，北京国际旅游（外汇）收入呈减少趋势，由5416.0百万美元减少到4605.0百万美元；2015—2018年，北京国际旅游（外汇）收入呈增加趋势，由4605.0百万美元增加到5516.4百万美元；2018—2019年，北京国际旅游（外汇）收入呈减少趋势，由5516.4百万美元减少到5192.5百万美元。

从北京国际旅游基本情况看，2010—2019年，北京国际旅游入境过夜游客总数和外国游客数总体上呈减少趋势,而国际旅游(外汇)收入总体上呈增加趋势。2010—2019年,北京国际旅游入境过夜游客总数总体上呈减少趋势,减少了23.10%,北京国际旅游入境过夜的外国游客数总体上呈减少趋势,减少了23.93%,北京国际旅游(外汇)收入总体上呈增加趋势,增加了2.93%。2010—2019年北京国际旅游基本情况如表3-20所示。

表3-20 2010—2019年北京国际旅游基本情况

年份	入境过夜游客数/万人次		国际旅游(外汇)收入/百万美元
	总计	外国游客数	
2010	490.1	421.6	5044.6
2011	520.4	447.4	5416.0
2012	500.9	434.4	5149.0
2013	450.1	387.6	4794.7
2014	427.5	365.5	4608.0
2015	420.0	357.6	4605.0
2016	416.5	354.8	5070.0
2017	392.6	332.0	5129.8
2018	400.4	339.8	5516.4
2019	376.9	320.7	5192.5

资料来源:《中国文化及相关产业统计年鉴》。

关于北京国际、国内旅游基本情况,1994—2020年,来京旅游人数、入境游客数、国内游客数、国际旅游收入、国内旅游收入均呈现不同的变化趋势。

从来京旅游人数看,1994—2020年,国际、国内来京旅游人数呈波动性变化趋势。1994—1995年,国际、国内来京旅游人数呈减少趋势,由6913.0万人次减少到6527.0万人次;1995—2002年,国际、国内来京旅游人数呈增加趋势,由6527.0万人次增加到11 810.4万人次;2002—2003年,国际、国内来京旅游人数呈减少趋势,由11 810.4万人次减少到8885.1万人次;2003—2007年,国际、国内来京旅游人数呈增加趋势,由8885.1万人次增加到14 715.5万人次;

2007—2008年，国际、国内来京旅游人数呈减少趋势，由14 715.5万人次减少到14 560.0万人次；2008—2019年，国际、国内来京旅游人数呈增加趋势，由14 560.0万人次增加到32 209.9万人次；2019—2020年受新冠疫情影响，国际、国内来京旅游人数呈减少趋势，由32 209.9万人次减少到18 386.5万人次。

从入境游客数看，1994—2020年，来京旅游的入境游客数呈波动性变化趋势。1994—1997年，来京旅游的入境游客数呈增加趋势，由203.0万人次增加到229.8万人次；1997—1998年，来京旅游的入境游客数呈减少趋势，由229.8万人次减少到220.1万人次；1998—2002年，来京旅游的入境游客数呈增加趋势，由220.1万人次增加到310.4万人次；2002—2003年，来京旅游的入境游客数呈减少趋势，由310.4万人次减少到185.1万人次；2003—2007年，来京旅游的入境游客数呈增加趋势，由185.1万人次增加到435.5万人次；2007—2008年，来京旅游的入境游客数呈减少趋势，由435.5万人次减少到379.0万人次；2008—2011年，来京旅游的入境游客数呈增加趋势，由379.0万人次增加到520.4万人次；2011—2017年，来京旅游的入境游客数呈减少趋势，由520.4万人次减少到392.6万人次；2017—2018年，来京旅游的入境游客数呈增加趋势，由392.6万人次增加到400.4万人次；2018—2020年，来京旅游的入境游客数呈减少趋势，由400.4万人次减少到34.1万人次。

从国内游客数看，1994—2020年，来京旅游的国内游客数呈波动性变化趋势。1994—1995年，来京旅游的国内游客数呈减少趋势，由6710.0万人次减少到6320.0万人次；1995—2002年，来京旅游的国内游客数呈增加趋势，由6320.0万人次增加到11 500.0万人次；2002—2003年，来京旅游的国内游客数呈减少趋势，由11 500.0万人次减少到8700.0万人次；2003—2007年，来京旅游的国内游客数呈增加趋势，由8700.0万人次增加到14 280.0万人次；2007—2008年，来京旅游的国内游客数呈减少趋势，由14 280.0万人次减少到14 181.0万人次；2008—2019年，来京旅游的国内游客数呈增加趋势，由14 181.0万人次增加到31 833.0万人次；2019—2020年，来京旅游的国内游客数呈减少趋势，由31 833.0万人次减少到18 352.4万人次。

第三章 北京文化产业全产业链结构的现状

从国际旅游收入看，1994—2020年，北京国际旅游收入呈波动性变化趋势。1994—2002年，北京国际旅游收入呈增加趋势，由20.1亿美元增加到31.1亿美元；2002—2003年，北京国际旅游收入呈减少趋势，由31.1亿美元减少到19.0亿美元；2003—2007年，北京国际旅游收入呈增加趋势，由19.0亿美元增加到45.8亿美元；2007—2009年，北京国际旅游收入呈减少趋势，由45.8亿美元减少到43.6亿美元；2009—2011年，北京国际旅游收入呈增加趋势，由43.6亿美元增加到54.2亿美元；2011—2015年，北京国际旅游收入呈减少趋势，由54.2亿美元减少到46.1亿美元；2015—2018年，北京国际旅游收入呈增加趋势，由46.1亿美元增加到55.2亿美元；2018—2020年，北京国际旅游收入呈减少趋势，由55.2亿美元减少到4.8亿美元。

从国内旅游收入看，1994—2020年，北京国内旅游收入呈波动性变化趋势。1994—2002年，北京国内旅游收入呈增加趋势，由298.0亿元增加到930.0亿元；2002—2003年，北京国内旅游收入呈减少趋势，由930.0亿元减少到706.0亿元；2003—2019年，北京国内旅游收入呈增加趋势，由706.0亿元增加到5866.2亿元；2019—2020年，北京国内旅游收入呈减少趋势，由5866.2亿元减少到2880.9亿元。

从北京国际、国内旅游基本情况看，除2020年新冠疫情对旅游业造成了较大冲击以外，1994—2019年，国际和国内来京旅游人数、入境游客数、国内游客数、国际旅游收入、国内旅游收入总体上均呈现增加趋势。1994—2019年，国际、国内来京旅游人数总体上呈增加趋势，增加了3.66倍；来京旅游的入境游客数总体上呈增加趋势，增加了85.67%；来京旅游的国内游客数总体上呈增加趋势，增加了3.74倍；北京国际旅游收入总体上呈增加趋势，增加了1.58倍；北京国内旅游收入总体上呈增加趋势，增加了18.69倍。1994—2020年北京国际、国内旅游基本情况如表3-21所示。

关于北京入境游客客源地分布基本情况，1991—2020年，入境游客总数中来自中国港澳台地区及各个国家的入境游客数均呈现不同的变化趋势。

表3-21　1994—2020年北京国际、国内旅游基本情况

年份	入境游客数/万人次	国内游客数/万人次	总计/万人次	国际旅游收入/亿美元	国内旅游收入/亿元
1994	203.0	6710.0	6913.0	20.1	298.0
1995	207.0	6320.0	6527.0	21.8	352.6
1996	218.9	7683.0	7901.9	22.5	359.6
1997	229.8	8221.0	8450.8	22.5	391.3
1998	220.1	8731.4	8951.5	23.8	424.5
1999	252.4	9260.0	9512.4	25.0	530.0
2000	282.1	10 186.0	10 468.1	27.7	683.0
2001	285.8	11 007.0	11 292.8	29.5	887.7
2002	310.4	11 500.0	11 810.4	31.1	930.0
2003	185.1	8700.0	8885.1	19.0	706.0
2004	315.5	11 950.0	12 265.5	31.7	1145.0
2005	362.9	12 500.0	12 862.9	36.2	1300.0
2006	390.3	13 200.0	13 590.3	40.3	1482.7
2007	435.5	14 280.0	14 715.5	45.8	1753.6
2008	379.0	14 181.0	14 560.0	44.6	1907.0
2009	412.5	16 257.0	16 669.5	43.6	2144.5
2010	490.1	17 900.0	18 390.1	50.4	2425.1
2011	520.4	20 884.0	21 404.4	54.2	2864.3
2012	500.9	22 633.7	23 134.6	51.5	3301.3
2013	450.1	24 738.8	25 189.0	47.9	3666.3
2014	427.5	25 722.2	26 149.7	46.1	3997.0
2015	420.0	26 859.0	27 279.0	46.1	4320.0
2016	416.5	28 115.0	28 531.5	50.7	4683.0
2017	392.6	29 353.6	29 746.2	51.3	5122.4
2018	400.4	30 693.2	31 093.6	55.2	5556.2
2019	376.9	31 833.0	32 209.9	51.9	5866.2
2020	34.1	18 352.4	18 386.5	4.8	2880.9

资料来源：《北京统计年鉴2021》。

第三章 北京文化产业全产业链结构的现状

从入境游客总数看，1991—2020年，北京入境游客总数呈波动性变化趋势。1991—1997年，北京入境游客总数呈增加趋势，由132.0万人次增加到229.8万人次；1997—1998年，北京入境游客总数呈减少趋势，由229.8万人次减少到220.1万人次；1998—2002年，北京入境游客总数呈增加趋势，由220.1万人次增加到310.4万人次；2002—2003年，北京入境游客总数呈减少趋势，由310.4万人次减少到185.1万人次；2003—2007年，北京入境游客总数呈增加趋势，由185.1万人次增加到435.5万人次；2007—2008年，北京入境游客总数呈减少趋势，由435.5万人次减少到379.0万人次；2008—2011年，北京入境游客总数呈增加趋势，由379.0万人次增加到520.4万人次；2011—2017年，北京入境游客总数呈减少趋势，由520.4万人次减少到392.6万人次；2017—2018年，北京入境游客总数呈增加趋势，由392.6万人次增加到400.4万人次；2018—2020年，北京入境游客总数呈减少趋势，由400.4万人次减少到34.1万人次。

从来自我国港澳台地区的入境游客数看，1991—2020年，北京来自港澳台的入境游客数呈波动性变化趋势。1991—1993年，北京来自港澳台的入境游客数呈增加趋势，由38.2万人次增加到52.8万人次；1993—1995年，北京来自港澳台的入境游客数呈减少趋势，由52.8万人次减少到36.3万人次；1995—1997年，北京来自港澳台的入境游客数呈增加趋势，由36.3万人次增加到40.3万人次；1997—1998年，北京来自港澳台的入境游客数呈减少趋势，由40.3万人次减少到39.1万人次；1998—2001年，北京来自港澳台的入境游客数呈增加趋势，由39.1万人次增加到45.9万人次；2001—2003年，北京来自港澳台的入境游客数呈减少趋势，由45.9万人次减少到32.4万人次；2003—2007年，北京来自港澳台的入境游客数呈增加趋势，由32.4万人次增加到52.9万人次；2007—2008年，北京来自港澳台的入境游客数呈减少趋势，由52.9万人次减少到43.3万人次；2008—2009年，北京来自港澳台的入境游客数呈增加趋势，由43.3万人次增加到69.6万人次；2009—2010年，北京来自港澳台的入境游客数呈减少趋势，由69.6万人次减少到68.4万人次；2010—2011年，北京来自港澳台的入境游客数呈增加趋势，由68.4万人次增加到73.0万人次；2011—2014年，北京来自港澳台的入境游客数呈减少趋势，由73.0万人次减少到62.0万人次；2014—2015年，北京来自港澳台的入境游客数呈增加趋势，由62.0万人次增加到62.4万人次；2015—2020年，北京来自港澳台的入境游客数呈减少趋势，由62.4万人次减少到7.7万人次。

从来自我国香港特区的入境游客数看，1991—2020年，北京来自香港的入境游客数呈波动性变化趋势。1991—1993年，北京来自香港的入境游客数呈增加趋势，由17.6万人次增加到29.4万人次；1993—1995年，北京来自香港的入境游客数呈减少趋势，由29.4万人次减少到25.4万人次；1995—1997年，北京来自香港的入境游客数呈增加趋势，由25.4万人次增加到26.3万人次；1997—1998年，北京来自香港的入境游客数呈减少趋势，由26.3万人次减少到25.0万人次；1998—1999年，北京来自香港的入境游客数呈增加趋势，由25.0万人次增加到26.5万人次；1999—2000年，北京来自香港的入境游客数呈减少趋势，由26.5万人次减少到25.0万人次；2000—2001年，北京来自香港的入境游客数呈增加趋势，由25.0万人次增加到26.9万人次；2001—2003年，北京来自香港的入境游客数呈减少趋势，由26.9万人次减少到21.7万人次；2003—2005年，北京来自香港的入境游客数呈增加趋势，由21.7万人次增加到31.4万人次；2005—2006年，北京来自香港的入境游客数呈减少趋势，由31.4万人次减少到30.3万人次；2006—2007年，北京来自香港的入境游客数呈增加趋势，由30.3万人次增加到31.3万人次；2007—2008年，北京来自香港的入境游客数呈减少趋势，由31.3万人次减少到28.1万人次；2008—2009年，北京来自香港的入境游客数呈增加趋势，由28.1万人次增加到44.4万人次；2009—2010年，北京来自香港的入境游客数呈减少趋势，由44.4万人次减少到40.3万人次；2010—2011年，北京来自香港的入境游客数呈增加趋势，由40.3万人次增加到43.4万人次；2011—2014年，北京来自香港的入境游客数呈减少趋势，由43.4万人次减少到34.2万人次；2014—2016年，北京来自香港的入境游客数呈增加趋势，由34.2万人次增加到35.3万人次；2016—2017年，北京来自香港的入境游客数呈减少趋势，由35.3万人次减少到34.4万人次；2017—2018年，北京来自香港

的入境游客数呈增加趋势，由34.4万人次增加到34.8万人次；2018—2020年，北京来自香港的入境游客数呈减少趋势，由34.8万人次减少到4.8万人次。

从来自国外的入境游客数看，1991—2020年，北京来自国外的入境游客数呈波动性变化趋势。1991—1997年，北京来自国外的入境游客数呈增加趋势，由91.4万人次增加到186.9万人次；1997—1998年，北京来自国外的入境游客数呈减少趋势，由186.9万人次减少到178.2万人次；1998—2002年，北京来自国外的入境游客数呈增加趋势，由178.2万人次增加到266.5万人次；2002—2003年，北京来自国外的入境游客数呈减少趋势，由266.5万人次减少到152.7万人次；2003—2007年，北京来自国外的入境游客数呈增加趋势，由152.7万人次增加到382.6万人次；2007—2008年，北京来自国外的入境游客数呈减少趋势，由382.6万人次减少到335.7万人次；2008—2011年，北京来自国外的入境游客数呈增加趋势，由335.7万人次增加到447.4万人次；2011—2017年，北京来自国外的入境游客数呈减少趋势，由447.4万人次减少到332.0万人次；2017—2018年，北京来自国外的入境游客数呈增加趋势，由332.0万人次增加到339.8万人次；2018—2020年，北京来自国外的入境游客数呈减少趋势，由339.8万人次减少到26.4万人次。

关于北京入境游客客源地分布基本情况，除2020年受新冠疫情影响外，1991—2019年，北京入境游客总数、北京来自港澳台的入境游客数、北京来自国外的入境游客数总体上均呈现增加趋势。1991—2019年，北京入境游客总数总体上呈增加趋势，增加了1.86倍。北京来自我国港澳台地区的入境游客数总体上呈增加趋势，增加了47.12%，其中北京来自香港地区的入境游客数总体上呈增加趋势，增加了82.95%。北京来自国外的入境游客数总体上呈增加趋势，增加了2.51倍，其中北京来自日本的入境游客数总体上呈减少趋势，减少了10.51%；北京来自韩国的入境游客数总体上呈增加趋势，增加了4.63倍；北京来自美国的入境游客数总体上呈增加趋势，增加了5.62倍，北京来自英国的入境游客数总体上呈增加趋势，增加了2.56倍；北京来自法国的入境游客数总体上呈增加趋势，增加了2.24倍；北京来自德国的入境游客数总体上呈增加趋势，增加了2.30倍；北京来自俄罗斯的入境游客数总体上呈增加趋势，增加了1.74倍。1991—2020年北京入境游客客源地分布基本情况如表3-22所示。

表3-22　1991—2020年北京入境游客客源地分布基本情况

单位：万人次

年份	中国港澳台游客 中国香港	中国港澳台游客 总计	外国游客 日本	外国游客 韩国	外国游客 美国	外国游客 英国	外国游客 法国	外国游客 德国	外国游客 俄罗斯	外国游客 总计	入境游客合计
1991	17.6	38.2	27.6	4.3	9.5	4.3	3.7	6.0	3.5	91.4	132.0
1992	24.6	51.2	37.6	5.6	12.3	4.4	6.6	9.4	5.1	120.5	174.8
1993	29.4	52.8	39.3	7.3	14.3	5.3	6.9	12.0	7.7	145.0	202.8
1994	25.7	39.4	41.1	12.7	15.4	5.4	6.7	9.7	4.9	160.0	203.0
1995	25.4	36.3	42.4	17.3	17.4	5.8	6.2	8.8	6.2	166.5	207.0
1996	25.5	38.6	43.0	18.0	18.5	7.5	6.6	10.0	6.9	176.2	218.9
1997	26.3	40.3	43.0	19.4	21.7	9.0	6.5	9.1	6.5	186.9	229.8
1998	25.0	39.1	43.5	8.2	23.2	8.8	6.9	11.3	6.2	178.2	220.1
1999	26.5	44.1	45.6	19.2	24.1	8.8	7.9	10.5	4.6	205.0	252.4
2000	25.0	44.1	54.3	27.8	31.1	9.7	9.6	12.1	3.9	238.0	282.1
2001	26.9	45.9	50.7	32.7	33.1	11.1	10.2	12.3	4.9	239.9	285.8
2002	25.5	43.9	56.5	38.0	37.4	12.9	11.3	12.2	5.2	266.5	310.4
2003	21.7	32.4	29.2	24.5	19.4	8.1	5.5	6.3	5.2	152.7	185.1
2004	27.7	47.4	52.3	42.4	37.4	11.8	11.1	11.5	8.2	268.1	315.5
2005	31.4	51.3	45.0	45.3	46.5	13.9	13.6	14.6	9.7	311.6	362.9
2006	30.3	52.0	50.6	42.4	49.8	14.8	14.2	15.3	15.0	338.3	390.3
2007	31.3	52.9	58.8	44.4	60.3	17.0	16.4	17.5	18.3	382.6	435.5
2008	28.1	43.3	40.0	35.5	53.8	17.5	14.5	16.0	17.9	335.7	379.0
2009	44.4	69.6	46.2	35.2	57.9	16.3	12.9	16.8	15.0	342.9	412.5
2010	40.3	68.4	52.6	50.6	70.0	16.8	14.3	20.1	19.0	421.6	490.1
2011	43.4	73.0	51.0	53.4	78.9	18.8	15.0	22.2	20.5	447.4	520.4
2012	37.6	66.5	43.7	44.2	75.1	18.5	15.1	24.5	20.0	434.4	500.9
2013	35.4	62.5	24.9	37.7	74.7	17.5	13.4	23.0	16.7	387.6	450.1

续表

年份	中国港澳台游客		外国游客								入境游客合计
	中国香港	总计	日本	韩国	美国	英国	法国	德国	俄罗斯	总计	
2014	34.2	62.0	24.9	38.7	71.5	16.9	13.4	22.6	13.7	365.5	427.5
2015	34.9	62.4	25.8	41.6	69.4	17.2	15.3	21.2	10.3	357.6	420.0
2016	35.3	61.8	24.8	37.9	70.3	18.3	13.2	20.6	9.5	354.8	416.5
2017	34.4	60.6	24.2	23.5	67.3	16.5	12.3	19.4	9.3	332.0	392.6
2018	34.8	60.6	24.9	24.8	72.0	15.9	12.7	19.4	8.7	339.8	400.4
2019	32.2	56.2	24.7	24.2	62.9	15.3	12.0	19.8	9.6	320.7	376.9
2020	4.8	7.7	1.9	2.5	5.8	1.1	0.9	1.7	0.9	26.4	34.1

资料来源：《北京统计年鉴2021》。

三、文化企业发展现状

（一）广播电视企业单位

关于北京广播电视企业单位经营情况，2014—2020年总收入、营业收入、本年应缴税金、本年新增固定资产均呈现不同的变化趋势。

从总收入看，2014—2020年，北京广播电视企业单位总收入呈持续增长趋势，由4 279 236万元增加到31 681 421万元，增加了6.40倍。其中，从营业收入看，2014—2020年，北京广播电视企业单位营业收入呈持续增长趋势，由4 091 100万元增加到31 389 006万元，增加了6.67倍。

从本年应缴税金看，2014—2020年，北京广播电视企业单位本年应缴税金呈先增加后减少趋势。2014—2019年，北京广播电视企业单位本年应缴税金呈增加趋势，由236 211万元增加到1 570 305万元；2019—2020年，北京广播电视企业单位本年应缴税金呈减少趋势，由1 570 305万元减少到592 542万元。

从本年新增固定资产看，2014—2020年，北京广播电视企业单位本年新增固定资产呈波动性变化趋势。2014—2015年，北京广播电视企业单位本年新增固定资产呈增加趋势，由337 688万元增加到339 804万元；2015—2016年，北京广播电视企业单位本年新增固定资产呈减少趋势，由 339 804 万元减少到 241 504 万元；2016—2018 年，北京广播电视企业单位本年新增固定资产呈增长趋势，由 241 504 万元增加到 394 849 万元；2018—2019 年，北京广播电视企业单位本年新增固定资产呈减少趋势，由 394 849 万元减少到 176 179 万元；2019—2020 年，北京广播电视企业单位本年新增固定资产呈增加趋势，由 176 179 万元增加到 358 480 万元。

关于北京广播电视企业单位经营情况，2014—2020 年，北京广播电视企业单位总收入、营业收入、本年应缴税金、本年新增固定资产总体上均呈现增长趋势。2014—2020 年，北京广播电视企业单位总收入总体呈增长趋势，增长 6.40 倍；北京广播电视企业单位营业收入总体呈增长趋势，增长 6.67 倍；北京广播电视企业单位本年应缴税金总体呈增长趋势，增长 1.51 倍；北京广播电视企业单位本年新增固定资产总体呈增长趋势，增长 6.16%。2014—2020 年北京广播电视企业单位经营情况如表 3-23 所示。

表 3-23　2014—2020 年北京广播电视企业单位经营情况

单位：万元

年份	总收入	营业收入	本年应缴税金	本年新增固定资产
2014	4 279 236	4 091 100	236 211	337 688
2015	5 025 358	4 785 027	268 832	339 804
2016	6 979 565	6 737 667	434 147	241 504
2017	11 019 858	9 753 020	688 100	389 654
2018	17 195 715	17 002 824	744 734	394 849
2019	22 955 773	22 752 154	1 570 305	176 179
2020	31 681 421	31 389 006	592 542	358 480

资料来源：《中国文化及相关产业统计年鉴》。

关于北京广播电视企业单位创收情况，2014—2020 年，实际创收、广告收入、有线电视网络收入、广播电视节目销售收入均呈现出不同的变化趋势。

从实际创收看，2014—2020 年，北京广播电视企业单位实际创收呈持续增

第三章 北京文化产业全产业链结构的现状

长的趋势，由3 716 587万元增加到28 832 032万元，增加6.76倍。

从广告收入看，2014—2020年，北京广播电视企业单位广告收入呈持续增长趋势，由1 468 882万元增加到6 856 729万元，增加了3.67倍。

从有线电视网络收入看，2014—2020年，北京广播电视企业单位有线电视网络收入呈波动性变化趋势。2014—2015年，北京广播电视企业单位有线电视网络收入呈减少趋势，由383 274万元减少到261 703万元；2015—2016年，北京广播电视企业单位有线电视网络收入呈增加趋势，由261 703万元增加到346 539万元；2016—2019年，北京广播电视企业单位有线电视网络收入呈减少趋势，由346 539万元减少到239 948万元；2019—2020年，北京广播电视企业单位有线电视网络收入呈增加趋势，由239 948万元增加到274 107万元。

从广播电视节目销售收入看，2014—2020年，北京广播电视企业单位广播电视节目销售收入呈波动性变化趋势。2014—2016年，北京广播电视企业单位广播电视节目销售收入呈增加趋势，由528 092万元增加到1 013 300万元；2016—2018年，北京广播电视企业单位广播电视节目销售收入呈减少趋势，由1 013 300万元减少到783 760万元；2018—2019年，北京广播电视企业单位广播电视节目销售收入呈增加趋势，由783 760万元增加到827 744万元；2019—2020年，北京广播电视企业单位广播电视节目销售收入呈减少趋势，由827 744万元减少到542 541万元。

关于北京广播电视企业单位创收情况，2014—2020年，实际创收、广告收入、广播电视节目销售收入总体呈增加趋势，有线电视网络收入总体呈减少趋势。2014—2020年，北京广播电视企业单位实际创收总体呈增加趋势，增加6.76倍；北京广播电视企业单位广告收入总体呈增加趋势，增加3.67倍；北京广播电视企业单位有线电视网络收入总体呈减少趋势，减少28.48%；北京广播电视企业单位广播电视节目销售收入总体呈增加趋势，增加2.74%。2014—2020年北京广播电视企业单位创收情况如表3-24所示。

关于北京广播电视企业单位资产负债情况，2014—2020年，资产总额、固定资产净值、负债总额、所有者权益呈现出不同的变化趋势。

表3-24　2014—2020年北京广播电视企业单位创收情况

单位：万元

年份	实际创收	广告收入	有线电视网络收入	广播电视节目销售收入
2014	3 716 587	1 468 882	383 274	528 092
2015	4 573 167	1 825 236	261 703	671 681
2016	6 611 349	2 288 703	346 539	1 013 300
2017	9 556 332	3 504 446	279 196	882 392
2018	14 399 584	5 428 909	262 090	783 760
2019	20 809 222	6 660 057	239 948	827 744
2020	28 832 032	6 856 729	274 107	542 541

资料来源：《中国文化及相关产业统计年鉴》。

从资产总额看，2014—2020年，北京广播电视企业单位资产总额呈增长趋势，由9 268 231万元增加到54 837 639万元，增加了4.92倍。其中，从固定资产净值看，2014—2020年，北京广播电视企业单位固定资产净值呈现先增加后减少趋势。2014—2018年，北京广播电视企业单位固定资产净值呈增长趋势，由999 401万元增长到1 577 770万元；2018—2020年，北京广播电视企业单位固定资产净值呈减少趋势，由1 577 770万元减少到1 357 917万元。

从广播电视企业单位负债总额看，2014—2020年，北京广播电视企业单位负债总额呈增长趋势，由5 495 001万元增长到42 057 438万元，增加了6.65倍。

从广播电视企业单位所有者权益看，2014—2020年，北京广播电视企业单位所有者权益呈波动性增加趋势。2014—2017年，北京广播电视企业单位所有者权益呈增加趋势，由3 773 230万元增加到16 013 002万元；2017—2018年，北京广播电视企业单位所有者权益呈减少趋势，由16 013 002万元减少到9 819 711万元；2018—2020年，北京广播电视企业单位所有者权益呈增加趋势，由9 819 711万元增加到12 780 201万元。

根据北京广播电视企业单位资产负债情况，2014—2020年，北京广播电视企业单位资产总额、固定资产净值、负债总额、所有者权益总体呈现增长趋势。

2014—2020年，北京广播电视企业单位资产总额总体呈增长趋势，增长4.92倍；北京广播电视企业单位固定资产净值总体呈增长趋势，增长35.87%；北京广播电视企业单位负债总额总体呈增长趋势，增长6.65倍；北京广播电视企业单位所有者权益总体呈增长趋势，增长2.39倍。北京广播电视企业单位资产负债情况如表3-25所示。

表3-25 北京广播电视企业单位资产负债情况

单位：万元

年份	资产额 固定资产净值	资产额 总计	负债总额	所有者权益
2014	999 401	9 268 231	5 495 001	3 773 230
2015	1 095 719	14 403 740	8 410 511	5 993 229
2016	1 332 667	19 676 567	11 447 666	8 228 900
2017	1 437 091	30 960 881	16 243 691	16 013 002
2018	1 577 770	33 639 445	23 819 734	9 819 711
2019	1 442 897	46 222 919	34 574 122	11 648 797
2020	1 357 917	54 837 639	42 057 438	12 780 201

资料来源：《中国文化及相关产业统计年鉴》。

（二）动漫企业

关于北京动漫企业基本情况，2014—2020年，机构数、从业人员数、资产总额、营业收入、营业成本、营业利润、利润总额和发放工资额均呈现不同的变化趋势。

从机构数看，2014—2020年，北京动漫企业机构数呈先增加后减少趋势，但变化幅度不大。2014—2019年，北京动漫企业机构数呈增加趋势，由66家增长到67家；2019—2020年，北京动漫企业机构数呈减少趋势，由67家减少到65家。

从从业人员数看，2014—2020年，北京动漫企业从业人员数呈波动性变化趋势。2014—2018年，北京动漫企业从业人员数呈减少趋势，由2465人减少到

1390人；2018—2019年，北京动漫企业从业人员数呈增加趋势，由1390人增加到1582人；2019—2020年，北京动漫企业从业人员数呈减少趋势，由1582人减少到687人。

从资产总额看，2014—2020年，北京动漫企业资产总额呈现波动性变化趋势。2014—2016年，北京动漫企业资产总额呈增加趋势，由173 502万元增加到210 420万元；2016—2018年，北京动漫企业资产总额呈减少趋势，由210 420万元减少到113 478万元；2018—2019年，北京动漫企业资产总额呈增加趋势，由113 478万元增加到151 828万元；2019—2020年，北京动漫企业资产总额呈减少趋势，由151 828万元减少到49 816万元。

从营业收入看，2014—2020年，北京动漫企业营业收入呈波动性变化趋势。2014—2016年，北京动漫企业营业收入呈增加趋势，由43 743万元增加到68 045万元；2016—2018年，北京动漫企业营业收入呈减少趋势，由68 045万元减少到43 019万元；2018—2019年，北京动漫企业营业收入呈增加趋势，由43 019万元增加到61 967万元；2019—2020年，北京动漫企业营业收入呈减少趋势，由61 967万元减少到21 615万元。

从营业成本看，2014—2020年，北京动漫企业营业成本呈波动性变化趋势。2014—2016年，北京动漫企业营业成本呈增加趋势，由46 373万元增加到66 211万元；2016—2017年，北京动漫企业营业成本呈减少趋势，由66 211万元减少到49 261万元；2017—2019年，北京动漫企业营业成本呈增加趋势，由49 261万元增加到74 067万元；2019—2020年，北京动漫企业营业成本呈减少趋势，由74 067万元减少到20 260万元。

从营业利润看，2014—2020年，北京动漫企业营业利润呈波动性变化趋势。2014—2015年，北京动漫企业营业利润呈增加趋势，由-2630万元增加到6113万元；2015—2018年，北京动漫企业营业利润呈减少趋势，由6113万元减少到-26 290万元；2018—2020年，北京动漫企业营业利润呈增加趋势，由-26 290万元增加到1355万元。

从利润总额看，2014—2020年，北京动漫企业利润总额呈波动性变化趋势。

2014—2015年，北京动漫企业利润总额呈增加趋势，由539万元增加到8460万元；2015—2018年，北京动漫企业利润总额呈减少趋势，由8460万元减少到-25 717万元；2018—2020年，北京动漫企业利润总额呈增加趋势，由-25 717万元增加到1607万元。

从发放工资额看，2014—2020年，北京动漫企业发放工资额呈波动性变化趋势。2014—2016年，北京动漫企业发放工资额呈减少趋势，由16 698万元减少到15 492万元；2016—2019年，北京动漫企业发放工资额呈增加趋势，由15 492万元增加到19 441万元；2019—2020年，北京动漫企业发放工资额呈减少趋势，由19 441万元减少到8108万元。

关于北京动漫企业基本情况，2014—2020年，机构数、从业人员数、资产总额、营业收入、营业成本、发放工资额总体上呈减少趋势，而营业利润和利润总额呈增加趋势。2014—2020年，北京动漫企业机构数总体上呈减少趋势，减少1.52%；北京动漫企业从业人员数总体上呈减少趋势，减少72.13%；北京动漫企业资产总额呈减少趋势，减少71.29%；北京动漫企业营业收入总体上呈减少趋势，减少50.59%；北京动漫企业营业成本总体上呈减少趋势，减少56.31%；北京动漫企业营业利润总体上呈增加趋势，增加1.52倍；北京动漫企业利润总额总体上呈增加趋势，增加1.98倍；北京动漫企业发放工资额总体上呈减少趋势，减少51.44%。2014—2020年北京动漫企业基本情况如表3-26所示。

表3-26 2014—2020年北京动漫企业基本情况

年份	机构数/家	从业人员数/人	资产总额/万元	营业收入/万元	营业成本/万元	营业利润/万元	利润总额/万元	发放工资额/万元
2014	66	2465	173 502	43 743	46 373	-2630	539	16 698
2015	66	2389	196 168	67 935	61 823	6113	8460	15 582
2016	66	2323	210 420	68 045	66 211	1835	4987	15 492
2017	66	1661	160 136	49 740	49 261	479	116	15 866
2018	67	1390	113 478	43 019	69 309	-26 290	-25 717	16 924

续表

年份	机构数/家	从业人员数/人	资产总额/万元	营业收入/万元	营业成本/万元	营业利润/万元	利润总额/万元	发放工资额/万元
2019	67	1582	151 828	61 967	74 067	-12 100	-10 770	19 441
2020	65	687	49 816	21 615	20 260	1355	1607	8108

资料来源：《中国文化及相关产业统计年鉴》。

（三）文化娱乐企业

关于北京娱乐企业基本情况，2014—2020年，机构数、从业人员数、资产总额、营业收入、营业成本、营业利润呈现不同的变化趋势。

从机构数看，2014—2020年，北京娱乐企业机构数呈波动性变化趋势。2014—2015年，北京娱乐企业机构数呈减少趋势，由995个减少到987个；2015—2016年，北京娱乐企业机构数呈增加趋势，由987个增加到1023个；2016—2020年，北京娱乐企业机构数呈减少趋势，由1023个减少到449个。

从从业人员数看，2014—2020年，北京娱乐企业从业人员数呈先增加后减少的趋势。2014—2016年，北京娱乐企业从业人员数呈增加趋势，由10 055人增加到15 120人；2016—2020年，北京娱乐企业从业人员数呈减少趋势，由15 120人减少到5326人。

从资产总额看，2014—2020年，北京娱乐企业资产总额呈波动性变化趋势。2014—2015年，北京娱乐企业资产总额呈减少趋势，由1 677 237万元减少到279 051万元；2015—2016年，北京娱乐企业资产总额呈增加趋势，由279 051万元增加到411 973万元；2016—2018年，北京娱乐企业资产总额呈减少趋势，由411 973万元减少到137 955万元；2018—2019年，北京娱乐企业资产总额呈增加趋势，由137 955万元增加到391 398万元；2019—2020年，北京娱乐企业资产总额呈减少趋势，由391 398万元减少到120 710万元。

从营业收入看，2014—2020年，北京娱乐企业营业收入呈波动性变化趋势。2014—2015年，北京娱乐企业营业收入呈减少趋势，由575 031万元减少到

112 557万元；2015—2016年，北京娱乐企业营业收入呈增加趋势，由112 557万元增加到119 886万元；2016—2020年，北京娱乐企业营业收入呈减少趋势，由119 886万元减少到46 944万元。

从营业成本看，2014—2020年，北京娱乐企业营业成本呈波动性变化趋势。2014—2015年，北京娱乐企业营业成本呈减少趋势，由548 375万元减少到83 035万元；2015—2016年，北京娱乐企业营业成本呈增加趋势，由83 035万元增加到105 725万元；2016—2017年，北京娱乐企业营业成本呈减少趋势，由105 725万元减少到68 906万元；2017—2018年，北京娱乐企业营业成本呈增加趋势，由68 906万元增加到69 474万元；2018—2020年，北京娱乐企业营业成本呈减少趋势，由69 474万元减少到52 584万元。

从营业利润看，2014—2020年，北京娱乐企业营业利润呈波动性变化趋势。2014—2015年，北京娱乐企业营业利润呈增加趋势，由26 656万元增加到29 522万元；2015—2016年，北京娱乐企业营业利润呈减少趋势，由29 522万元减少到14 161万元；2016—2017年，北京娱乐企业营业利润呈增加趋势，由14 161万元增加到28 474万元；2017—2020年，北京娱乐企业营业利润呈减少趋势，由28 474万元减少到-5639万元。

关于北京娱乐企业基本情况，2014—2020年，北京娱乐企业机构数、从业人员数、资产总额、营业收入、营业成本、营业利润总体上均呈现减少趋势。2014—2020年，北京娱乐企业机构数总体上呈减少趋势，减少了54.87%；北京娱乐企业从业人员数总体上呈减少趋势，减少了47.03%；北京娱乐企业资产总额总体上呈减少趋势，减少了92.80%；北京娱乐企业营业收入总体上呈减少趋势，减少了91.84%；北京娱乐企业营业成本总体上呈减少趋势，减少了90.41%；北京娱乐企业营业利润总体上呈减少趋势，减少了121.15%。2014—2020年北京娱乐企业基本情况如表3-27所示。

关于北京网吧基本情况，2014—2020年，机构数、从业人员数、资产总额、营业收入、营业成本、营业利润呈现不同的变化趋势。

表 3-27 2014—2020 年北京娱乐企业基本情况

年份	机构数/个	从业人员数/人	资产总额/万元	营业收入/万元	营业成本/万元	营业利润/万元
2014	995	10 055	1 677 237	575 031	548 375	26 656
2015	987	13 035	279 051	112 557	83 035	29 522
2016	1023	15 120	411 973	119 886	105 725	14 161
2017	792	9318	254 891	97 379	68 906	28 474
2018	700	7718	137 955	90 936	69 474	21 462
2019	520	6220	391 398	69 711	61 896	7815
2020	449	5326	120 710	46 944	52 584	-5639

资料来源：《中国文化及相关产业统计年鉴》。

从机构数看，2014—2020 年，北京网吧数量呈波动性变化趋势。2014—2015 年，北京网吧数量呈减少趋势，由 939 个减少到 836 个；2015—2016 年，北京网吧数量呈增加趋势，由 836 个增加到 910 个；2016—2020 年，北京网吧数量呈减少趋势，由 910 个减少到 386 个。

从从业人员数看，2014—2020 年，北京网吧从业人员数呈波动性变化趋势。2014—2015 年，北京网吧从业人员数呈减少趋势，由 3940 人减少到 3877 人；2015—2016 年，北京网吧从业人员数呈增加趋势，由 3877 人增加到 4230 人；2016—2020 年，北京网吧从业人员数呈减少趋势，由 4230 人减少到 1723 人。

从资产总额看，2014—2020 年，北京网吧资产总额呈减少趋势，由 126 999 万元减少到 22 412 万元，减少了 82.35%。

从营业收入看，2014—2020 年，北京网吧营业收入呈减少趋势，由 76 852 万元减少到 7750 万元，减少了 89.92%。

从营业成本看，2014—2020 年，北京网吧营业成本呈先减少后增加趋势。2014—2019 年，北京网吧营业成本呈减少趋势，由 50 432 万元减少到 10 649 万元；2019—2020 年，北京网吧营业成本呈增加趋势，由 10 649 万元增加到 16 836 万元。

从营业利润看，2014—2020 年，北京网吧营业利润呈波动性变化趋势。2014—2016 年，北京网吧营业利润呈减少趋势，由 26 419 万元减少到 4649 万

第三章 北京文化产业全产业链结构的现状

元；2016—2017年，北京网吧营业利润呈增加趋势，由4649万元增加到5222万元；2017—2020年，北京网吧营业利润呈减少趋势，由5222万元减少到-9086万元。

关于北京网吧基本情况，2014—2020年，机构数、从业人员数、资产总额、营业收入、营业成本、营业利润总体上均呈现减少趋势。2014—2020年，北京网吧数量总体上呈减少趋势，减少了58.89%；北京网吧从业人员数总体上呈减少趋势，减少了56.27%；北京网吧资产总额总体上呈减少趋势，减少了82.35%；北京网吧营业收入总体上呈减少趋势，减少了89.92%；北京网吧营业成本总体上呈减少趋势，减少了66.62%；北京网吧营业利润总体上呈减少趋势，减少了134.39%。2014—2020年北京网吧基本情况如表3-28所示。

表3-28 2014—2020年北京网吧基本情况

年份	机构数/个	从业人员数/人	资产总额/万元	营业收入/万元	营业成本/万元	营业利润/万元
2014	939	3940	126 999	76 852	50 432	26 419
2015	836	3877	92 109	31 944	26 098	5846
2016	910	4230	62 572	23 817	19 168	4649
2017	753	3227	42 429	20 529	15 307	5222
2018	634	2507	29 566	12 010	10 692	1318
2019	445	1995	25 755	10 802	10 649	182
2020	386	1723	22 412	7750	16 836	-9086

资料来源：《中国文化及相关产业统计年鉴》。

四、文化事业发展现状

（一）文化事业单位

关于北京文化事业费基本情况，1995—2020年，文化事业费、文化事业费占财政支出比重、人均文化事业费均呈现波动性变化趋势。从文化事业费看，1995—1999年，北京文化事业费呈增加趋势，由8427万元增加到27 105万元；

1999—2000年，北京文化事业费有小幅度减少，由27 105万元减少到24 008万元；2000—2005年，北京文化事业费继续呈增加趋势，由24 008万元增加到64 587万元；2005—2006年，北京文化事业费有小幅度减少，由64 587万元减少到63 817万元；2006—2017年，北京文化事业费继续呈现增加趋势，由63 817万元增加到361 972万元；2017—2020年，北京文化事业费呈波动性变化趋势，由361 972万元减少到348 420万元，此后增加到474 695万元，然后再次下降，减少到463 029万元。

从文化事业费占财政支出比重看，1995—2020年，北京文化事业费占财政支出比重介于0.47%~0.77%，呈波动性变化趋势。其中，文化事业费占财政支出比重较高的3个年份是2007年、2008年和2020年，该比重分别为0.77%、0.76%和0.65%；文化事业费占财政支出比重较低的3个年份是2006年、2015年和2018年，该比重分别为0.49%、0.48%和0.47%。

从人均文化事业费看，1995—2020年，北京人均文化事业费呈波动性变化趋势。其中，人均文化事业费较高的3个年份是2019年、2020年和2017年，人均文化事业费分别为216.75元、211.53元和166.73元；人均文化事业费较低的3个年份是1997年、1996年和1995年，人均文化事业费分别为11.98元、9.08元和8.74元。

关于北京文化事业费基本情况，1995—2020年，文化事业费、文化事业费占财政支出比重、人均文化事业费均有很大幅度增加。其中，文化事业费由8427万元增加到463 029万元，增加了近54倍；文化事业费占财政支出比重由0.55%增加到0.65%；人均文化事业费由8.74元增加到211.53元，增加了23倍多。1995—2020年北京文化事业费基本情况如表3-29所示。

表3-29　1995—2020年北京文化事业费基本情况

年份	文化事业费 /万元	文化事业费占财政支出比重		人均文化事业费	
		比重/%	位次/位	经费/元	位次/位
1995	8427	0.55	28	8.74	2
1996	11 435	0.54	12	9.08	3

续表

年份	文化事业费/万元	文化事业费占财政支出比重 比重/%	文化事业费占财政支出比重 位次/位	人均文化事业费 经费/元	人均文化事业费 位次/位
1997	14 855	0.55	23	11.98	3
1998	18 435	0.54	16	14.80	2
1999	27 105	0.50	18	21.56	2
2000	24 008	0.54	14	17.37	2
2001	34 489	0.50	11	24.90	2
2002	35 359	0.56	7	30.94	2
2003	41 813	0.57	6	28.71	2
2004	51 113	0.57	6	34.24	2
2005	64 587	0.61	4	41.99	2
2006	63 817	0.49	10	40.36	2
2007	126 965	0.77	2	77.75	1
2008	128 139	0.76	2	87.40	1
2009	139 070	0.60	4	79.24	2
2010	161 693	0.60	2	82.44	1
2011	179 115	0.55	3	88.71	2
2012	228 738	0.62	4	110.55	2
2013	244 620	0.59	4	115.66	2
2014	249 386	0.55	3	115.91	3
2015	275 832	0.48	8	127.08	3
2016	352 798	0.55	—	160.70	—
2017	361 972	0.53	10	166.73	3
2018	348 420	0.47	16	161.75	3
2019	474 695	0.64	6	216.75	3
2020	463 029	0.65	—	211.53	—

资料来源：《中国文化文物统计年鉴》。

（二）广播电视行政事业单位

关于北京广播电视行政事业单位财务收支情况，2014—2020年，财务总收入和总支出均呈现波动性变化趋势，其中事业收入和其他收入呈相同的变化趋势，而财政补助收入和经营收入呈波动性变化趋势。

从财务总收入看，2014—2020年，北京广播电视行政事业单位财务总收入呈波动性变化趋势。2014—2015年，北京广播电视行政事业单位财务总收入呈增加趋势，由643 460万元增加到689 010万元；2015—2016年，北京广播电视行政事业单位财务总收入呈减少趋势，由689 010万元减少到633 912万元；2016—2018年，北京广播电视行政事业单位财务总收入呈增加趋势，由633 912万元增加到664 159万元；2018—2020年，北京广播电视行政事业单位财务总收入呈减少趋势，由664 159万元减少到569 153万元。

在北京广播电视行政事业单位财务总收入中，2014—2020年，财政补助收入呈波动性变化趋势。2014—2016年，财政补助收入呈增加趋势，由226 584万元增加到292 303万元；2016—2017年，财政补助收入呈减少趋势，由292 303万元减少到273 783万元；2017—2018年，财政补助收入呈增加趋势，由273 783万元增加到353 734万元；2018—2020年，财政补助收入呈减少趋势，由353 734万元减少到314 366万元。

在北京广播电视行政事业单位财务总收入中，2014—2020年，事业收入呈波动性减少趋势。2014—2015年，事业收入呈增加趋势，由331 186万元增加到381 871万元；2015—2016年，事业收入呈减少趋势，由381 871万元减少到291 228万元；2016—2017年，事业收入呈增加趋势，由291 228万元增加到358 641万元；2017—2020年，事业收入呈减少趋势，由358 641万元减少到227 276万元。

在北京广播电视行政事业单位财务总收入中，2014—2020年，经营收入呈波动性变化趋势。2014—2019年，经营收入呈增加趋势，由-998万元增加到17 830万元；2019—2020年，经营收入呈减少趋势，由17 830万元减少到15 506万元。

在北京广播电视行政事业单位财务总收入中，2014—2020年，其他收入呈波动性变化趋势。2014—2017年，其他收入呈减少趋势，由86 678万元减少到

12 287万元；2017—2019年，其他收入呈增加趋势，由12 287万元增加到15 921万元；2019—2020年，其他收入呈减少趋势，由15 921万元减少到12 005万元。

从财务总支出看，2014—2020年，北京广播电视行政事业单位财务总支出呈波动性变化趋势。2014—2015年，北京广播电视行政事业单位财务总支出呈增加趋势，由681 589万元增加到782 936万元；2015—2016年，北京广播电视行政事业单位财务总支出呈减少趋势，由782 936万元减少到657 375万元；2016—2018年，北京广播电视行政事业单位财务总支出呈增加趋势，由657 375万元增加到699 017万元；2018—2020年，北京广播电视行政事业单位财务总支出呈减少趋势，由699 017万元减少到567 628万元。

关于北京广播电视行政事业单位财务收支情况，2014—2020年，财务总收入总体上呈减少趋势，减少了11.55%。其中，财政补助收入总体上呈增加趋势，增加了38.74%；事业收入总体上呈减少趋势，减少了31.38%；经营收入总体上呈增加趋势，增加了16.54倍，并且2005—2006年实现了扭亏增盈；其他收入总体上呈减少趋势，减少了86.15%。2014—2020年，财务总支出总体上同样呈减少趋势，减少了16.72%。2014—2020年北京广播电视行政事业单位财务收支情况如表3-30所示。

表3-30　2014—2020年北京广播电视行政事业单位财务收支情况

单位：万元

年份	财务收入					财务总支出
	财政补助收入	事业收入	经营收入	其他收入	总计	
2014	226 584	331 186	-998	86 678	643 460	681 589
2015	240 565	381 871	-1996	68 570	689 010	782 936
2016	292 303	291 228	701	49 680	633 912	657 375
2017	273 783	358 641	2588	12 287	647 299	673 024
2018	353 734	285 840	10 361	14 224	664 159	699 017
2019	322 166	272 274	17 830	15 921	628 191	686 280
2020	314 366	227 276	15 506	12 005	569 153	567 628

资料来源：《中国文化及相关产业统计年鉴》。

（三）博物馆、图书馆、文物保护管理机构

关于北京博物馆基本情况，2014—2020年，北京博物馆数量、从业人员数、藏品数、基本陈列展览数、参观人次、门票销售总额、总收入、总支出、资产总额、实际使用房屋面积等呈现不同的变化趋势。

从机构数看，2014—2020年，北京博物馆数量呈波动性变化趋势。2014—2015年，北京博物馆数量略有减少，由41个减少到40个；2015—2018年，北京博物馆数量呈增加趋势，由40个增加到82个；2018—2020年，北京博物馆数量呈减少趋势，由82个减少到80个。

从从业人员数看，2014—2020年，北京博物馆从业人员数呈波动性变化趋势。2014—2015年，北京博物馆从业人员数呈增加趋势，由1222人增加到1260人；2015—2016年，北京博物馆从业人员数呈减少趋势，由1260人减少到1196人；2016—2018年，北京博物馆从业人员数呈增加趋势，由1196人增加到4433人；2018—2019年，北京博物馆从业人员数呈减少趋势，由4433人减少到3786人；2019—2020年，北京博物馆从业人员数呈增加趋势，由3786人增加到4323人。

从藏品数看，2014—2020年，北京博物馆藏品数呈先减少后增加趋势。2014—2015年，北京博物馆藏品数呈减少趋势，由1 251 584件（套）减少到1 229 829件（套）；2015—2020年，北京博物馆藏品数呈增加趋势，由1 229 829件（套）增加到2 192 500件（套）。

从基本陈列展览数看，2014—2020年，北京博物馆基本陈列展览数呈波动性变化趋势。2014—2015年，北京博物馆基本陈列展览数呈增加趋势，由236个增加到269个；2015—2016年，北京博物馆基本陈列展览数呈减少趋势，由269个减少到249个；2016—2018年，北京博物馆基本陈列展览数呈增加趋势，由249个增加到516个；2018—2020年，北京博物馆基本陈列展览数呈减少趋势，由516个减少到360个。

从参观人次看，2014—2020年，北京博物馆参观人次呈先增加后减少趋势。2014—2019年，北京博物馆参观人次呈增加趋势，由498万人次增加到

2489万人次；2020年受新冠疫情影响，参观人次下降到819万人次。

从门票销售总额看，2014—2020年，北京博物馆门票销售总额呈波动性变化趋势。2014—2015年，北京博物馆门票销售总额呈增加趋势，由2113万元增加到2739万元；2015—2016年，北京博物馆门票销售总额呈减少趋势，由2739万元减少到1241万元；2016—2017年，北京博物馆门票销售总额呈增加趋势，由1241万元增加到81 378万元；2017—2018年，北京博物馆门票销售总额呈减少趋势，由81 378万元减少到6431万元；2018—2019年，北京博物馆门票销售总额呈增加趋势，由6431万元增加到17 499万元；2019—2020年，北京博物馆门票销售总额呈减少趋势，由17 499万元减少到5627万元。

从总收入看，2014—2020年，北京博物馆总收入呈先减少后增加趋势。2014—2015年，北京博物馆总收入呈减少趋势，由69 262万元减少到61 007万元；2015—2020年，北京博物馆总收入呈增加趋势，由61 007万元增加到313 842万元。

从总支出看，2014—2020年，北京博物馆总支出呈波动性变化趋势。2014—2015年，北京博物馆总支出呈减少趋势，由72 980万元减少到66 252万元；2015—2019年，北京博物馆总支出呈增加趋势，由66 252万元增加到192 359万元；2019—2020年，北京博物馆总支出呈减少趋势，由192 359万元减少到164 718万元。

从资产总额看，2014—2020年，北京博物馆资产总额呈波动性变化趋势。2014—2018年，北京博物馆资产总额呈增加趋势，由178 698万元增加到671 682万元；2018—2019年，北京博物馆资产总额呈减少趋势，由671 682万元减少到612 993万元；2019—2020年，北京博物馆资产总额呈增加趋势，由612 993万元增加到760 858万元。

从实际使用房屋面积看，2014—2020年，北京博物馆实际使用房屋面积呈波动性变化趋势。2014—2015年，北京博物馆实际使用房屋面积呈减小趋势，由28.25万平方米减小到28.07万平方米；2015—2018年，北京博物馆实际使用房屋面积呈增加趋势，由28.07万平方米增加到99.44万平方米；2018—2020

年，北京博物馆实际使用房屋面积呈减小趋势，由99.44万平方米减小到91.74万平方米。

关于北京博物馆基本情况，2014—2020年，机构数、从业人员数、藏品数、基本陈列展览数、参观人次、门票销售总额、总收入、总支出、资产总额、实际使用房屋面积等总体上均呈现增长趋势。其中，机构数增长了95.12%，从业人员数增长了253.76%，藏品数增长了75.18%，基本陈列展览数增长了52.54%，参观人次增长了64.46%，门票销售总额增长了166.30%，总收入增加了353.12%，总支出增加了125.70%，资产总额增加了325.78%，实际使用房屋面积增加了224.74%。2014—2020年北京博物馆基本情况如表3-31所示。

表3-31 2014—2020年北京博物馆基本情况

年份	机构数/个	从业人员数/人	藏品数/件或套	基本陈列展览数/个	参观人次/万人次	门票销售总额/万元	总收入/万元	总支出/万元	资产总额/万元	实际使用房屋面积/万平方米
2014	41	1222	1 251 584	236	498	2113	69 262	72 980	178 698	28.25
2015	40	1260	1 229 829	269	579	2739	61 007	66 252	188 793	28.07
2016	41	1196	1 235 102	249	649	1241	78 498	77 912	192 323	50.14
2017	71	4000	1 940 011	415	1833	81 378	142 494	141 107	509 184	70.51
2018	82	4433	2 020 881	516	2375	6431	176 203	177 073	671 682	99.44
2019	81	3786	2 033 344	501	2489	17 499	191 308	192 359	612 993	92.83
2020	80	4323	2 192 500	360	819	5627	313 842	164 718	760 858	91.74

资料来源：《中国文化及相关产业统计年鉴》。

关于北京公共图书馆基本情况，2014—2020年，机构数、从业人员数、总藏量、流通量、阅览室座席数、总收入、总支出、资产总额、实际使用公用房屋面积等呈现不同的变化趋势。

从机构数看，2014—2020年，北京公共图书馆数量呈现减少趋势，但仅减少1个。其中，2014—2016年，北京公共图书馆数量为24个；2017—2020年，北京公共图书馆数量为23个。

从从业人员数看，2014—2020年，北京公共图书馆从业人员数呈现先减少后增加的趋势。2014—2019年，北京公共图书馆从业人员数呈减少趋势，由1278人小幅度减少到1218人；2019—2020年，北京公共图书馆从业人员数略有增加，由1218人增加到1228人。其中，从专业技术人员数看，2014—2020年，北京公共图书馆专业技术人员数呈波动性变化趋势。2014—2015年，北京公共图书馆专业技术人员数呈增加趋势，由1026人增加到1054人；2015—2017年，北京公共图书馆专业技术人员数呈减少趋势，由1054人减少到1014人；2017—2018年，北京公共图书馆专业技术人员数呈增加趋势，由1014人增加到1018人；2018—2020年，北京公共图书馆专业技术人员数呈减少趋势，由1018人减少到997人。

从总藏量看，2014—2020年，北京公共图书馆总藏量呈增加趋势，由2223.3万册（件）增加到3133.1万册（件），增加了40.92%。其中，从图书藏量看，2014—2020年，北京公共图书馆图书藏量呈增加趋势，由1973.0万册（件）增加到2901.3万册（件），增加了47.05%。从本年新购藏量看，2014—2020年，北京公共图书馆本年新购藏量呈波动性变化趋势。2014—2016年，北京公共图书馆本年新购藏量呈增加趋势，由114.0万册增加到226.1万册；2016—2017年，北京公共图书馆本年新购藏量呈减少趋势，由226.1万册减少到134.8万册；2017—2018年，北京公共图书馆本年新购藏量呈增加趋势，由134.8万册增加到191.9万册；2018—2020年，北京公共图书馆本年新购藏量呈减少趋势，由191.9万册减少到119.1万册。

从有效借书证数看，2014—2020年，北京公共图书馆有效借书证数呈先增加后减少趋势。2014—2019年，北京公共图书馆有效借书证数呈增加趋势，由980 000个增加到1 833 010个；2019—2020年，北京公共图书馆有效借书证数略有减少，由1 833 010个减少到1 802 744个。

从流通量看，2014—2020年，北京公共图书馆流通量呈先增加后减少趋势。2014—2019年，北京公共图书馆流通量呈增加趋势，由1145.83万人次增加到1968.70万人次；2019—2020年，受新冠疫情影响，北京公共图书馆流通量呈减少趋势，由1968.70万人次减少到412.80万人次。其中，从书刊文献外借人次看，2014—2020年，北京公共图书馆书刊文献外借人次呈波动性变化趋势。2014—2016年，北京公共图书馆书刊文献外借人次呈增加趋势，由394.9万人次增加到510.5万人次；2016—2017年，北京公共图书馆书刊文献外借人次呈减少趋势，由510.5万人次减少到390.8万人次；2017—2018年，北京公共图书馆书刊文献外借人次呈增加趋势，由390.8万人次增加到466.3万人次；2018—2020年，北京公共图书馆书刊文献外借人次呈减少趋势，由466.3万人次减少到82.1万人次，特别是2020年，受新冠疫情影响减少幅度较大。从书刊文献外借册次看，2014—2020年，北京公共图书馆书刊文献外借册次呈波动性变化趋势。2014—2015年，北京公共图书馆书刊文献外借册次呈减少趋势，由953.1万册次减少到940.4万册次；2015—2019年，北京公共图书馆书刊文献外借册次呈增加趋势，由940.4万册次增加到1266.1万册次；2019—2020年，受新冠疫情影响，北京公共图书馆书刊文献外借册次呈减少趋势，由1266.1万册次减少到308.6万册次。

从阅览室座席数看，2014—2020年，北京公共图书馆阅览室座席数呈波动性变化趋势。2014—2015年，北京公共图书馆阅览室座席数呈减少趋势，由15 908个减少到15 469个；2015—2017年，北京公共图书馆阅览室座席数呈增加趋势，由15 469个增加到17 637个；2017—2019年，北京公共图书馆阅览室座席数呈减少趋势，由17 637个减少到15 510个；2019—2020年，北京公共图书馆阅览室座席数呈增加趋势，由15 510个增加到16 275个。

从总收入看，2014—2020年，北京公共图书馆总收入呈现先增加后减少的趋势。2014—2018年，北京公共图书馆总收入呈增加趋势，由50 519.0万元增加到77 802.0万元；2018—2020年，北京公共图书馆总收入呈减少趋势，由77 802.0万元减少到74 140.0万元。

从总支出看，2014—2020年，北京公共图书馆总支出呈现先增加后减少的趋势。2014—2019年，北京公共图书馆总支出呈增加趋势，由51 956.9万元增加到74 400.0万元；2019—2020年，北京公共图书馆总支出呈减少趋势，由74 400.0

第三章 北京文化产业全产业链结构的现状

万元减少到 71 609.2 万元。

从资产总额看，2014—2020 年，北京公共图书馆资产总额呈现波动性变化趋势。2014—2017 年，北京公共图书馆资产总额呈增加趋势，由 219 628.0 万元增加到 273 070.4 万元；2017—2019 年，北京公共图书馆资产总额呈减少趋势，由 273 070.4 万元减少到 233 198.0 万元；2019—2020 年，北京公共图书馆资产总额呈增加趋势，由 233 198.0 万元增加到 238 573.6 万元。其中，从固定资产原值看，北京公共图书馆固定资产原值呈现波动性变化趋势。2014—2017 年，北京公共图书馆固定资产原值呈增加趋势，由 147 206.3 万元增加到 195 818.6 万元；2017—2018 年，北京公共图书馆固定资产原值呈减少趋势，由 195 818.6 万元减少到 192 574.0 万元；2018—2019 年，北京公共图书馆固定资产原值呈增加趋势，由 192 574.0 万元增加到 197 237.5 万元；2019—2020 年，北京公共图书馆固定资产原值呈减少趋势，由 197 237.5 万元减少到 156 519.4 万元。

从实际使用公用房屋面积看，2014—2020 年，北京公共图书馆实际使用公用房屋面积呈现波动性变化趋势。2014—2015 年，北京公共图书馆实际使用公用房屋面积呈减小趋势，由 24.90 万平方米减小到 24.70 万平方米；2015—2017 年，北京公共图书馆实际使用公用房屋面积呈增加趋势，由 24.70 万平方米增加到 30.00 万平方米；2017—2018 年，北京公共图书馆实际使用公用房屋面积呈减小趋势，由 30.00 万平方米减小到 29.80 万平方米；2018—2020 年，北京公共图书馆实际使用公用房屋面积呈增加趋势，由 29.80 万平方米增加到 29.90 万平方米。其中，从书库面积看，2014—2020 年，北京公共图书馆书库面积呈现波动性变化趋势。2014—2015 年，北京公共图书馆书库面积呈减小趋势，由 4.70 万平方米减小到 4.60 万平方米；2015—2017 年，北京公共图书馆书库面积呈增加趋势，由 4.60 万平方米增加到 6.00 万平方米；2017—2018 年，北京公共图书馆书库面积呈减小趋势，由 6.00 万平方米减小到 5.80 万平方米；2018—2020 年，北京公共图书馆书库面积呈增加趋势，由 5.80 万平方米增加到 6.32 万平方米。从阅览室面积看，2014—2020 年，北京公共图书馆阅览室面积呈现波动性变化趋势。2014—2015 年，北京公共图书馆阅览室面积呈减小趋势，由 6.50 万

北京文化产业创新扩散与全产业链结构优化研究

平方米减小到6.40万平方米；2015—2018年，北京公共图书馆阅览室面积呈增加趋势，由6.40万平方米增加到7.60万平方米；2018—2020年，北京公共图书馆阅览室面积呈减小趋势，由7.60万平方米减小到7.12万平方米。

关于北京公共图书馆基本情况，2014—2020年，除机构数、从业人员数及其专业技术人员数总体上呈减少趋势外，总藏量及其图书藏量、本年新购藏量、有效借书证数、流通量及书刊文献外借人次、书刊文献外借册次、阅览室座席数、总收入、总支出、资产总额及其固定资产原值、实际使用公用房屋面积及其书库面积和阅览室面积总体上均呈现减少趋势。2014—2020年，北京公共图书馆数量总体上呈减少趋势，减少了4.17%；北京公共图书馆从业人员数总体上呈减少趋势，减少了3.91%；北京公共图书馆专业技术人员数总体上呈减少趋势，减少了2.83%；北京公共图书馆总藏量总体上呈增加趋势，增加了40.92%；北京公共图书馆图书藏量总体上呈增加趋势，增加了47.05%；北京公共图书馆本年新购藏量总体上呈增加趋势，增加了4.47%；北京公共图书馆有效借书证数总体上呈增加趋势，增加了83.95%；北京公共图书馆流通量总体上呈增加趋势（除2020年受新冠疫情影响外），增加了71.81%（2014—2019年）；北京公共图书馆书刊文献外借人次总体上呈增加趋势（除2020年受新冠疫情影响外），增加了12.71%（2014—2019年）；北京公共图书馆书刊文献外借册次总体上呈增加趋势（除2020年受新冠疫情影响外），增加了32.84%（2014—2019年）；北京公共图书馆阅览室座席数总体上呈增加趋势，增加了2.31%；北京公共图书馆总收入总体上呈增加趋势，增加了46.76%；北京公共图书馆总支出总体上呈增加趋势，增加了37.82%；北京公共图书馆资产总额总体上呈增加趋势，增加了8.63%；北京公共图书馆固定资产原值总体上呈增加趋势，增加了6.33%；北京公共图书馆实际使用公用房屋面积总体上呈增加趋势，增加了20.08%；北京公共图书馆书库面积总体上呈增加趋势，增加了34.47%；北京公共图书馆阅览室面积总体上呈增加趋势，增加了9.54%。2014—2020年北京公共图书馆基本情况如表3-32~表3-34所示。

第三章 北京文化产业全产业链结构的现状

表3-32　2014—2020年北京公共图书馆基本情况（a）

年份	机构数/个	从业人员数/人	专业技术人员数/人	总藏量/万册（件）	图书藏量/万册（件）	本年新购藏量/万册（件）
2014	24	1278	1026	2223.3	1973.0	114.0
2015	24	1263	1054	2424.5	2134.8	196.2
2016	24	1249	1050	2594.4	2324.5	226.1
2017	23	1239	1014	2759.1	2448.5	134.8
2018	23	1229	1018	2876.4	2640.0	191.9
2019	23	1218	1009	3012.3	2805.9	171.1
2020	23	1228	997	3133.1	2901.3	119.1

资料来源：《中国文化及相关产业统计年鉴》。

表3-33　2014—2020年北京公共图书馆基本情况（b）

年份	有效借书证数/个	流通总量/万人次	书刊文献外借人次/万人次	书刊文献外借册次/万册次	阅览室座席数/个
2014	980 000	1145.83	394.9	953.1	15 908
2015	1 036 550	1263.94	394.3	940.4	15 469
2016	1 052 788	1401.90	510.5	1025.7	17 316
2017	1 387 129	1555.30	390.8	1047.2	17 637
2018	1 700 638	1903.30	466.3	1202.8	16 433
2019	1 833 010	1968.70	445.1	1266.1	15 510
2020	1 802 744	412.80	82.1	308.6	16 275

资料来源：《中国文化及相关产业统计年鉴》。

表3-34　2014—2020年北京公共图书馆基本情况（c）

年份	总收入/万元	总支出/万元	资产总额/万元	固定资产原值/万元	实际使用公用房屋面积/万平方米	书库面积/万平方米	阅览室面积/万平方米
2014	50 519.0	51 956.9	219 628.0	147 206.3	24.90	4.70	6.50
2015	60 690.6	59 615.8	235 327.5	159 408.7	24.70	4.60	6.40
2016	61 089.9	61 590.3	266 432.3	189 871.0	27.50	5.60	7.20

续表

年份	总收入/万元	总支出/万元	资产总额/万元	固定资产原值/万元	实际使用公用房屋面积/万平方米	书库面积/万平方米	阅览室面积/万平方米
2017	66 724.0	65 118.3	273 070.4	195 818.6	30.00	6.00	7.60
2018	77 802.0	74 258.8	270 177.7	192 574.0	29.80	5.80	7.60
2019	77 215.4	74 400.0	233 198.0	197 237.5	29.81	5.82	7.32
2020	74 140.0	71 609.2	238 573.6	156 519.4	29.90	6.32	7.12

资料来源：《中国文化及相关产业统计年鉴》。

关于北京文物保护管理机构基本情况，2014—2020年，机构数、从业人员数、专业技术人员数、藏品数、基本陈列展览数、参观人次、门票总额、总收入、总支出、资产总额、固定资产原值、实际使用公用房屋面积、展览用房面积、文物库房面积等呈现不同的变化趋势。

从机构数看，2014—2020年，北京文物保护管理机构数保持不变，始终保持在26个。

从从业人员数看，2014—2020年，北京文物保护管理机构从业人员数呈波动性变化趋势。2014—2016年，北京文物保护管理机构从业人员数呈减少趋势，由2787人减少到2546人；2016—2017年，北京文物保护管理机构从业人员数呈增加趋势，由2546人增加到2814人；2017—2019年，北京文物保护管理机构从业人员数呈减少趋势，由2814人减少到1717人；2019—2020年，北京文物保护管理机构从业人员数呈增加趋势，由1717人增加到1805人。其中，从专业技术人员数看，2014—2020年，北京文物保护管理机构专业技术人员数呈波动性变化趋势。2014—2016年，北京文物保护管理机构专业技术人员数呈减少趋势，由239人减少到195人；2016—2017年，北京文物保护管理机构专业技术人员数呈增加趋势，由195人增加到206人；2017—2018年，北京文物保护管理机构专业技术人员数呈减少趋势，由206人减少到191人；2018—2020年，北京文物保护管理机构专业技术人员数呈增加趋势，由191人增加到290人。

第三章 北京文化产业全产业链结构的现状

从藏品数看，2014—2020年，北京文物保护管理机构藏品数呈波动性变化趋势。2014—2015年，北京文物保护管理机构藏品数呈减少趋势，由32 406件（套）减少到25 687件（套）；2015—2017年，北京文物保护管理机构藏品数呈增加趋势，由25 687件（套）增加到30 162件（套）；2017—2019年，北京文物保护管理机构藏品数呈减少趋势，由30 162件（套）减少到21 949件（套）；2019—2020年，北京文物保护管理机构藏品数呈增加趋势，由21 949件（套）增加到23 384件（套）。

从基本陈列展览数看，2014—2020年，北京文物保护管理机构基本陈列展览数呈波动性变化趋势。2014—2015年，北京文物保护管理机构基本陈列展览数呈减少趋势，由47个减少到44个；2015—2016年，北京文物保护管理机构基本陈列展览数呈增加趋势，由44个增加到49个；2016—2020年，北京文物保护管理机构基本陈列展览数呈减少趋势，由49个减少到28个。

从参观人次看，2014—2020年，北京文物保护管理机构参观人次呈波动性变化趋势。2014—2015年，北京文物保护管理机构参观人次呈增加趋势，由1350.1万人次增加到1489.8万人次；2015—2017年，北京文物保护管理机构参观人次呈减少趋势，由1489.8万人次减少到1341.0万人次；2017—2019年，北京文物保护管理机构参观人次呈增加趋势，由1341.0万人次增加到1475.2万人次；2019—2020年，北京文物保护管理机构参观人次呈减少趋势，由1475.2万人次减少到322.6万人次。

从门票总额看，2014—2020年，北京文物保护管理机构门票总额呈波动性变化趋势。2014—2016年，北京文物保护管理机构门票总额呈减少趋势，由42 421万元减少到40 796万元；2016—2017年，北京文物保护管理机构门票总额呈增加趋势，由40 796万元增加到43 232万元；2017—2018年，北京文物保护管理机构门票总额呈减少趋势，由43 232万元减少到43 101万元；2018—2019年，北京文物保护管理机构门票总额呈增加趋势，由43 101万元增加到44 421万元；2019—2020年，北京文物保护管理机构门票总额呈减少趋势，由44 421万元减少到9246万元。

从总收入看，2014—2020年，北京文物保护管理机构总收入呈波动性变化趋势。2014—2015年，北京文物保护管理机构总收入呈增加趋势，由102 997万元增加到159 922万元；2015—2016年，北京文物保护管理机构总收入呈减少趋势，由159 922万元减少到104 612万元；2016—2017年，北京文物保护管理机构总收入呈增加趋势，由104 612万元增加到155 220万元；2017—2018年，北京文物保护管理机构总收入呈减少趋势，由155 220万元减少到99 990万元；2018—2019年，北京文物保护管理机构总收入呈增加趋势，由99 990万元增加到119 940万元；2019—2020年，北京文物保护管理机构总收入呈减少趋势，由119 940万元减少到112 687万元。

从总支出看，2014—2020年，北京文物保护管理机构总支出呈波动性变化趋势。2014—2015年，北京文物保护管理机构总支出呈增加趋势，由95 552万元增加到151 979万元；2015—2016年，北京文物保护管理机构总支出呈减少趋势，由151 979万元减少到113 198万元；2016—2017年，北京文物保护管理机构总支出呈增加趋势，由113 198万元增加到168 896万元；2017—2018年，北京文物保护管理机构总支出呈减少趋势，由168 896万元减少到99 867万元；2018—2020年，北京文物保护管理机构总支出呈增加趋势，由99 867万元增加到115 517万元。

从资产总额看，2014—2020年，北京文物保护管理机构资产总额呈波动性变化趋势。2014—2016年，北京文物保护管理机构资产总额呈增加趋势，由117 859万元增加到183 073万元；2016—2019年，北京文物保护管理机构资产总额呈减少趋势，由183 073万元减少到100 043万元；2019—2020年，北京文物保护管理机构资产总额呈增加趋势，由100 043万元增加到104 590万元。其中，从固定资产原值看，2014—2020年，北京文物保护管理机构固定资产原值呈先增加后减少趋势。2014—2016年，北京文物保护管理机构固定资产原值呈增加趋势，由23 081万元增加到33 482万元；2016—2020年，北京文物保护管理机构固定资产原值呈减少趋势，由33 482万元减少到22 208万元。

从实际使用公用房屋面积看，2014—2020年，北京文物保护管理机构实

第三章 北京文化产业全产业链结构的现状

使用公用房屋面积呈波动性变化趋势。2014—2016年，北京文物保护管理机构实际使用公用房屋面积呈减小趋势，由11.91万平方米减小到11.63万平方米；2016—2017年，北京文物保护管理机构实际使用公用房屋面积呈增加趋势，由11.63万平方米增加到11.70万平方米；2017—2020年，北京文物保护管理机构实际使用公用房屋面积呈减小趋势，由11.70万平方米减小到9.67万平方米。其中，从展览用房面积看，2014—2020年，北京文物保护管理机构展览用房面积呈波动性变化趋势。2014—2017年，北京文物保护管理机构展览用房面积呈增加趋势，由2.08万平方米增加到2.31万平方米；2017—2019年，北京文物保护管理机构展览用房面积呈减小趋势，由2.31万平方米减小到1.31万平方米；2019—2020年，北京文物保护管理机构展览用房面积呈增加趋势，由1.31万平方米增加到1.56万平方米。从文物库房面积看，2014—2020年，北京文物保护管理机构文物库房面积呈波动性变化趋势。2014—2018年，北京文物保护管理机构文物库房面积呈增加趋势，由0.13万平方米增加到0.23万平方米；2018—2019年，北京文物保护管理机构文物库房面积呈减小趋势，由0.23万平方米减小到0.14万平方米；2019—2020年，北京文物保护管理机构文物库房面积呈增加趋势，由0.14万平方米增加到0.17万平方米。

关于北京文物保护管理机构基本情况，2014—2020年，机构数、从业人员数、专业技术人员数、藏品数、基本陈列展览数、参观人次、门票总额、总收入、总支出、资产总额、固定资产原值、实际使用公用房屋面积、展览用房面积、文物库房面积等呈现不同的变化趋势。2014—2020年，北京文物保护管理机构数总体上没有发生变化；北京文物保护管理机构从业人员数总体上呈减少趋势，减少了35.24%；北京文物保护管理机构专业技术人员数总体上呈增加趋势，增加了21.34%；北京文物保护管理机构藏品数总体上呈减少趋势，减少了27.84%；北京文物保护管理机构基本陈列展览数总体上呈减少趋势，减少了40.43%；北京文物保护管理机构参观人次总体上呈增加趋势（除2020年受新冠疫情影响外），增加了9.27%（2014—2019年）；北京文物保护管理机构门票总额总体上呈增加趋势（除2020年受新冠疫情影响外），增加了4.71%（2014—

2019年);北京文物保护管理机构总收入总体上呈增加趋势,增加了9.41%;北京文物保护管理机构总支出总体上呈增加趋势,增加了20.89%;北京文物保护管理机构资产总额总体上呈减少趋势,减少了11.26%;北京文物保护管理机构固定资产原值总体上呈减少趋势,减少了3.78%;北京文物保护管理机构实际使用公用房屋面积总体上呈减小趋势,减小了18.81%;北京文物保护管理机构展览用房面积总体上呈减小趋势,减小了25%;北京文物保护管理机构文物库房面积总体上呈增加趋势,增加了30.77%。2014—2020年北京文物保护管理机构基本情况如表3-35、表3-36所示。

表3-35 2014—2020年北京文物保护管理机构基本情况(a)

年份	机构数/个	从业人员数/人	专业技术人员数/人	藏品数/件或套	基本陈列展览数/个	参观人次/万人次	门票总额/万元
2014	26	2787	239	32 406	47	1350.1	42 421
2015	26	2651	205	25 687	44	1489.8	40 967
2016	26	2546	195	26 210	49	1345.4	40 796
2017	26	2814	206	30 162	40	1341.0	43 232
2018	26	2580	191	22 701	31	1407.1	43 101
2019	26	1717	193	21 949	31	1475.2	44 421
2020	26	1805	290	23 384	28	322.6	9246

资料来源:《中国文化及相关产业统计年鉴》。

表3-36 2014—2020年北京文物保护管理机构基本情况(b)

年份	总收入/万元	总支出/万元	资产总额/万元	固定资产原值/万元	实际使用公用房屋面积/万平方米	展览用房面积/万平方米	文物库房面积/万平方米
2014	102 997	95 552	117 859	23 081	11.91	2.08	0.13
2015	159 922	151 979	122 857	31 473	11.74	2.09	0.13
2016	104 612	113 198	183 073	33 482	11.63	2.29	0.19
2017	155 220	168 896	115 972	32 124	11.70	2.31	0.19
2018	99 990	99 867	107 876	32 002	10.01	1.51	0.23

续表

年份	总收入/万元	总支出/万元	资产总额/万元	固定资产原值/万元	实际使用公用房屋面积/万平方米	展览用房面积/万平方米	文物库房面积/万平方米
2019	119 940	113 245	100 043	31 494	9.75	1.31	0.14
2020	112 687	115 517	104 590	22 208	9.67	1.56	0.17

资料来源：《中国文化及相关产业统计年鉴》。

关于北京文物科研机构基本情况，2015—2020年机构数、从业人员数、专业技术人员数、藏品数、总收入、总支出、资产总额、固定资产原值、实际使用公用房屋面积等呈现不同的变化趋势。

从机构数看，2015—2020年，北京文物科研机构数始终为2个，保持不变。

从从业人员数看，2015—2020年，北京文物科研机构从业人员数呈现波动性变化趋势。2015—2016年，北京文物科研机构从业人员数呈减少趋势，由97人减少到94人；2016—2019年，北京文物科研机构从业人员数呈增加趋势，由94人增加到140人；2019—2020年，北京文物科研机构从业人员数略有减少，由140人减少到139人。其中，从专业技术人员数看，2015—2020年，北京文物科研机构专业技术人员数呈现波动性变化趋势。2015—2016年，北京文物科研机构专业技术人员数呈减少趋势，由51人减少到50人；2016—2018年，北京文物科研机构专业技术人员数呈增加趋势，由50人增加到69人；2018—2020年，北京文物科研机构专业技术人员数略有减少，由69人减少到68人。

从藏品数看，2015—2020年，北京文物科研机构藏品数呈现增长趋势，由2053件（套）增加到27 754件（套），增加了12.52倍。

从总收入看，2015—2020年，北京文物科研机构总收入呈先增加后减少趋势。2015—2019年，北京文物科研机构总收入呈增加趋势，由20 428万元增加到51 372万元；2019—2020年，北京文物科研机构总收入呈减少趋势，由51 372万元减少到34 697万元。

从总支出看，2015—2020年，北京文物科研机构总支出呈波动性变化趋势。2015—2016年，北京文物科研机构总支出呈减少趋势，由21 967万元减少到17 123万元；2016—2019年，北京文物科研机构总支出呈增加趋势，由17 123万元增加到52 098万元；2019—2020年，北京文物科研机构总支出呈减少趋势，由52 098万元减少到44 978万元。

从资产总额看，2015—2020年，北京文物科研机构资产总额呈先增加后减少趋势。2015—2018年，北京文物科研机构资产总额呈增加趋势，由32 164万元增加到81 259万元；2018—2020年，北京文物科研机构资产总额呈减少趋势，由81 259万元减少到75 581万元。其中，从固定资产原值看，2015—2020年，北京文物科研机构固定资产原值呈先增加后减少趋势。2015—2018年，北京文物科研机构固定资产原值呈增加趋势，由1038万元增加到3048万元；2018—2020年，北京文物科研机构固定资产原值呈减少趋势，由3048万元减少到1806万元。

从实际使用公用房屋面积看，2015—2020年，北京文物科研机构实际使用公用房屋面积始终为0.31万平方米，保持不变。

关于北京文物科研机构基本情况，2015—2020年，除机构数和实际使用公用房屋面积始终未发生变化外，从业人员数及其专业技术人员数、藏品数、总收入、总支出、资产总额及其固定资产原值总体上均呈现增长趋势。2015—2020年，北京文物科研机构从业人员数总体上呈增加趋势，增加了43.30%；北京文物科研机构专业技术人员数总体上呈增加趋势，增加了33.33%；北京文物科研机构藏品数总体上呈增加趋势，增加了12.52倍；北京文物科研机构总收入总体上呈增加趋势，增加了69.85%；北京文物科研机构总支出总体上呈增加趋势，增加了104.75%；北京文物科研机构资产总额总体上呈增加趋势，增加了134.99%；北京文物科研机构固定资产原值总体上呈增加趋势，增加了73.99%。2015—2020年北京文物科研机构基本情况如表3-37所示。

第三章　北京文化产业全产业链结构的现状

表3-37　2015—2020年北京文物科研机构基本情况

年份	机构数/个	从业人员数/人	专业技术人员数/人	藏品数/件或套	总收入/万元	总支出/万元	资产总额/万元	固定资产原值/万元	实际使用公用房屋面积/万平方米
2015	2	97	51	2053	20 428	21 967	32 164	1038	0.31
2016	2	94	50	12 341	36 225	17 123	51 208	1066	0.31
2017	2	96	65	12 341	44 400	25 279	70 287	1163	0.31
2018	2	102	70	12 341	46 535	36 676	81 259	3048	0.31
2019	2	140	69	12 341	51 372	52 098	77 542	2847	0.31
2020	2	139	68	27 754	34 697	44 978	75 581	1806	0.31

资料来源：《中国文化及相关产业统计年鉴》。

（四）群众文化机构

关于北京群众文化机构基本情况，2014—2020年，机构数、从业人员数、组织文艺活动次数、组织文艺活动观看人次、举办训练班班次和培训人次、举办展览个数和参观人次、总收入、总支出、资产总额、实际使用房屋面积均呈现出不同的变化趋势。

从机构数看，2014—2020年，北京群众文化机构数呈现波动性变化趋势。2014—2016年，北京群众文化机构数呈增加趋势，由346个增加到352个；2016—2018年，北京群众文化机构数呈减少趋势，由352个减少到350个；2018—2020年，北京群众文化机构数呈增加趋势，由350个增加到356个。

从从业人员数看，2014—2020年，北京群众文化机构从业人员数呈增加趋势，由2500人增加到3692人，增加了47.68%。

从组织文艺活动次数看，2014—2020年，北京群众文化机构组织文艺活动次数呈先增加后减少的趋势。2014—2019年，北京群众文化机构组织文艺活动次数呈增加趋势，由26 297次增加到47 132次；2019—2020年，北京群众文化机构组织文艺活动次数呈减少趋势，由47 132次减少到27 418次。

从组织文艺活动观看人次看，2014—2020年，北京群众文化机构组织文艺活动观看人次呈先增加后减少趋势。2014—2019年，北京群众文化机构组织文艺活动观看人次呈增加趋势，由570.3万人次增加到1338.3万人次；2019—2020年，北京群众文化机构组织文艺活动观看人次呈减少趋势，由1338.3万人次减少到727.5万人次。

从举办训练班班次看，2014—2020年，北京群众文化机构举办训练班班次呈波动性变化趋势。2014—2015年，北京群众文化机构举办训练班班次呈增加趋势，由27 707班次增加到37 433班次；2015—2016年，北京群众文化机构举办训练班班次呈减少趋势，由37 433班次减少到35 682班次；2016—2019年，北京群众文化机构举办训练班班次呈增加趋势，由35 682班次增加到49 603班次；2019—2020年，北京群众文化机构举办训练班班次呈减少趋势，由49 603班次减少到26 421班次。

从举办训练班的培训人次看，2014—2020年，北京群众文化机构举办训练班的培训人次呈先增加后减少趋势。2014—2019年，北京群众文化机构举办训练班的培训人次呈增加趋势，由156.9万人次增加到302.2万人次；2019—2020年，北京群众文化机构举办训练班的培训人次呈减少趋势，由302.2万人次减少到129.2万人次。

从举办展览个数看，1994—2020年，北京群众文化机构举办展览个数呈先增加后减少趋势。1994—1996年，北京群众文化机构举办展览个数呈增加趋势，由1804个增加到2017个；1996—2020年，北京群众文化机构举办展览个数呈减少趋势，由2017个减少到1350个。

从举办展览参观人次看，2014—2020年，北京群众文化机构举办展览参观人次呈波动性变化趋势。2014—2016年，北京群众文化机构举办展览参观人次呈增加趋势，由91.4万人次增加到116.5万人次；2016—2017年，北京群众文化机构举办展览参观人次呈减少趋势，由116.5万人次减少到93.2万人次；2017—2019年，北京群众文化机构举办展览参观人次呈增加趋势，由93.2万人次增加到126.0万人次；2019—2020年，北京群众文化机构举办展览参观人次呈减少趋势，由126.0万人次减少到78.0万人次。

从总收入看，2014—2020年，北京群众文化机构总收入呈波动性变化趋势。2014—2015年，北京群众文化机构总收入呈增加趋势，由62 330万元增加到80 929万元；2015—2016年，北京群众文化机构总收入呈减少趋势，由80 929万元减少到73 557万元；2016—2019年，北京群众文化机构总收入呈增加趋势，由73 557万元增加到108 281万元；2019—2020年，北京群众文化机构总收入呈减少趋势，由108 281万元减少到93 104万元。

从总支出看，2014—2020年，北京群众文化机构总支出呈波动性变化趋势。2014—2015年，北京群众文化机构总支出呈增加趋势，由52 793万元增加到87 751万元；2015—2016年，北京群众文化机构总支出呈减少趋势，由87 751万元减少到68 604万元；2016—2020年，北京群众文化机构总支出呈增加趋势，由68 604万元增加到122 250万元。

从资产总额看，2014—2020年，北京群众文化机构资产总额呈先增加后减少趋势。2014—2018年，北京群众文化机构资产总额呈增加趋势，由93 831万元增加到147 298万元；2018—2020年，北京群众文化机构资产总额呈减少趋势，由147 298万元减少到123 308万元。

从实际使用房屋建筑面积看，2014—2020年，北京群众文化机构实际使用房屋建筑面积呈波动性变化趋势。2014—2018年，北京群众文化机构实际使用房屋建筑面积呈增加趋势，由71.00万平方米增加到92.48万平方米；2018—2019年，北京群众文化机构实际使用房屋建筑面积呈减小趋势，由92.48万平方米减小到92.20万平方米；2019—2020年，北京群众文化机构实际使用房屋建筑面积呈增加趋势，由92.20万平方米增加到98.03万平方米。

关于北京群众文化机构基本情况，2014—2020年，北京群众文化机构数、从业人员数、组织文艺活动次数、组织文艺活动观看人次、总收入、总支出、资产总额、实际使用房屋面积总体上呈增加趋势，举办训练班班次和培训人次、举办展览个数和参观人次总体上呈减少趋势。2014—2020年，北京群众文化机构数总体上呈增加趋势，增加了2.89%；北京群众文化机构从业人员数总体上呈增加趋势，增加了47.68%；北京群众文化机构组织文艺活动次数总体上呈增加趋势，增加了4.26%；北京群众文化机构组织文艺活动观看人次总体上呈增加趋势，增加了27.56%；北京群众文化机构总收入总体上呈增加趋势，增加了49.37%；北京群众文化机构总支出总体上呈增加趋势，增加了1.32倍；北京群众文化机构资产总额总体上呈增加趋势，增加了31.41%；北京群众文化机构实际使用房屋建筑面积总体上呈增加趋势，增加了38.07%；北京群众文化机构举办训练班班次总体上呈减少趋势，减少了4.64%；北京群众文化机构举办培训班培训人次总体上呈减少趋势，减少了17.65%；北京群众文化机构举办展览个数总体上呈减少趋势，减少了25.17%；北京群众文化机构举办展览参观人次总体上呈减少趋势，减少了14.66%。2014—2020年北京群众文化机构基本情况如表3-38、表3-39所示。

表3-38　2014—2020年北京群众文化机构基本情况（a）

年份	机构数/个	从业人员数/人	组织文艺活动次数/次	组织文艺活动观看人次/万人次	举办训练班 班次/班次	举办训练班 培训人次/万人次	举办展览 个数/个	举办展览 参观人次/万人次
2014	346	2500	26 297	570.3	27 707	156.9	1804	91.4
2015	349	2602	27 175	582.3	37 433	170.1	1992	114.2
2016	352	2748	30 725	637.7	35 682	202.7	2017	116.5
2017	350	2763	33 083	812.0	39 807	203.2	1955	93.2
2018	350	3134	44 864	976.9	48 353	228.8	1875	108.5
2019	354	3437	47 132	1338.3	49 603	302.2	1826	126.0
2020	356	3692	27 418	727.5	26 421	129.2	1350	78.0

资料来源：《中国文化及相关产业统计年鉴》。

表3-39　2014—2020年北京群众文化机构基本情况（b）

年份	总收入/万元	总支出/万元	资产总额/万元	实际使用房屋建筑面积/万平方米
2014	62 330	52 793	93 831	71.00
2015	80 929	87 751	96 258	71.45
2016	73 557	68 604	113 621	73.35

第三章 北京文化产业全产业链结构的现状

续表

年份	总收入 /万元	总支出 /万元	资产总额 /万元	实际使用房屋建筑面积 /万平方米
2017	81 502	77 206	126 850	86.00
2018	97 432	98 586	147 298	92.48
2019	108 281	113 897	141 421	92.20
2020	93 104	122 250	123 308	98.03

资料来源：《中国文化及相关产业统计年鉴》。

第二节 文化产业全产业链的结构

一、文化产业链结构

以文化内容的流通增值路径为核心，我国文化产业链分为三大环节：上游——文化创意制作、中游——文化流通传播、下游——文化体验消费。根据文化产业链上下游环节产业及其经营主体的不同，结合产业前向关联和后向关联，将文化产业链沿着纵向分工形成基本产业环节模式，如图3-1所示。❶

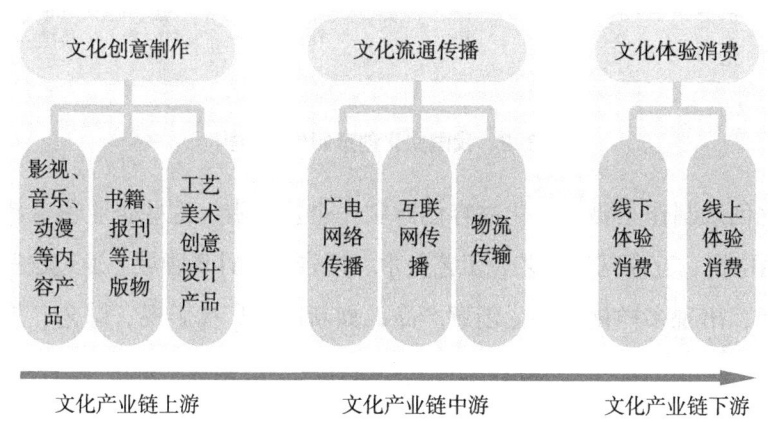

图3-1 我国文化产业链的结构

---

❶ 徐忠华. 基于产业链视角的我国文化产业整合研究[D]. 北京：北京交通大学，2020：40.

（一）文化产业链上游：文化创意制作

文化创意制作环节是文化创意、制作环节的概括，利用文化创意人才的才华和智慧，运用创意的科学方法和技术，将创意变为现实的文化内容产品，为生产设计制作和营销推广管理等环节提供支持，作为文化创意产业的主导环节，在生产设计制作和营销推广管理等环节中都强调内容的重要性。我国丰富的传统文化和文化资源为文化产品创造良好环境，并为文化产业的发展提供基础。文化创意制作环节处于产业链的顶端，控制整个产业链的运作，并具有很高的附加值。文化内容的创意属性是文化产业的价值所在，也是文化产业链的核心。文化产业需要关注消费者，满足他们的精神文化需求，只有吸引消费者，才能实现文化产业链的经济效益。我国文化创意制作链结构如图3-2所示。❶

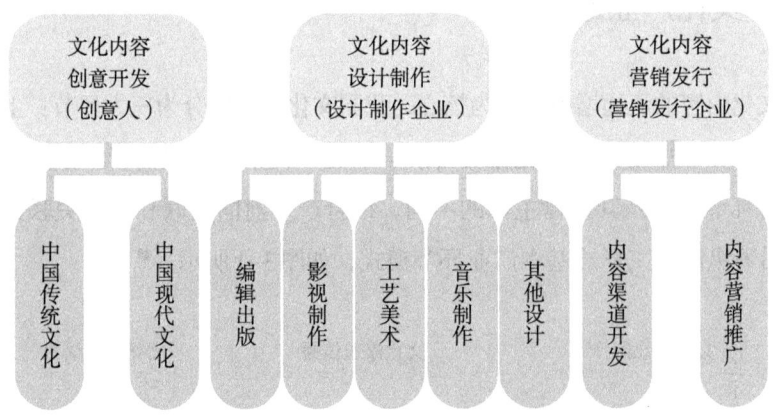

图3-2 我国文化创意制作链结构

文化创意制作主要由文化内容创意制作企业负责，这些企业覆盖新闻、报纸、广播电视、互联网、演艺、工艺美术、广告和设计等领域。通过这些企业的创意加工，出现多样化的文化创意产品，如新闻、广播影视、综艺、教育、音乐、广告、设计和工艺美术等。文化创意制作环节的横向要素单元是由不同类型的内容不断拓展而成。

---

❶ 傅琳雅. 文化创意产业链的构建及发展战略 [J]. 沈阳工业大学学报（社会科学版），2014，7（2）：108-111.

（二）文化产业链中游：文化流通传播

文化产品从生产链向销售链传递的过程被称为文化流通传播环节，它是文化产品传播的路径。文化产品可以分为有形和无形两类，相应地，文化流通传播环节可分为两种情况：一是各种文化内容（如广播、电视节目）进入传播环节后，通过广播电视、网络、卫星、院线等进行传播和发行，通过电视机、手机、计算机、荧幕、卫星接收站等设备进行文化内容接收，实现文化内容在空间中的有线传播或无线传播；二是书籍、期刊、工艺美术品、文化用品等有形产品被制作完成后，进入文化产品的流通环节，通过商品物流储存渠道进入实体消费环节。这些传输和播放路径的多样性构成文化内容传播链的横向要素。文化流通传播环节是文化产品传播的重要环节，也是实现经济效益和社会效益的必然途径。

（三）文化产业链下游：文化体验消费

文化体验消费环节是文化产业链下游的核心环节，也是实现文化产业经济效益和社会效益的重要环节。文化体验消费是人们通过购买各种以文化内容为主要消费对象的文化产品或服务，来满足自己的精神需求。这些消费包括直接购买影视节目、书籍、游戏、演艺娱乐、主题公园、文化旅游、工艺美术等产品或服务，还包括为了使用文化产品和服务而购买的摄影器材、影视设备、计算机等文化设备，也需要图书馆、科技馆、展览馆、影剧院等文化机构的支持。

文化产业链条经过多年的发展和扩展，内涵越来越丰富，链圈也不断扩大，分为核心产业、相关产业和衍生产业。核心产业包括电视剧、电影、综艺、游戏、动漫、音乐、体育、新闻和出版等内容制作；内容传播可以通过广播、电视、网络、卫星和书刊等渠道进行；体验消费包括互动游戏、主题公园、游乐场和文化产品消费等。相关产业涉及体育、教育、旅游、酒店、房地产、健康养老和信息技术等，形成大文化产业的概念。衍生产业包括文化金融、文化电商和衍生消费品等。

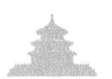

目前，我国从事文化产业的企业、研究单位都在理论、实践两个层面积极探索打造现代文化产业链之路。这是当前乃至今后一段时期内文化产业化建设的重点、热点，文化产业链逐步由点到线、由线到网，构建成多层次交叉的网状产业链。

二、文化产业产值结构

文化产业产值结构能够反映出文化产业在地区经济发展中的重要程度。2011—2019年，北京文化产业增加值占地区生产总值的比重总体上呈增加趋势，由7.90%增加到9.36%，提高1.46个百分点。其中，2014—2016年，北京文化产业增加值占地区生产总值的比重呈小幅度下降趋势，由8.45%下降到8.20%。2011—2019年，北京文化产业增加值占第三产业增加值的比重总体上呈增加趋势，由10.07%增加到11.19%，提高1.12个百分点。其中，2012—2013年和2014—2016年北京文化产业增加值占第三产业增加值的比重呈现小幅度下降趋势，2012—2013年由10.45%下降到10.44%，2014—2016年由10.57%下降到9.97%，如表3-40所示。

表3-40　2011—2019年北京文化产业增加值占地区生产总值比重及占第三产业增加值比重

年份	文化产业增加值/亿元	地区生产总值/亿元	占地区生产总值比重/%	第三产业增加值/亿元	占第三产业增加值比重/%
2011	1358.70	17 188.80	7.90	13 491.00	10.07
2012	1569.40	19 024.70	8.25	15 020.30	10.45
2013	1754.20	21 134.60	8.30	16 806.50	10.44
2014	1937.20	22 926.00	8.45	18 333.90	10.57
2015	2081.40	24 779.10	8.40	20 218.90	10.29
2016	2217.40	27 041.20	8.20	22 245.70	9.97
2017	2723.50	29 883.00	9.11	24 711.70	11.02
2018	3075.10	33 106.00	9.29	27 508.10	11.18
2019	3318.40	35 445.10	9.36	29 663.40	11.19

资料来源：《北京统计年鉴》《中国文化及相关产业统计年鉴》《中国第三产业统计年鉴》。

三、文化产业行业结构

文化产业的行业结构反映了文化产业各细分行业在文化产业中所占的份额和重要程度。2018—2020年，从北京文化产业各细分行业的收入水平可以看出，在文化核心领域和文化相关领域的9个细分行业中，文化核心领域的6个细分行业的总收入水平约占9个细分行业的90%。其中，收入水平最高的是新闻信息服务业，其收入约占文化产业9个细分行业总收入的1/4，其次是创意设计服务业，其收入同样约占文化产业9个细分行业总收入的1/4，文化传播渠道业和内容创作生产业的收入水平仅次于新闻信息服务业和创意设计服务业，二者收入占文化产业9个细分行业总收入的比重分别约为1/5和1/6。以上4个细分行业的收入之和占比已接近90%，如表3-41所示。

表3-41 2018—2020年北京文化产业各细分行业收入水平

单位：亿元

年份	文化核心领域收入							文化相关领域收入			
	新闻信息服务业	内容创作生产业	创意设计服务业	文化传播渠道业	文化投资运营业	文化娱乐休闲服务业	总计	文化辅助生产和中介服务业	文化装备生产业	文化消费终端生产业	总计
2018	3177.6	1880.9	2959.3	2178.3	29.6	109.2	10 334.9	756.8	173.2	570.8	1500.8
2019	3353.3	2080.5	3466.0	2919.4	32.3	121.2	11 972.6	865.3	140.7	565.7	1571.6
2020	4231.6	3069.9	3734.8	2796.9	42.5	80.1	13 955.6	664.6	108.9	691.4	1464.9

资料来源：《北京统计年鉴》。

第三节 北京文化产业集群的现状

文化产业集群是指相互关联的文化创意企业、工作者及相关机构在一定的空间内形成的区域集合体，常见形态包括但不限于高校创意园、文化遗址、艺术产业园及文化创意产业园等。以迪士尼公司为代表的大型文化创意产业公司，往往通过纵向一体化方式控制整条产业链或者产业链的大部分,在企业内完成产品的生产与发行。与此相对,文化创意产业集聚可以通过大小企业之间的专业化分工和协作网络的组织形式,共同完成一件文化创意产品的生产。考虑到文化创意产业的不确定性,这种高度灵活的生产方式在大公司的标准化产品之外,可以在风险较低的情况下满足市场的多样化需求。

阿伦·J.斯科特(Allan J. Scott)在《文化产业:地理分布与创意领域》一文中提出,文化创意产业往往与某个特定地点相联系。文化创意产业的创作者以地理为基础形成文化团体,自然形成的惯例和制度基础将团体紧紧凝聚在一起,再吸引其他地方的同类创作者为了拥有更好的职业生涯而移居到这里。他指出,这和阿尔弗雷德·马歇尔提出的外部性理论是一致的。外部性理论同样适用于文化创意产业集聚,它为同业人员的交流提供基础,也为创新创意活动提供良好的平台。除了企业交往和劳动力市场方面的优势外,特定的集聚地点在消费者眼中还具有声誉效应和符号价值,可以为文化创意产品带来附加值。

哈拉尔·贝谢尔特(Haral Beschet)在《文化产业集群的多维度分析——德国莱比锡媒体产业实例》一文中提出一个研究文化产业集群的多维度分析框架,包括水平维度、垂直维度、体制维度、外向维度和权利维度。水平维度指的是文化产业集群中生产同类产品的公司,它们构成了互相竞争的关系,而企业对竞争对手的近距离关注使其获得了及时调整、改变的机会。垂直维度指的是文化产业集群中生产互补产品的公司,它们构成互相合作的关系,也存在互动和学习的过程。体制维度对文化产业集群内企业之间的沟通与合作有重要影响,有助于文化产业集群内信息流通生态圈的形成。外向维度决定了文化产业集群的开放程度,为企业的创新活动带来外部的知识和技术等助力。权利维度指的是文化产业集群内企业所形成的层级和内部网络关系,一般体现为几家主导企业的枢纽作用。五个维度并不是完全独立的,维度之间存在相互作用关系。例如,水平维度和垂直维度之间存在权衡和取舍的关系;垂直维度上适当的社会分工有助于文化产业集群中企业的相互合作,但过度的分工可能带来水平维度上的竞争不足。

由于创新和创意在文化创意产业中的关键地位，知识和技术的溢出效应是文化创意产业集聚研究中最受关注的方向之一。首先以文化视角研究经济活动的英国经济学家迈克尔·波兰尼（Michael Polanyi）在《个人知识》中将知识区分为显性知识和隐性知识。显性知识指的是能够以书面形式或者语言加以表述的知识，而隐性知识难以表述，隐藏在个人的主观认识之中。文化创意产业是知识密集型产业，有大量存在于创意者身上的隐性知识，另外创意者的个人素质对产品质量也有较大影响。文化创意产业集聚所带来的地理空间上的邻近有益于同业者之间的互动交流和学习，带来隐性知识在产业内部的传播，最终激发创新创意的产生。除了知识的溢出效应之外，高素质人才的集聚也有利于企业人力成本的降低。❶

一、北京文化创意产业集聚区的发展历程

（一）自由发展期

在北京文化创意产业的萌芽期，文化创意产业集聚区处于自由发展状态。1981年10月23日，我国第一个民营高科技企业北京等离子体学会先进技术发展服务部在中关村成立。到20世纪末，中关村依托周围高校与科研机构的高科技资源，已经发展成中国的"硅谷"。北京潘家园古玩艺术品交易园区、宋庄原创艺术与卡通产业集聚区及北京艺术区都是从20世纪90年代初甚至21世纪初由市场推动自发开始发展形成的，且这些集聚区的产业类型都偏重艺术。

（二）初具雏形期

北京文化创意产业进入起步期，文化创意产业集聚区空间初具雏形。2000年10月，北京市委、市政府研究编制了《2001—2005年北京市文化建设发展纲

❶ 苏文菁. 文化创意产业：理论与实务 [M]. 北京：社会科学文献出版社，2020：138-184.

要》，纲要第一次明确提出发展地标性文化创意产业集聚空间——琉璃厂历史文化创意产业园区，使之成为北京文化产品与文化服务开发创新的基地，成为文化商品、文化经营管理人才的集散中心。2004年北京市委、市政府研究编制的《2004—2008年北京市文化产业发展规划》强调：将文化产业发展成为首都经济新的支柱产业，以琉璃厂大街、南新华街为主体，建设琉璃厂历史文化创意产业园区，以地摊特色的潘家园旧货市场为核心，建设包括北京古玩城、明清古典家具市场等在内的潘家园文化产业园区。2005年北京市委、市政府提出打造"创意产业之都"，由此文化创意产业的概念正式出现并逐渐普及，创意经济的话题开始得到政府、学者和民众的广泛讨论。在北京文化创意产业集聚区起步时期，产业大体上只偏重对历史资源的开发，大规模的以高新技术作为支撑的文化创意产业集聚区建设并未被纳入规划。琉璃厂历史文化创意产业园区已经被作为文化产业园区的示范。

（三）快速发展期

北京文化创意产业集聚区进入快速发展时期。从2006年开始，北京市各级政府共制定和出台文化创意产业相关支持政策60多项，在统计规范、标准制定、整体规划、产业促进、行业发展、投融资支持、知识产权保护等方面出台一系列政策措施，为文化创意产业的发展提供政策保障，并在一定程度上规范了产业发展的秩序。2006年，"北京市文化创意产业集聚区"作为一个正式的专用名词出现在各大媒体上。北京市政府开始从政策层面支持和鼓励文化创意产业的发展。2006年3月，北京市文化创意产业领导小组正式成立，北京文化创意产业发展有了专职的"推手"。2006年10月，北京市在《国民经济行业分类》（GB/T 4754—2002）基础上规定了北京市文化创意产业的范围，并颁布《北京市文化创意产业发展专项资金管理办法（试行）》。2006年以来，北京文化创意产业集聚区走过从无到有、从小到大的发展历程。2006年，北京认定中关村软件园、国家新媒体产业基地等10个集聚区为首批文化创意产业集聚区。2007年，北京CBD国际传媒产业集聚区、顺义国展产业园等11个集聚区被认定为第二批文化创意产业集聚区。2011年,北京市文化创意产业领导小组审议并通过了第三批、第四批文化创意产业集聚区9个。至此,北京市文化创意产业集聚区累计已达30个。同时,《文化创意产业发展规划》还确定了"文化创意产业集聚必须要有完备的功能以及合理的布局"的目标。一系列文化创意产业政策措施的出台,标志着北京文化创意产业进入快速发展阶段,而集聚区则是推动文化产业发展的重要载体。随着集聚区认定批次的增加,集聚区所涵盖的产业门类不断丰富。目前,集聚区所覆盖的产业门类不仅依托文化资源开发,同时还突出文化与科技、旅游、会展、娱乐等行业的融合,而集聚区的项目建设则体现出旧城改建与新建并重的原则。❶

二、北京文化创意产业集聚区分布

文化创意产业集聚区是北京文化创意产业的主要载体,也是各区县发展文化产业的有效抓手。北京文化创意产业集聚区共有4批30个,其中,东城区2个、西城区2个、朝阳区8个、丰台区2个、石景山区2个、海淀区3个、顺义区1个、通州区2个、大兴区1个、房山区1个、门头沟区1个、昌平区1个、平谷区1个、密云区1个、怀柔区1个、延庆区1个,如表3-42所示。

表3-42 北京文化创意产业集聚区

批次	文化创意产业集聚区	所在区
第一批 (10个)	中关村创意产业先导基地	海淀区
	北京数字娱乐产业示范基地	石景山区
	国家新媒体产业基地	大兴区
	中关村科技园区雍和园	东城区
	中国(怀柔)影视基地	怀柔区
	北京798艺术区	朝阳区
	北京DRC工业设计创意产业基地	西城区
	北京潘家园古玩艺术品交易园区	朝阳区

---

❶ 李鑫.北京文化创意产业集聚区空间分布特征及其影响因素研究[D].长沙:中南大学,2013:15-17.

续表

批次	文化创意产业集聚区	所在区
第一批 (10个)	宋庄原创艺术与卡通产业集聚区	通州区
	中关村软件园	海淀区
第二批 (11个)	北京CBD国际传媒产业集聚区	朝阳区
	顺义国展产业园	顺义区
	琉璃厂历史文化创意产业园区	西城区
	清华科技园	海淀区
	惠通时代广场	朝阳区
	北京时尚设计广场	朝阳区
	前门传统文化产业集聚区	东城区
	北京出版发行物流中心	通州区
	北京欢乐谷生态文化园	朝阳区
	北京大红门服装服饰创意产业集聚区	丰台区
	北京（房山）历史文化旅游集聚区	房山区
第三批 (2个)	中国动漫游戏城	石景山区
	北京奥林匹克公园	朝阳区
第四批 (7个)	八达岭长城文化旅游产业集聚区	延庆区
	北京古北口国际旅游休闲谷产业集聚区	密云区
	斋堂古村落古道文化旅游产业集聚区	门头沟区
	中国乐谷——首都音乐文化创意产业集聚区	平谷区
	卢沟桥文化创意产业集聚区	丰台区
	北京音乐创意产业园	朝阳区
	十三陵明文化创意产业集聚区	昌平区

三、北京文化创意产业集聚区分类

根据《北京市文化创意产业分类标准》，北京市的文化创意产业可分为九类，包括文化艺术，新闻出版，广播、电视、电影，软件、网络及计算机服务，广告会展，艺术品交易，设计服务，旅游、休闲娱乐及其他辅助服务。根据文

化产业的分类，共有30个文化创意产业集聚区，覆盖新闻出版、软件、计算机、广告会展、设计服务、旅游等多个领域。根据产业表现形式的不同，这些文化创意产业集聚区大致分为五类。❶

（一）研发设计型文化创意产业集聚区

技术依赖型的文化创意产业集聚区有7个，这些集聚区由高新技术企业引领，以高新科技为主要特征，如设计、网络、动漫设计、软件、数字媒体等领域的集聚区，如表3-43所示。

表3-43 北京研发设计型文化创意产业集聚区

文化创意产业集聚区	所在区	主导产业	生成模式	认定批次
中关村科技园区雍和园	东城区	数字、知识产权、文化旅游休闲、中医药科技与文化	政府主导建设	第一批
北京DRC工业设计创意产业基地	西城区	工业设计	改造租用＋政府或企业主导建设	第一批
北京数字娱乐产业示范基地	石景山区	动漫影视、网络游戏、数字媒体	政府主导	第一批
中国动漫游戏城	石景山区	动漫创作、生产、交易	改造＋政府或企业主导建设	第三批
中关村创意产业先导基地	海淀区	动漫游戏、软件开发、数字媒体与出版、网络内容增值服务	政府主导建设	第一批
中关村软件园	海淀区	独立软件开发、信息服务外包产业、金融信息服务产业、计算机通信一体化产业	政府主导建设	第一批
清华科技园	海淀区	软件、网络、计算机服务、数字出版、新媒体、动漫网游、创意设计、新媒体产业	政府主导建设	第二批

（二）审美体验型文化创意产业集聚区

审美体验型文化创意产业集聚区是指那些通过提供视觉、身心和心灵体验

---

❶ 李鑫．北京文化创意产业集聚区空间分布特征及其影响因素研究[D]．长沙：中南大学，2013：18-21．

北京文化产业创新扩散与全产业链结构优化研究

娱乐身心的区域，如景观美学、旅游休闲体验和时尚设计等。北京市已确定11个文化创意产业集聚区，涵盖文化旅游、户外活动、广告会展、体育事业等多个领域，还包括围绕服装设计的活动策划、服装展示和服装交易。北京审美体验型文化创意产业集聚区如表3-44所示。

表3-44　北京审美体验型文化创意产业集聚区

文化创意产业集聚区	所在区	主导产业	生成模式	认定批次
前门传统文化产业集聚区	东城区	文化创意、旅游	依托原有资源+政府主导建设	第二批
北京欢乐谷生态文化园	朝阳区	体验旅游	政府或企业主导建设	第二批
北京时尚设计广场	朝阳区	服装服饰设计、展示、发布、交易	改造+政府主导建设	第二批
北京奥林匹克公园	朝阳区	赛事活动、旅游观光、会议展览、演艺、体育事业	政府主导建设	第三批
北京大红门服装服饰创意产业集聚区	丰台区	服装批发流通、服装设计、活动策划、咨询服务、广告会展、物流、文化休闲	政府主导建设	第二批
卢沟桥文化创意产业集聚区	丰台区	文化旅游、演艺娱乐、节庆会展	依托原有资源+政府主导建设	第四批
斋堂古村落古道文化旅游产业集聚区	门头沟区	文化旅游、文化休闲、民生体验、主题会议	依托原有资源+政府主导建设	第四批
北京（房山）历史文化旅游集聚区	房山区	文化旅游、影视、动漫、艺术品交易、节庆活动	依托原有资源+政府主导建设	第二批
十三陵明文化创意产业集聚区	昌平区	文化旅游、影视服务、版权交易、会议培训	依托原有资源+政府主导建设	第四批
北京古北口国际旅游休闲谷产业集聚区	密云区	古镇观光、文化生态休闲与特色户外运动	依托原有资源+政府主导建设	第四批
八达岭长城文化旅游产业集聚区	延庆区	文化旅游、文艺演出、设计创意	依托原有资源+政府主导建设	第四批

此类集聚区是五种集聚区类型中数量最多的，占集聚区总量的30%，这说明审美体验型文化创意产业已经成为北京文化创意产业的主要业态。

（三）感知欣赏型文化创意产业集聚区

感知欣赏型文化创意产业集聚区是指以感官欣赏为主要创作方向的聚集地，如音乐、电影、文学创作和艺术表演等领域的聚集地。据此定义可知，30个集聚区中有5个是以感知欣赏为主的文化创意产业集聚区，覆盖音乐、电影制作和展示等多个艺术领域，如表3-45所示。

表3-45　北京感知欣赏型文化创意产业集聚区

文化创意产业集聚区	所在区	主导产业	生成模式	认定批次
北京798艺术区	朝阳区	原创艺术展示和交易	改造+自发形成	第一批
北京音乐创意产业园	朝阳区	音乐创作制作、会展演艺、衍生品交易	改造+政府主导建设	第四批
宋庄原创艺术与卡通产业集聚区	通州区	创意设计、演艺传媒、动画、国际金融商务、影视艺术创作	改造+自发形成	第一批
中国（怀柔）影视基地	怀柔区	影视拍摄、影视后期制作、影视动漫制作、专业技术服务、影视展示与传播、影视版权交易、影视教育培训、影视旅游	政府主导建设	第一批
中国乐谷——首都音乐文化创意产业集聚区	平谷区	乐器设计与制作、乐器交易、音乐创作与推广、音乐交流与培训、音乐文化展示与体验	依托原有资源+政府主导建设	第四批

（四）文化传媒型文化创意产业集聚区

文化传媒型文化创意产业集聚区是指以传播视听、广告会展为主的区域，涵盖传媒、广告、新闻出版、会展等领域。北京市认定的文化创意产业集聚区中文化传媒型集聚区涉及文化传媒、出版发行、会展等5个领域，如表3-46所示。

表3-46　北京文化传媒型文化创意产业集聚区

文化创意产业集聚区	所在区	主导产业	生成模式	认定批次
惠通时代广场	朝阳区	原创艺术展示和交易	改造+企业主导建设	第二批

续表

文化创意产业集聚区	所在区	主导产业	生成模式	认定批次
北京CBD国际传媒产业集聚区	朝阳区	音乐创作制作、会展演艺、衍生品交易	自发形成	第二批
北京出版发行物流中心	通州区	创意设计、演艺传媒、动画、国际金融商务、影视艺术创作	政府主导建设	第二批
顺义国展产业园	顺义区	影视拍摄、影视后期制作、影视动画制作、专业技术服务、影视展示与传播、影视版权交易、影视教育培训、影视旅游	政府主导建设	第二批
国家新媒体产业基地	大兴区	乐器设计与制作、乐器交易、音乐创作与推广、音乐交流与培训、音乐文化展示与体验	政府主导建设	第一批

（五）收藏交易型文化创意产业集聚区

收藏交易型文化创意产业集聚区主要是指以艺术品收藏与交易为主的集聚区，涉及古玩、藏品、工艺品、民间旧货等交易。北京认定的收藏交易型文化创意产业集聚区有2个，如表3-47所示。

表3-47　北京收藏交易型文化创意产业集聚区

文化创意产业集聚区	所在区	主导产业	生成模式	认定批次
琉璃厂历史文化创意产业园区	西城区	中国传统文化、民间工艺、现代设计、艺术传媒、古玩交易	依托原有资源+政府或企业主导建设	第二批
北京潘家园古玩艺术品交易园区	朝阳区	经营民间旧货、工艺品、收藏品、装饰品	依托原有资源+自发形成	第一批

第四章　北京文化产业的创新扩散机制

文化创意产业的创新扩散是一个复杂的系统性问题，从创意引入到创意扩散，再到创意放大，本书以"整体论"式的思维方式，考虑时间维度与产业结构的变化，同时对影响文化产业全产业链结构优化的创新要素进行分析和筛选，并以北京环球度假区、迪士尼乐园和《杜拉拉升职记》等案例对文化产业创新扩散的机制进行分析。

第一节　文化产业创新扩散的理论框架

文化创意产业最突出的特性是在产业内部一次投入、多次产出的价值创造，在产业外部渗透融合、关联带动、集聚发展。从根本上来说，文化创意产业是依靠将科技创新与文化创意融入产业发展坚实依托和发展两翼，在不断高度化内部产业结构的同时，不断渗透进入传统三次产业，进而带动整个经济体系的结构优化与升级，形成以人类创造力为核心的创新发展范式。如果从价值链的视角来看，这个过程就是产业价值链整合提升、分解优化、横向延长、纵向增厚、首尾连接、网状扩散，最终形成外形庞杂、内部紧密联系、互动演化发展的价值创造星系模式，构成新的发展范式的核心驱动力。这样，以"整体论"式的思维方式，考虑时间维度与产业结构的变化，以具体的文化创意产业的演化创新发展与抽象的整个产业价值链的变化发展为视角来研究文化创意产业成为进一步研究的现实需要。[1]

---

[1] 刘冠军. 我国转型期文化创意产业与经济发展互动机理研究[D]. 成都：西南财经大学，2013：70.

因此，在这一节中将继续延续理论分析的逻辑思路，进一步深入分析文化创意产业，为下一步互动机理分析框架的构建奠定扎实的理论基础。下面以文化创意产业价值链为分析工具，结合文化创意产业自身发展演变，以及与其他产业和经济体系的关系，从微观层面的文化创意与微笑曲线、中观层面的文化创意产业与产业重构、宏观层面的创意经济与发展方式转变三个层面来动态分析文化创意产业演化创新发展的抽象内部逻辑和具体实践影响。其构造的文化创意产业演化创新发展的抽象内部逻辑和具体实践影响示意如图4-1所示。

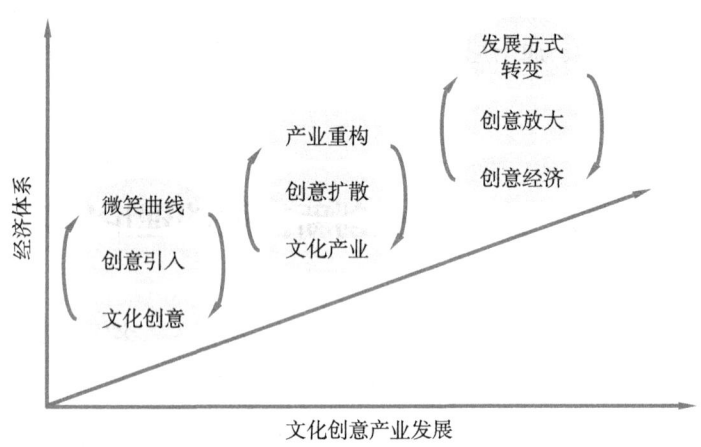

图4-1　文化创意产业演化创新发展示意

一、创意引入

（一）产业价值链整合提升

与传统产业的土地、资本、自然资源的硬性要素投入形成鲜明的对比，文化创意产业投入文化资源、创意人才和科技创新等软性要素。在当今经济发展阶段的"后工业社会""知识经济""娱乐经济""体验经济"等现实语境中，文化创意产业将文化资源、技术创新和文化创意引入生产体系，其作为经济要素获得了空前重要的战略地位。[1]从产业价值链视角来说，文化创意产业的文化要素整合与分解产业价值链，既可以提升产品的附加值，又可以提升产品的观念价值。整合产业价值链是指文化创意产业不仅占据了产业价值链的高端，还由于其产业的强渗透性，将文化要素渗透到微笑曲线的每个环节，整体提升微笑曲线，进而提高产业附加值，如图4-2所示。

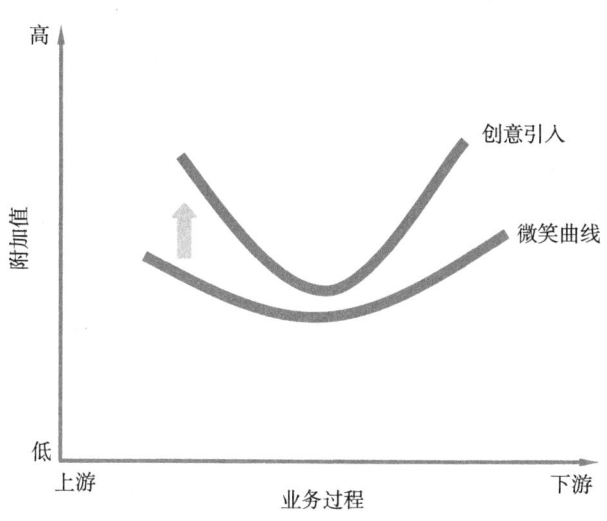

图4-2　文化创意产业价值链整合提升

（二）产业价值链分解优化

分解产业价值链是指文化创意产业与传统产业产出物质产品不同，其产出的是精神产品。在物质产品极大丰富且日趋同质化的今天，人们逐渐摆脱物资短缺时期重视功能价值的观念，转而更加注重商品精神性的观念价值。芝加哥大学商学院教授奚恺元的实证研究表明，在人均收入3000美元的地区，效用与价值的相关度下降到2%以下，即人们愿意为观念价值或效用付出比商品价值本身更多的金钱。[2]观念价值的主观性给产品差异化带来更大的现实可能，而产

---

[1] 荣跃明.超越文化产业：创意产业的本质与特征 [J]. 毛泽东邓小平理论研究，2004（5）：18-24.
[2] 厉无畏，王慧敏.创意产业促进经济增长方式转变——机理·模式·路径 [J]. 中国工业经济，2006（11）：5-13.

品差异化从内部来说是高附加值的实现基础,从外部来说是企业三大基本竞争战略之一。因此,观念价值的地位在消费者购买决策中的不断提升,极大地拓展了文化创意产业的价值创造空间。

当然,如果从整个经济体系发展的动力与国家发展方式转变的现实来看,微笑曲线的提升与观念价值的挖掘将构成它们的微观基础。文化创意产业将文化引入经济体系,经济发展随着其发展而逐渐呈现出以文化为发展核心和动力因素的趋势,究其微观基础或者演化发展的初始状态,就是文化创意产业将文化要素强力渗透到微笑曲线的每个环节,在整体提升微笑曲线的同时,围绕消费者愈加重视商品精神性的观念价值的转变,不断整合与分解产业价值链,极大地拓展了文化创意产业的价值创造空间。这些过程从整体上来看就是国家发展方式转变的具体内涵。可以说,文化创意在经济体系中的引入,构成了整个经济体系发展的动力与国家发展范式转变的微观基础,也是文化创意产业演化创新发展的初始状态。

二、创意扩散

文化创意产业通过整合与分解产业价值链,实现对产业链两端高利润空间的侵占,还将文化和创意要素渗透到微笑曲线的各个环节,整体提升微笑曲线。随着文化创意产业的不断演化发展,其产业价值链持续整合提升与分解优化,这样创意就会"爆炸性扩散"——有的学者用引信理论或者暗箱理论进行理论构建与现实解释。在本书中,笔者则继续沿用产业价值链这个有力工具来进行分析,认为"创意爆炸性扩散"实质上就是产业价值链纵向延伸与横向增厚的过程。产业价值链纵向延伸是指基于产业现状的延伸,无论是向上游的吞并还是向下游的延展,都能够对价值链的结构与产业结构产生一系列影响。产业价值链横向增厚是指基于创意的渗透性与融合性,打破传统三次产业结构的割裂划分,彼此渗透、相互融合,通过价值链组织生产流程,进而对价值链的结构与产业结构产生一系列影响。

（一）产业价值链纵向延伸

新加坡相关学者利用产业价值链分析工具，对创意产业的相关概念进行整合分析，如图4-3所示。

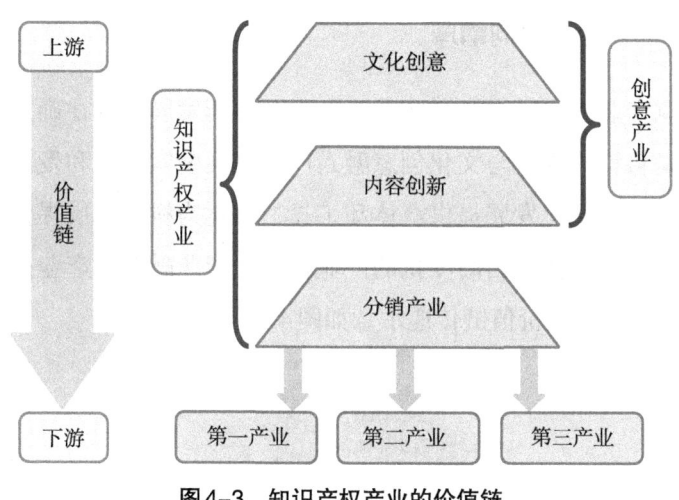

图4-3 知识产权产业的价值链

图4-3逻辑清晰地表明，创意产业处于产业价值链的上游，对其他相关产业的渗入已经延伸到传统第一产业、第二产业及第三产业。其实，在本书基本概念界定部分，笔者也构建了一个文化创意产业相关概念的整合分析框架的理论模型。其中，沿着相关概念的整合分析框架的纵轴，在前文分析中笔者就已经指出一条完整的产业价值链条，包括文化产业的投入与复制、创意产业的构思与创作、内容产业的表达与解释、传媒产业的传播与交易、娱乐产业的营销与消费等既相互区别又交叉重叠的六个价值环节，沿着价值链条，价值被创造、放大、延续和传递，最终共同完成价值创造与实现的全过程。相比较而言，笔者的分析更加全面和透彻。在文化创意产业价值链纵向延伸环节，我们可以观察迪士尼乐园与"哈利·波特"系列的发展等，其范围涵盖影视、动漫、书籍、光盘、乐园、卡通人物玩具等，这样的过程都体现了我们对于"长"的定义。❶

---

❶ 谷娜米. 传媒创意产业价值链探析[D]. 厦门：厦门大学，2009.

文化创意产业这个巨大的产业群体不断演化与壮大发展，从基础产业层到核心产业层再延伸到相关产业层与传统三次产业层面，产业价值链条不断延伸，不同产业相互渗透、相互交织、互为支撑，不断开辟战略蓝海市场，提供丰富多彩的文化创意产品与服务。

（二）产业价值链横向增厚

文化创意产业的本质内涵和实践意义强调创新发展的内在确定性，这种内在确定性就是将科技创新与文化创意融入产业发展坚实依托和发展两翼，让其产业发展在科技为文化发展提供载体和工具、文化为科技发展提供动力与要求的双向促动发展之中体现出高度化的产业特性。产业融合与产业高度化互为表里过程。文化创意产业价值链传递示意如图4-4所示。

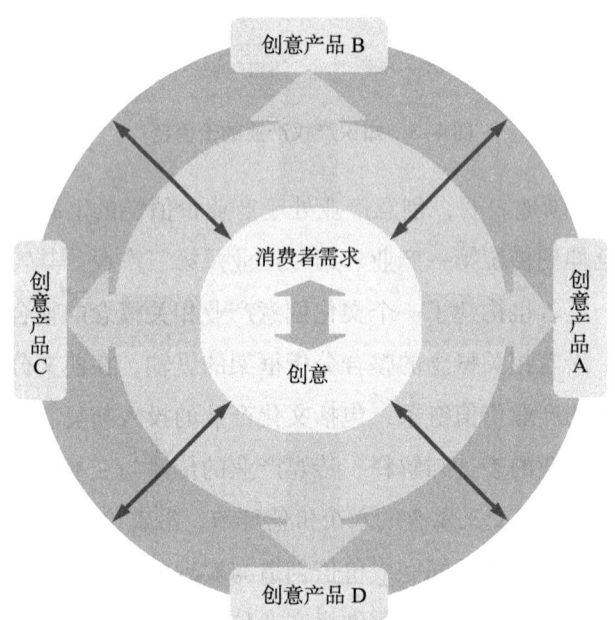

图4-4　文化创意产业价值链传递示意

产业价值链横向增厚在组织形态上打破了与传统产业的界限，二者彼此渗透、相互融合，通过价值链来组织生产流程，如此"用创意资本投入把所有产业联系在一起"[1]，形成被迈克·科米尔称为"关联性生产"[2]的产业分工体系。从理论上来看，文化创意贯穿于整个生产过程并处于整个同心圆产业组织结构的核心，各个环节之间具有反馈效应。[3]在文化创意产业价值链横向增厚环节，我们可以看到在数字技术融合的基础上，文化创意产业通过互联网平台，使报纸、电视、音乐、杂志、体育及其他相关产业都利用这个平台，将文化创意与内容产品在更大范围内整合利用与扩散，进而突破了产业分工的限制，使电信、媒体和信息技术部门得以寻求交叉产品、交叉平台及收益共享的交叉部门，实现各个产业之间的融合。[4]

可见，文化创意产业价值链纵向延伸与横向增厚的过程就是创意"爆炸性扩散"的过程，即文化创意产业基于技术更新与内容创造延伸到传统三次产业，进而在科技为文化发展提供载体和工具、文化为科技发展提供动力与要求的双向驱动发展中实现对三次产业结构的融合重构。这就在中观层面上逻辑性延续微观层面演化发展的过程，预示宏观层面演化发展的基础。

三、创意放大

文化创意产业价值链随着产业不断演化与发展壮大，进一步呈现出新的变化——消费者导向的"环状结构"与技术冲击的"网状结构"，使产业价值链首尾连接、网状扩散，进而使整个经济体系形成以文化创意相关产业价值创造为核心的价值星系。文化创意产业的这一演化发展显著地改变了社会结构、生活氛围、人的生存方式及经济发展方式。

---

[1] 斯图亚特·坎宁安.从文化产业到创意产业：理论、产业和政策的涵义[M]//林拓，李惠斌，薛晓源.世界文化产业发展前沿报告（2003—2004）.北京：社会科学文献出版社，2004.

[2] 理查德·E.凯夫斯.创意产业经济学——艺术的商业之道[M].北京：新华出版社，2004.

[3] 厉无畏，等.创意产业：转变经济发展方式的策动力[M].上海：上海社会科学院出版社，2008.

[4] 陈昕.数字化、内容提供与文化创新——兼论当前中国出版集团发展的若干问题[J].中国编辑，2005（4）：8-13.

（一）产业价值链首尾连接

产业价值链首尾连接主要由两个方面原因决定，即产品是满足人的精神需求与产品生产过程中消费者的参与性。随着社会生产力和经济发展水平的不断提高，人类的内在需求不断被激发，心理上、精神上和文化上的需求超越基本物质需求得到更多关注。而文化创意产业正好可以提供丰富的文化产品，来满足人们日益增多、日益迫切的文化需求和精神需求。[1]同时，文化创意产品的开放性、"未完成"特点，在最终解读、体验与消费的过程中，使得创作者或表演者和受众之间的对话或互动参与成为必要环节。文化创意产业所呈现的动态开放性，"具有万花筒似的能力，能面向消费者不断更新自己的各个侧面"，其语境和构成要素都允许进行后续的修改和更新。[2]这两个方面原因反映在产业价值链上就是环状结构——使产业价值链起始于消费者需求，并最终使价值流向消费者，而且最终的价值实现取决于消费者的互动参与。文化创意产业环状结构的产业价值链内在地要求以消费为核心导向，消费环节的顺畅流动是价值链条快速运行的保障，这是一个双面效应。为创造价值，和传统线状产业链争取垄断地位的导向不同，新的环状产业链追求的是"熊彼特租金"，遵循的是以消费者为出发点和落脚点的价值逻辑。

（二）产业价值链网状扩散

文化创意产业的演化发展在实践中呈现出网络化的特点，理论研究密切注意到这一点。皮特·海尼斯（Peter Hines）、杰弗瑞·雷波特（Jefferey F. Rayport）、约翰·斯威尔克拉（John J. Sviokla）于1995年提出了"虚拟价值链"的概念；亚德里安·斯莱沃斯基（Adrian Slywotzky）提出了"价值网"的概念；温克（Winker）和格拉布斯特罗姆（Grubbstrom）认为新价值链条不是由增加价值的成员构成的链条，而是由企业构成的网络，它经常改变形状，扩大、收缩、增

---

[1] 约翰·奈斯比特.高科技·高思维[M].北京：新华出版社，2000.
[2] 约翰·哈特利.创意产业读本[M].北京：清华大学出版社，2007.

加、减少、变形或变换,被称为价值网、价值网观点的重要贡献,是认识到价值链不断推动它的成员,开发有利于它们以当今要求的速度创造价值和产值的统一结构设施。而价值网促进了所有成员在完全统一的基础上的联系,这使得各成员按日程表分工协作、共享资产,利用彼此的互补优势和资源协作开发、实施和完成业务。普拉特(Pratt)提出,不管人们如何添加新的功能和活动到文化创意产业生产系统,整个系统都呈现出周而复始、循环往复的特点。慢慢地,整个系统开始脱离直线形链条,转向网状、网络,甚至类似一个生态系统,如图4-5所示。

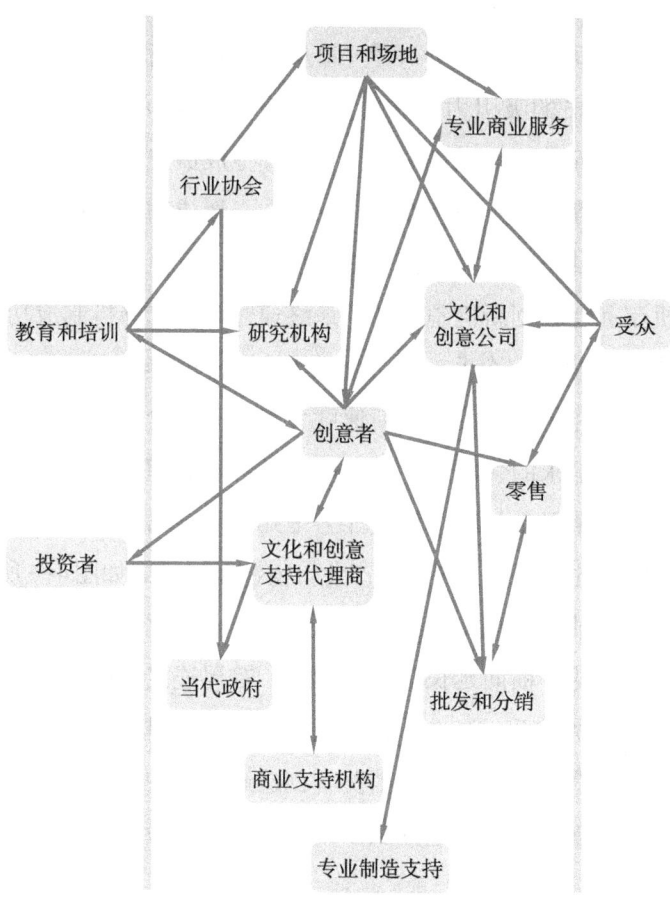

图4-5　产业价值链网状扩展

（三）产业价值链星系模式

其后，有学者提出文化创意产业价值创造基本逻辑呈现出新的变化，即着眼于构架整个价值创造系统，也就是将市场功能从价值交换转变为价值系统对话与沟通。

按照罗珉教授的表述，价值星系就是超越网状产业价值链的一种中间形态的组织结构，以一个"恒星"企业的引力范围为集合，通过"成员组合"方式进行角色与关系的重塑，共同"合作创造"价值，经由新的角色，以新的协同关系再创价值。[1]在价值星系中，每个成员企业处于不同的资源禀赋点上，从而在系统中占据着不同的"生态位"。[2]"恒星"企业之所以成为价值星系的关键并表现出对其他成员的吸引力，是因为它创造出独特的"张力产业要素"与"核心竞争力"，从而在价值星系中起到帮助其他成员建立连接桥梁的作用，之后各成员依据要素互补、互嵌的模式相互合作，形成动态的选择过程与"多对多"的生产格局。基于这一理论，文化创意产业的价值创造过程主要通过企业组织的遗传机制和变异创新机制实现，最终通过市场选择机制成功推动企业成为价值星系中的"恒星"企业，从而将文化创意的影响扩大到整个价值星系。在这一过程中，文化创意产品的创新速度大大提高，价值创造过程中的选择集合丰富，直接反映需求的多样性。根据网络外部性原理，随着"行星"企业数量的迅速增长，价值星系的价值创造能力呈几何级数增长，文化创意在经济体系中得到最大限度的发挥。文化创意产业价值链星系模式如图4-6所示。

至此，从理论抽象的角度来看，文化创意产业演化发展就是其产业价值链整合提升、分解优化、横向延长、纵向增厚、首尾连接、网状扩散，最终形成外形庞杂、内部紧密联系、互动演化发展的价值创造星系模式，最大限度地把文化创意放大到经济体系中，面向消费者创造最大化的产业价值。从具体实践的角度来看，文化创意产业通过分工深化和产业化成为一个独立的产业。它是

---

[1] 罗珉.价值星系：理论解释与价值创造机制的构建[J].中国工业经济，2006（1）：80-89.

[2] 肖月强.基于价值星系的超企业研究[M].成都：西南财经大学出版社，2006.

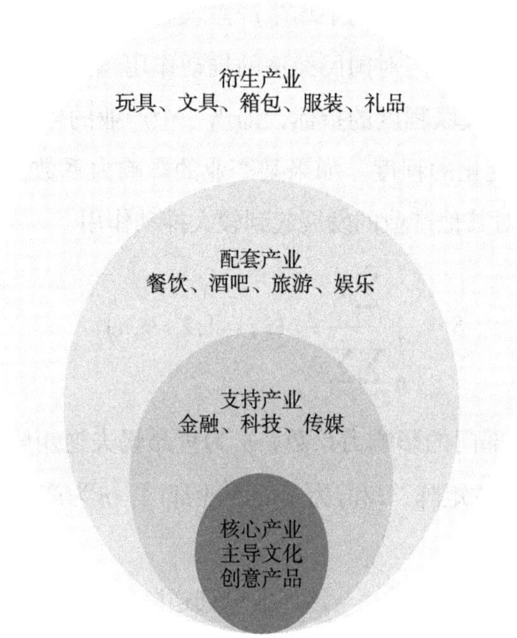

图4-6 文化创意产业价值链星系模式

一个富有包容性、开放性和可扩展性的综合概念，是一个具有巨大创新力的发展理念。文化创意产业不断演化发展，并强力渗透到传统的三次产业中。它不仅优化产业结构，还对其进行融合重构，从而改变整个经济体系的内部结构和发展方式。因此，文化创意在经济体系中通过遗传、变异和选择演化机制形成、扩散和放大，这一事实得到抽象理论和具体实践的证明。

第二节　技术创新扩散模型

一、产业关联

（一）影响力系数

影响力系数是从需求的角度反映一个产业部门增加一个单位的最终需求时，

对国民经济其他产业部门产生的平均生产需求波及程度。一个产业部门的影响力系数越大,意味着该部门对国民经济的推动作用越强。产业影响力系数是用来衡量产业之间后向关联程度的指标,即当一个产业的生产发生变化时,其他产业的生产会相应变化的程度。如果某产业的影响力系数大于1,则说明该产业的影响力较强,对其他产业的发展起到较大推动作用。

$$S_j = \frac{\sum\limits_{i=1}^{n} \bar{p}_{ij}}{\frac{1}{n}\sum\limits_{i=1}^{n}\sum\limits_{j=1}^{n} \bar{p}_{ij}} \quad (i,j = 1,2,\cdots,n) \tag{4-1}$$

式中,S_j 为第 j 部门的影响力系数;p_{ij} 为里昂惕夫逆矩阵 $\boldsymbol{P} = (\boldsymbol{I} - \boldsymbol{A})^{-1}$ 的系数;$\boldsymbol{A}$ 为直接消耗系数矩阵;i 和 j 为不同产业部门;n 为产业部门的个数。该模型可表述为

$$某产业的影响力 = \frac{该产业纵列逆阵系数的平均值}{全部产业纵列逆阵系数的平均值的平均}$$

(二)感应度系数

感应度系数是从供给即投入的角度表示某一部门最初投入增加一个单位对其他部门的推动程度。感应度系数越大,说明该部门对国民经济的推动作用越大。当某一部门的感应度系数大于(小于)1时,表示该部门的感应度高于(低于)社会平均感应度水平(各部门感应度的平均值)。产业感应度系数是用来衡量产业之间前向关联程度的指标,即其他产业的生产变化对某个产业的生产变化的影响程度。如果某个产业的感应度系数大于1,说明该产业受其他产业影响较大,感应度较高。在经济快速增长时,具有较高感应度系数的产业通常发展速度较快。

$$T_i = \frac{\sum\limits_{j=1}^{n} \bar{q}_{ij}}{\frac{1}{n}\sum\limits_{i=1}^{n}\sum\limits_{j=1}^{n} \bar{q}_{ij}} \quad (i,j = 1,2,\cdots,n) \tag{4-2}$$

式中，T_i 为第 i 部门的感应度系数；q_{ij} 为完全分配系数矩阵 $Q = (I - D)^{-1}$ 的系数，D 表示直接分配系数矩阵；i 和 j 为不同产业部门；n 为产业部门的个数。该模型可表述为：

$$某产业的感应度 = \frac{该产业横行逆阵系数的平均值}{全部产业横行逆阵系数的平均值的平均}$$

二、技术创新扩散模型的构建

基于产业的前后向关联关系，迪岑巴赫（Dietzenbacher）等[1]提出了各产业部门之间的技术创新扩散关系矩阵。

$$H = \operatorname{diag}(R\&D) \cdot \operatorname{diag}(X)^{-1} \cdot (I - A)^{-1} \quad (4-3)$$

$$\bar{H} = \operatorname{diag}(R\&D) \cdot (I - D)^{-1} \cdot \operatorname{diag}(X)^{-1} \quad (4-4)$$

式中，$\operatorname{diag}(R\&D)$ 和 $\operatorname{diag}(X)^{-1}$ 为各产业部门的 R&D 经费内部支出对角阵和总产出对角逆矩阵；A 和 D 分别表示直接消耗系数矩阵和直接分配系数矩阵；$\bar{H}$ 和 H 分别表示前后向 R&D 流量系数矩阵；矩阵 H 的列向量之和表示某部门总的技术吸收效应，矩阵 $\bar{H}$ 的行向量之和表示某部门总的技术溢出效应。

（一）基于后向乘数构建的技术创新扩散模型

定义 A_{-j} 为直接消耗系数矩阵 A 去掉第 j 行和第 j 列的矩阵，a_j 为 A 矩阵第 j 列去掉第 j 行的列向量，可得

$$b_j = (I - A_{-j})^{-1} \cdot a_j \quad (4-5)$$

修正后的里昂惕夫逆矩阵表示为

$$B^* = [b_1', b_2', \cdots, b_n'] \quad (4-6)$$

---

[1] DIETZENBACHER E, LOS B. Externalities of R&D expenditures [J]. Economic system research, 2002（4）: 407-425.

式中，$b_j^{'}$ 为向量 b_j 在第 j 行为 0 元素的列向量，则基于后向乘数构建的技术创新扩散关系修正矩阵可表示为

$$H^* = \text{diag}(R\&D) \cdot \text{diag}(X)^{-1} \cdot B^* \tag{4-7}$$

式中，$\text{diag}(R\&D)$、$\text{diag}(X)^{-1}$ 分别表示文化产业各个细分行业部门 R&D 经费内部支出对角阵和总产出对角逆矩阵；H^* 为各细分行业部门单位产出对应的中间技术创新扩散量，其中元素 h_{ij}^* 表示部门 j 最终技术创新扩散产出量增加一单位，需要部门 i 增加的技术创新扩散投入量，衡量部门 j 作为技术创新扩散受益者从部门 i 的 R&D 活动中吸收到的技术创新量。

为了消除各产业部门规模差异所带来的影响，该方法以各部门总投入占整个产业总投入的比例 e_j 为权重，来构建技术创新的吸收效应指标。因此，文化创意产业各细分行业部门技术创新吸收效应可表示为

$$\text{Abs}_j = \frac{\sum_i h_{ij}^*}{\sum_j \sum_i h_{ij}^* \cdot e_j} \tag{4-8}$$

$$e_j = \frac{X_j}{\sum_j X_j} \tag{4-9}$$

式中，X_j 为第 j 部门总投入；Abs_j 为第 j 部门从其他部门所获取的技术创新吸收量与所有部门的加权平均吸收量的比值。该比值越大表明此部门技术创新扩散的吸收效应越高。

（二）基于前向乘数构建的技术创新扩散模型

定义 D_{-i} 为直接分配系数矩阵 D 去掉第 i 行和第 i 列的矩阵，c_i 为 D 矩阵第 i 行去掉第 i 列的行向量，可得

$$q_i = c_i \cdot (I - D_{-i})^{-1} \tag{4-10}$$

修正后的完全分配系数矩阵表示为

$$Q^* = [q_1^{'}, q_2^{'}, \cdots, q_n^{'}] \tag{4-11}$$

式中，q_i' 为向量 q_i 在第 i 列为 0 元素的行向量，则基于前向乘数构建的技术创新扩散关系修正矩阵可表示为

$$\bar{H}^* = \text{diag}(R\&D) \cdot Q^* \cdot \text{diag}(X)^{-1} \quad (4-12)$$

式中，矩阵 $\bar{H}^*$ 的元素 $\bar{h}_{ij}^*$ 表示文化产业部门 i 增加一单位技术创新扩散量，所引起的其他产业部门 j 的技术创新扩散量的增加，衡量产业部门 i 在 R&D 活动中作为技术创新扩散施行者对产业部门 j 溢出的技术创新量。为了消除各产业部门之间规模差异所带来的影响，该模型以各部门总产出占整个产业总产出的比例 e_i 作为权重，来构建技术创新的溢出效应指标。因此，文化产业各细分行业技术创新扩散溢出效应可表示为

$$\text{Spl}_i = \frac{\sum_j \bar{h}_{ij}^*}{e_i \cdot \sum_i \sum_j \bar{h}_{ij}^* \cdot e_j} \quad (4-13)$$

$$e_i = e_j^T \quad (4-14)$$

式中，Spl_i 表示第 i 部门对其他部门所提供的技术创新溢出量与所有部门的加权平均溢出量的比值。该比值越大，表明此部门技术创新扩散的溢出效应越高。

第三节　影响北京文化产业全产业链结构优化的创新要素

一、计量模型的建立与数据来源说明

本书采用面板回归分析构建技术创新扩散对文化产业结构升级的作用模型，为消除异方差对模型结果的影响，对所有变量取对数后建立模型。

$$\ln\text{CSH}_{it} = \alpha + \beta \ln \vec{X}_{it} + u_{it} \quad (4-15)$$

式中，CSH 为文化产业结构升级；$\vec{X}_{it}$ 为所有解释变量的集合，包括研究经费投入（rdm）、研究人员投入（tep）、研究专利受理（acpat）、研究专利申请

(appat)、研究专利授权（aupat）、研究技术流通（tmar）、人均地区生产总值（rgdp）、教育经费（ec）。

（一）被解释变量：文化产业结构升级

学界通常采用产业结构高度化来表示产业结构的升级，产业结构高度化由不同产业部门的比例关系与各产业的劳动生产率的乘积加权值来衡量，反映的是地区产业经济发展与资源配置能力从低水平向高水平逐渐演变的规律。在文化产业结构方面，孙国锋和唐丹丹在韩永辉等、周春波的研究基础上将文化产业部门比例系数与部门劳动生产率的乘积再求和得到文化产业结构升级度量指标，本书沿用上述做法用艺术业、图书馆业、群众文化服务业、文化市场经营机构、文物业等部门的收入和与从业人数构建公式。

$$\mathrm{CSH}_{it} = \sum_{j=1}^{n} \left(\frac{Y_j}{Y} \right) \left(\frac{\mathrm{LP}_{jt} - \mathrm{LP}_{jb}}{\mathrm{LP}_{jf} - \mathrm{LP}_{jb}} \right) \tag{4-16}$$

式中，CSH_{it} 为 i 地区第 t 年的文化产业结构升级指标；Y_j 为艺术业、图书馆业、群众文化服务业、文化市场经营机构、文物业的收入；Y 为总收入；LP_{jt} 为艺术业、图书馆业、群众文化服务业、文化市场经营机构、文物业的劳动生产率（各部门收入或从业人数）；LP_{jb}、LP_{jf} 分别表示工业化初始时与完成时的劳动生产率；$j=1$，2，3，4，5 分别表示艺术业、图书馆业、群众文化服务业、文化市场经营机构和文物业。

在刘伟等的产业结构标准化阶段模型中，工业化起点是 140 美元，终点是 2100 美元，笔者根据美国消费者物价指数将原模型计算的 1970 年的美元基准利率换算成 2019 年的美元基准利率，将人均收入 933 美元与 13 994 美元分别作为工业化的起点和终点。

（二）解释变量：技术创新扩散

本书将技术创新扩散分为技术创新投入、技术创新产出、技术创新扩散与技术创新环境四个维度，并分别选取指标予以衡量。其中，技术创新投入是指区域内创新主体投入相应的资金、人力等资源要素进行创新研究,采用研究经费投入和研究人员投入予以衡量;技术创新产出是指区域内创新主体将创新投入转化为创新成果,这个过程主要体现为创新主体将创新成果以专利的形式予以保护,因此采用研究专利申请和研究专利受理予以衡量;技术创新扩散是指技术创新以专利保护的形式在区域内进行技术流转,最终通过技术的不断扩散提升整个产业的技术创新程度,采用研究技术流通和研究专利授权予以衡量;技术创新环境是技术创新投入、产出和扩散的综合影响因素,采用人均地区生产总值和教育经费予以衡量。

(三)数据来源与说明

本书选取我国31个省(自治区、直辖市)2009—2019年的研究样本,原始数据来自历年《中国统计年鉴》《中国科技统计年鉴》《中国教育经费统计年鉴》。各变量描述性统计结果如表4-1所示。

二、实证分析结果

(一)描述性统计结果

由表4-2可知,天津、北京、上海和广州等的文化产业结构高度化程度较高,且2009—2019年的总体增幅较其他省(自治区、直辖市)更高,说明这四个地区的文化产业结构优化水平整体更高。从2009—2019年的均值比较情况来看,北京的文化产业结构高度化水平最高,达到9.27,其次是天津(8.91)、上海(6.77)和广东(6.33),而其他省(自治区、直辖市)的文化产业高度化水平均在2.00左右,这也说明上述四个地区的文化产业结构高度化水平远超其他省(自治区、直辖市)。

表 4–1　变量描述性统计结果

变量名称			变量含义	样本数/个	平均值	标准差	最小值	最大值
被解释变量		文化产业结构升级	各省（自治区、直辖市）图书馆业、艺术业、文物业、群众文化服务业、文化市场经营业的收入占比与劳动生产率的乘积之和	341	2.64	3.70	0.55	36.96
解释变量	技术创新投入	研究经费投入	研究经费投入/万元	341	4 281 130.37	5 330 430.58	11 530.00	30 984 890.00
		研究人员投入	研究与试验发展人员全时当量/人	341	155 336.90	167 110.83	1568.70	879 854.00
	技术创新产出	研究专利受理	三种专利申请受理数/个	341	80 362.53	122 054.75	162.00	807 700.00
		研究专利申请	规模以上工业企业专利申请数/个	341	19 468.29	34 358.99	1.00	272 616.00
	技术创新扩散	研究专利授权	专利授权数量/个	341	28 493.03	28 406.41	1494.00	131 716.00
		研究技术流通	技术市场成交额/万元	341	3 052 599.83	3 052 599.84	3 052 599.84	3 052 599.84
	技术创新环境	人均地区生产总值	人均地区生产总值/（元／人）	341	49 847.77	26 332.82	10 309.00	164 220.00
		教育经费	教育经费总收入/万元	341	9 341 605.59	7 041 906.26	494 122.30	49 187 550.80

第四章 北京文化产业的创新扩散机制

表4-2 2009—2019年我国31个省（自治区、直辖市）文化产业升级指数

省（自治区、直辖市）	2009年	2010年	2011年	2012年	2013年	2014年	2015年	2016年	2017年	2018年	2019年	均值
北京	2.18	3.25	2.94	3.72	4.48	5.24	13.09	13.41	15.17	9.44	29.05	9.27
天津	1.49	2.23	3.13	2.25	2.48	2.65	4.56	13.79	14.20	14.25	36.96	8.91
河北	0.63	0.63	0.98	1.03	1.12	1.22	1.32	1.17	2.90	1.70	1.25	1.27
山西	0.84	0.94	1.17	1.49	3.82	1.70	1.65	1.63	1.48	2.27	2.44	1.77
内蒙古	1.04	1.05	1.38	1.55	1.54	1.43	1.52	1.77	1.73	1.88	2.40	1.57
辽宁	0.77	0.84	0.90	1.16	1.19	1.40	1.35	2.05	2.82	10.70	1.58	2.25
吉林	0.88	0.94	1.11	1.06	1.39	1.77	2.07	1.56	1.63	1.62	1.62	1.42
黑龙江	0.70	0.73	0.80	0.91	1.10	1.20	1.40	1.36	6.25	1.35	1.36	1.56
上海	3.66	3.54	4.30	3.96	2.74	4.19	6.40	4.96	10.28	8.50	21.94	6.77
江苏	1.25	1.32	1.56	1.70	1.86	1.78	2.16	2.49	3.14	3.21	2.51	2.09
浙江	1.69	1.74	1.70	1.92	1.94	1.94	2.27	3.26	4.97	4.34	4.86	2.79
安徽	0.94	1.05	0.88	0.95	1.28	1.05	1.43	1.24	1.23	1.56	3.94	1.41
福建	1.28	1.20	1.27	1.69	1.51	5.79	2.34	3.26	2.88	3.76	2.49	2.50
江西	0.76	0.81	0.94	1.51	1.06	1.16	1.21	1.44	2.99	1.30	3.17	1.49
山东	0.90	0.83	1.04	1.15	1.53	1.62	1.60	1.70	2.29	1.85	1.96	1.50
河南	0.73	0.74	0.89	1.03	1.02	0.96	1.01	1.02	1.01	1.05	1.35	0.98
湖北	0.79	0.87	1.03	1.03	1.36	1.60	1.54	1.81	1.99	3.19	6.66	1.99
湖南	0.65	0.82	0.86	1.64	1.43	1.73	1.72	1.95	2.10	2.76	3.20	1.72
广东	0.83	1.07	3.22	4.69	1.90	1.62	4.50	6.71	25.19	6.62	13.26	6.33
广西	0.60	0.70	0.89	1.21	1.48	1.39	1.45	1.47	1.52	1.62	1.60	1.27

207

续表

省（自治区、直辖市）	2009年	2010年	2011年	2012年	2013年	2014年	2015年	2016年	2017年	2018年	2019年	均值
海南	1.56	0.82	1.03	1.83	3.86	2.13	2.17	2.45	5.99	3.25	3.23	2.58
重庆	0.82	0.96	1.28	1.35	1.62	1.43	2.86	9.01	3.48	1.80	1.83	2.40
四川	1.09	1.16	1.53	1.28	1.61	1.55	1.61	1.74	2.67	2.56	3.26	1.82
贵州	0.65	0.77	0.94	1.17	5.50	1.59	1.49	1.50	2.01	1.87	2.30	1.80
云南	0.55	0.74	0.79	1.08	1.03	2.24	1.26	1.41	1.43	1.69	2.24	1.31
西藏	1.25	0.77	0.83	0.96	1.72	2.90	2.57	4.06	2.40	7.43	2.90	2.53
陕西	0.94	1.04	1.35	1.57	1.82	2.33	1.82	2.11	3.15	2.58	2.33	1.91
甘肃	0.81	0.91	1.25	1.62	1.86	2.30	1.72	1.80	1.49	1.72	2.30	1.62
青海	0.92	1.15	2.83	1.29	1.29	2.39	1.96	2.42	2.62	2.23	2.39	1.95
宁夏	0.81	0.88	1.03	1.70	1.42	1.63	2.33	2.42	1.50	1.78	1.63	1.56
新疆	0.92	1.05	1.80	2.37	2.45	1.84	1.69	2.23	3.97	4.62	1.84	2.25

第四章 北京文化产业的创新扩散机制

（二）面板回归分析结果

1. 单位根检验、F 检验与 Hausman 检验结果

本部分对技术创新扩散影响因素与文化产业结构升级指数进行回归分析。因为现实中的经济时间序列往往是不平稳的，在进行回归分析时可能得到"伪回归"的结果，因此需要先对变量序列进行单位根检验和协整检验。为确保检验的准确性，采用 LLC 检验、Fisher-ADF 检验两种方法同时进行检验，所有变量均取对数。结果表明，所有变量均为零阶单整，因此可跳过协整检验直接进行面板回归模型的构建。所有变量的异质与同质单位根检验结果如表 4-3 所示。

表 4-3 单位根检验结果

检验方法	lnCSH	ln(acpat)	ln(aupat)	ln(appat)	ln(ec)
LLC-t*	−7.102 32***	−8.613 02***	−6.710 82***	−29.478 6***	−12.544 8***
ADF-Fisher Chi-square	88.050 3**	100.71***	34.209 4***	208.181***	106.033***
检验方法	ln(rdm)	ln(rgdp)	ln(tep)	ln(tmar)	
LLC-t*	−12.770 1***	−13.911 6***	−7.258***	−2.956 54***	
ADF-Fisher Chi-square	107.795***	121.123***	93.379 2***	85.759 1**	

注：*、**、***分别表示在 10%、5%、1% 的显著性水平上显著，单位根检验过程中均包含个体固定效应。

由于本书面板数据的截面数大于时序数，在回归估计时需要用 F 检验来确定使用混合效应模型还是固定效应模型，并通过 Hausman 检验来确定使用固定效应模型还是随机效应模型。结果显示，F 检验的结果显著性小于 1%，拒绝了原假设，因此选择固定效应模型；Hausman 检验的结果同样在 1% 的水平下显著，拒绝了原假设，因此选择随机效应模型，应选用固定效应模型进行回归分析。表 4-4 和表 4-5 分别显示 F 检验和 Hausman 检验结果的显著性情况。

209

北京文化产业创新扩散与全产业链结构优化研究

表4-4 F检验结果

效果检验	统计量	自由度	概率
横截面数据F统计量	3.959 839	(8，82)	0.000 5
横截面数据卡方统计量	32.339 034	8	0.000 1

表4-5 Hausman检验结果

检验结果	卡方统计量	卡方自由度	概率
横截面数据随机误差项	31.678 694	8	0.000 1

2. 回归分析结果与模型修正

我们将所有解释变量与被解释变量纳入模型进行回归分析得到表4-6所示的结果。此时，模型拟合程度高达86.6%，F检验也显示该模型是显著的，但是模型中大部分解释变量的t检验都不显著，因此可以判定该模型存在多重共线性问题。

表4-6 初步多元回归模型的估计结果

变量	系数估计值β	t统计量	伴随概率P
文化产业结构升级	−8.820 217	−3.432 436	0.000 9
研究专利受理	−0.319 04	−0.826 217	0.411 1
研究专利申请	−0.364 729	−2.023 226	0.046 3
研究专利授权	0.841 226	2.089 505	0.039 8
教育经费	−0.422 68	−0.994 08	0.323 1
研究经费投入	0.827 561	1.985 788	0.050 4
人均地区生产总值	0.833 478	1.891 497	0.062 1
研究人员投入	0.012 324	0.095 235	0.924 4
研究技术流通	0.032 303	0.579 024	0.564 2
拟合优度			0.866 12
F统计值			33.155 59
F统计量的伴随概率			0
德宾-沃森统计量			1.592 817

为了解决多重共线性问题，本书采用逐步回归法进行模型的回归估计。逐步回归法的目的是建立最优线性回归模型，其步骤简单易行，所得的回归方程的变量较少，保留了影响最显著的重要变量，该方法在实践中被证明有效且预测精度较高。采用 Eviews 10.0 软件支持的自动逐步回归功能 STEPLS（Stepwise Least Squares）程序，选择"向前引入（forwards）"对变量进行筛选，P值设置为0.05，将P值最小且小于所设定标准的变量选入模型，得到表4-7所示的结果。进入模型的变量分别为研究专利申请、研究专利授权和人均地区生产总值，这说明研究专利申请、研究专利授权和人均地区生产总值对文化产业结构优化升级的影响较大。因此，该模型的最优结果为

$$CSH = -6.59 + 1.25 \cdot rgdp + 0.49 \cdot aupat - 0.28 \cdot appat \quad (4-17)$$

表4-7　逐步回归法的 Eviews 结果

变量	回归系数 β	标准误差	t 统计量	P 值
文化产业结构升级	-6.586 851	0.535 880	-12.291 7	<0.01
人均地区生产总值	1.245 273***	0.146 868	8.478 856	<0.01
研究专利授权	0.493 343***	0.128 288	3.845 586	<0.01
研究专利申请	-0.284 868*	0.143 788	-1.981 17	0.050 5
调整后的拟合优度	0.717 892			
F 统计值	84.128 36***			
DW 值	1.293 435			

注：*、**、***分别表示在10%、5%、1%的显著性水平上显著。

从表4-7所示的结果来看，在技术创新投入层面，研究经费投入和研究人员投入都被筛出了模型，说明这两个因素对文化产业结构优化的影响不及其他层面的因素显著。这可能是由于技术创新投入在已有研究中被证明存在门槛效应，即当技术创新投入低于一定水平的时候，其影响效果不显著，当技术创新投入高于一定水平的时候，其影响效果才显著，并且这种影响程度是动态的，随技术创新投入的加深呈现上升或者下降的趋势。在技术创新产出层面，研究专利申请的系数为-0.284 868，在10%的水平下显著，说明规模以上工业企业

专利申请数对文化产业结构优化具有负向影响。这可能是因为规模以上工业企业的专利申请普遍存在质量不高的问题，大多数专利申请不仅没有得到较好的市场应用，还由于质量低浪费了研究资源最终对文化产业结构优化产生负面影响。在技术创新扩散层面，研究专利授权的系数为0.493 343，在1%的水平上显著，说明专利授权数对文化产业结构优化具有显著正向影响。这意味着企业间通过专利授权的方式不仅达到了追求盈利的目的，而且促进了企业间技术水平的整体提升，最终对文化产业结构优化产生正面影响。在技术创新环境层面，人均地区生产总值的系数为1.245 273，在1%的水平上显著，说明人均地区生产总值对文化产业结构优化具有显著正向影响。这说明地区经济水平是文化产业结构优化水平的重要影响因素，各地区只有努力发展经济营造良好的创新环境，才能有效提高文化产业结构优化水平。

三、实证研究的结果与讨论

本书选取我国31个省（自治区、直辖市）2009—2019年的数据，从技术创新扩散的视角出发，考察了技术创新投入、技术创新产出、技术创新扩散和技术创新环境等因素对文化产业结构优化的作用。实证研究结果表明：规模以上工业企业专利申请数对文化产业结构优化具有负向影响，而研究专利授权数和人均地区生产总值对文化产业结构优化具有正向影响。

首先，规模以上工业企业专利申请数对文化产业结构具有负向影响。虽然有研究表明，在高新技术产业，规模以上工业企业专利申请数对产业绩效有显著正向影响，但是这种显著正向影响并未说明能反馈到产业结构优化上，尤其是文化产业结构优化上。我国近二十年来专利申请数激增的现象引发了学者的关注，研究发现部分企业存在专利申请投机行为，即专利申请只是为了获得国家专利资助，因此导致大量专利泡沫的产生。可以推断，这些受资助的泡沫专利势必会抢占优质专利项目的生存空间，进而导致专利申请数越多所反馈的社会收益越少，反映在文化产业中就会影响其结构的优化。

第四章 北京文化产业的创新扩散机制

其次，专利授权数对文化产业结构优化具有正向影响。专利授权数衡量的是技术创新扩散环节，即企业通过授权的方式将专利技术授权给文化产业企业，提升了文化产业企业的技术水平，最终提高文化产业结构优化水平。这一结论与当前数字文化产业的发展趋势是一致的。在世界范围内，数字技术与文化产业的结合不仅加速了数字技术的研发与创新，而且技术赋能文化产业也扩展了文化产业的发展空间。直播、短视频、算法、5G与虚拟现实等新技术在文化产业中遍地开花，技术创新的扩散与传播对文化产业结构优化具有深刻的影响。

最后，人均地区生产总值对文化产业结构优化具有正向影响。这说明环境的改善能够更有效地促进资源和要素的聚集，优化资源配置，提高产业技术、人才的积累水平，并为文化产业创新提供良好的基础和条件。

因此，结合以上研究结论，笔者提出三点建议：①提高创新技术与文化产业的融合效能，如建立文化产业技术创新与发展联盟，为文化企业的创新发展提供技术、背景方面的支撑，帮助企业找到运用和迁移新技术的渠道。②提高文化产业技术创新成果转化效率，推动高校和科研机构与企业深度合作进行技术开发，或者通过高校或研究机构转让、许可、咨询和服务等方式向企业转让科研成果。③优化区域创新环境，政府可通过设立创新专项基金、扣除减免企业税费、优化申报程序等方式扩大创新企业政策受惠面，从而鼓励企业进行技术与服务创新。

第四节　文化产业创新扩散的经典案例

一、北京环球度假区

哈利·波特的魔法世界、变形金刚基地、功夫熊猫盖世之地、好莱坞、未来水世界、小黄人乐园、侏罗纪世界努布拉岛等是北京环球度假区的七大主题景区，个个都是家喻户晓的顶级IP。各地游客正是凭借脑海中关于这些顶级 IP 的印象来亲身体验的。可以说，这些顶级 IP 是北京环球度假区成功的群众基础。

作为影视主题公园另一巨头的迪士尼乐园，其旗下 IP 更是不胜枚举。这些大家耳熟能详的 IP 背后是作为其源头的影视文化作品的优异表现，从而打造了一系列深入人心、历久不衰的经典形象。可以说，大量优秀的文化作品是影视主题公园这一文化产业成功的基础。失去了前者，后者就如建在沙滩上的堡垒，难以持久。

拥有优秀的作品只是第一步，强大的文化传播能力则为一国文化产业的发展壮大乃至将其影响力扩散至全球提供有力的支持。依靠美国传媒强大的国际传播能力，加上好莱坞雄厚的资本、先进的技术优势、大量的专业人才，美国的影视作品多年来行销世界各地，在赢得观众的同时，各种 IP 收获了大量的粉丝。遍布全球的拥趸反过来又促使拥有这些 IP 的影视企业不断推陈出新、换代升级，使得其影响进一步扩大。文化传播与文化产业相互促进、彼此呼应，形成不断扩大的正向循环，这是影视主题公园成功的重要条件。

拥有优秀的 IP 和强大的传播能力只是成功的一半，如何才能让热情的拥趸甘愿花真金白银来表达自己的支持，则需要"独门绝技"。影视作品中宏大的故事背景和绚丽的特技打造的缤纷世界、人类持续关注的重大话题，以及简单正面的主题核心有机融合在一起，很容易被接受并引起受众的共鸣，尤其要令受众特别是儿童和青少年产生认同，进而爱屋及乌，对影视主题公园这一衍生的文化产业产生兴趣。

北京环球度假区值得国内文化产业学习和借鉴。近年来，虽然国内文化产业迅速发展，涌现出一些有影响力的优秀作品，但总体数量仍然不足。就影响力和传播效果而言，能够成为顶级 IP 并具有全球传播力的作品非常少，很难形成规模，还不足以构建高质量的文化产业链。

我国文化产业应该踏踏实实地夯实基础，努力补齐短板，发挥自身优势，推出更多的优秀作品。同时，加强文化传播能力建设，让世界更多地了解中国优秀文化。特别是在创作中，要摒弃跟风炒热点的陋习，真正深入波澜壮阔的

现实生活挖掘题材、创作作品。

前进的征程不会一帆风顺,想要打造中国的环球影城绝非一朝一夕之功。不盲目媚外也不粗暴排外,秉持文化自信、保持自身特色、学习先进经验,中国文化产业的路在自己脚下。❶

二、迪士尼乐园

从20世纪20年代的一款印有米老鼠图案的水壶问世以来,衍生品一直是迪士尼公司的主要利润来源。实际上,除电影外,迪士尼公司还通过主题公园和迪士尼邮轮等方式进行衍生品销售。主题公园和迪士尼邮轮也是衍生品的一种。

"故事是最重要的,迪士尼首先有一个很强的电影内容制作团队,当他们确定了电影剧本和形象后,电影部门的导演等会找到我们开会,对电影中的角色做介绍,确定人物个性及哪些人物是制作商品的主要对象。"迪士尼消费品部门迪士尼及皮克斯动画全球授权高级副总裁玛丽·伦纳·比奇(Mary Renner Beech)说。电影中的角色众多,但并不是每个角色都能成为商品,因此电影部门和消费品部门会共同商议,选择其中的核心角色制作衍生商品。比如,电影《赛车总动员》中有217个角色,包括主角闪电麦昆和一些路人。为生产相关商品,最终只选择约10个重要而有个性的角色。玛丽·伦纳·比奇介绍说:"产品线包括服饰、文具、玩具、家居用品、食品等,开模具的周期是12个月到18个月,这也是我们要在电影还在制作的初期就介入生产的原因,毕竟生产需要时间。"一些电影刚刚上映或还未上映,其相关玩具、服饰等衍生商品就已开始热销。

迪士尼公司的电影衍生商品不仅有服饰和玩具,与其他动画电影不同,他们在电影中投入大量人力制作贯穿于全片的歌曲。此外,他们还在各国寻找当地歌手录制当地语言版本的歌曲,以践行"不同的语言,同一个声音"的理念。

---

❶ 庄红韬. 打造文化产业链,可以从环球影城学到啥[N]. 消费日报,2021-10-15(A03).

有了歌曲，迪士尼公司又衍生出的商品就是音乐剧及相关高密度数字视频光盘、唱片等。《狮子王》《小美人鱼》《歌舞青春》等深受欢迎的音乐剧已经成功上演，并在全球各地巡演。相比电影，音乐剧的优势是有更多演出机会，不受时间限制，可以为迪士尼公司带来持续不断的经济效益。

通常，一家公司会对员工进行人力管理，但在迪士尼公司有一项非常重要的管理并非针对真实的人，而是针对虚拟人物，即迪士尼卡通人物管理。在消费者的印象中，迪士尼公司的代表人物有米老鼠、唐老鸭、维尼熊等，还有白雪公主、灰姑娘、小美人鱼等，这些可爱的卡通人物背后其实蕴藏着巨大的市场管理商机。迪士尼公司会对消费者按年龄段进行分类，包括婴幼儿、儿童、少年和成年人，并对男性和女性消费群体进行划分。核心人物，如米老鼠、唐老鸭和维尼熊等，会根据不同年龄段的消费群体被分为婴幼儿版和正常版。比如，米老鼠会有穿着婴儿服装、戴着小围嘴的幼儿形象玩具和床品，这是面向婴幼儿市场的产品。年龄稍大一些的孩子则会看到正常版的米奇文具等。为了吸引更多的客户，迪士尼公司尝试推出一些针对青少年甚至成年人的作品，如《歌舞青春》电影和舞台剧吸引很多青少年和成年人，也让《歌舞青春》的系列衍生商品受到热捧。迪士尼公司曾对迪士尼电影中的公主做了整合，对白雪公主、人鱼公主、灰姑娘、睡美人等数位公主进行捆绑式营销，称之为"迪士尼公主系列"，该系列的全球零售业绩从3亿美元达到2012年的数十亿美元。"但我们也注意到一个问题，以往迪士尼的消费者更多地是女孩，这在性别分类上很明显，随着迪士尼收购漫威，钢铁侠、美国队长、绿巨人等形象加盟，迪士尼的衍生品会加大男孩商品所占的比例，这也是对消费者性别的一种平衡。"玛丽·伦纳·比奇说。迪士尼公司已经开始在男孩市场上发力，他们的电影《赛车总动员》和《赛车总动员2》不仅获得4.6亿美元和5.5亿美元的票房，还制作多个相关短片，并在全球销售近2亿个汽车模型。仅在中国市场，赛车总动员品牌已经有超过70家授权商和3000多种产品，覆盖各个年龄段和商品品类的儿童、成年人。

"迪士尼最核心的价值在于内容和科技，他们用无穷的想象力创造了一流的内容故事，基于故事，结合高科技进行电影、主题公园设计建设，只要给迪士尼一个触点，如赛车，就能从电影做到乐园、商品、舞台剧、出版物甚至教育等各个领域。目前，中国主题公园缺乏的就是内容，通常都是以过山车等强刺激游戏作为主打，但并无故事内容，在科技手段方面也有差距，这就很难创造出衍生品，最终只能单依靠门票获利，当门票难以负荷成本时，就只能走旅游地产道路了。"华美酒店顾问有限公司首席知识管理专家赵焕焱指出。当然，迪士尼公司并非无所不能，每年能够在中国市场上映的电影数量有限。此外，迪士尼频道暂时无法直接进入内地市场，虽然迪士尼公司已经开始与网络合作，但仍有许多故事无法直接呈现给中国的消费者。与此同时，美国式歌舞剧并非完全能被民众接受，因此迪士尼公司在中国也面临许多挑战。

三、《杜拉拉升职记》

《杜拉拉升职记》的成功证明产业链的延伸对图书产生显著的影响，畅销书的版权价值远远超过其本身的价值。以"杜拉拉"为中心衍生出的话剧和电视剧的商业价值非常惊人。

《杜拉拉升职记》得到广大读者的青睐后，影响力的扩大使其成为有效的品牌形象载体。小说已经有了固定的读者群和市场，出版公司又先后推出了系列图书《杜拉拉2：华年似水》《杜拉拉3：我在这战斗的一年里》，并且在推出时间和先后顺序上做了精心恰当的安排，通过畅销书的品牌扩展和延伸战略来持续引导读者的阅读激情。❶

《杜拉拉升职记》的诞生可以说是很偶然的。《杜拉拉升职记》的创作是偶然的。2007年8月，中南博集天卷文化传媒有限公司的负责人在和讯博客中偶然看到一个转帖，内容只有2000多字，但生动地讲述了一个办公室的故事。他认为这个故事"有情节，有个性，有生活，可以想象出一部小说"，于是立即联

---

❶ 冯雨乔，崔凌睿. 试论畅销书及其产业链的形成——以《杜拉拉升职记》为例 [J]. 新闻世界，2011（6）：227-228.

系转帖的作者，邀请她写一本职场小说。2007年9月，《杜拉拉升职记》就紧锣密鼓地上市了。由于这本书不是由著名作家创作，并采用普通的宣传方式，所以首次印刷的1.5万册图书并没有引起太大反响，甚至出现滞销。然而出版公司认为，随着中国商业社会的日益成熟，国内的小说创作并未跟上时代的发展。虽然有一些作品关注当代社会生活，但更多地将焦点放在个人的情感生活上，而中国已经出现一个庞大的都市白领阶层，这是一个具有巨大潜力的市场。

基于上述判断，中南博集天卷文化传媒有限公司全力投入图书的营销。《杜拉拉升职记》被重新打造成一本职场励志小说，这在当时的中国是一个全新的概念。封面也做了调整，以干净利落的白底红字为主，中性而积极，一条醒目的红色腰封上写着"她的故事比比尔·盖茨更值得参考"。书上的简介写道："杜拉拉作为典型的中产阶级代表，没有背景，受过良好的教育，通过个人奋斗获得成功""也可以把它当经验分享之类的职场实用手册来使用"，这样的语言易于获得都市白领群体的共鸣和认同。到2007年11月，虽然没有名人推荐，也没有大力宣传，但《杜拉拉升职记》在读者中的口碑良好。它开始在当当网和卓越网上热卖，并迅速出现在排行榜上。读者纷纷自发写下书评。中南博集天卷文化传媒有限公司迅速调整宣传策略，将当当网和卓越网作为《杜拉拉升职记》的主要推广渠道。2008年，《杜拉拉升职记》在当当网、卓越网创下了连续88周位列小说排行榜第一的纪录。

《杜拉拉升职记》能够取得巨大成功，与它对受众的精准定位密不可分。中南博集天卷文化传媒有限公司在职场小说市场和受众方面的判断非常准确：职场小说市场容量巨大且市场份额不断增长；受众主要包括职场老手和刚入职场的新人，他们或者面临职场困惑和迷茫，或者需要丰富的职场经验。针对这一目标人群，出版公司将市场营销重点放在大城市，如北京、上海和广州，并选择网络书店作为主要销售渠道，因为白领主要通过网络购书。《杜拉拉升职记》为出版界开辟一个庞大的市场，随后各种类型的职场小说如雨后春笋般涌现，其中不乏佳作。《浮沉》《荆棘舞》《杜拉拉升职记》被誉为"三大女性职场小说"，《圈子圈套》《输赢》《浮沉》《对决》被称为"四大职场商战小说"。可以看出，随着中国经济社会的快速发展，社会分层趋势逐渐加剧，准确抓住细分市场需求是图书发行成功的重要因素之一。

在国内的图书中，"杜拉拉"对衍生文化产品的打造可谓取得了巨大的成功。2007年12月，《杜拉拉升职记》的销量突破10万册时，上海文广买走了其电视剧版权；2010年6月，30集同名电视剧陆续在全国播出。上海话剧艺术中心在2008年11月获得《杜拉拉升职记》的话剧改编权。2009年4月，他们将该剧搬上话剧舞台。作为全国第一部"杜拉拉"衍生文化产品，话剧《杜拉拉》在全国巡演多场，票房超过3000万元。同时，《杜拉拉升职记》的销量突破60万册，电影版权被成功出售。2010年4月，电影《杜拉拉升职记》上映，这部投资1500万元的电影票房收入超过1.2亿元。此外，2009年1月，《杜拉拉2：华年似水》出版；2010年5月，《杜拉拉3：我在这战斗的一年里》出版。与其他国家的图书衍生影视作品相比，这个过程是一种文化产品链倒挂的现象。然而这次有所不同，"杜拉拉"让图书成为影视剧的基础。在图书、电影、电视剧和话剧等环节中，营销配合得非常默契。当出版公司加印图书时，都会及时更换腰封，将读者和媒体对该书的最新评价写在上面。不同于其他图书，"杜拉拉"时常成为媒体娱乐版的主角——"先是话剧在几个城市引起观众热捧，然后是电影的相关新闻引发了大规模的宣传。一个电影的后期制作阶段是宣传的低潮期，偏偏这个时候电视剧的新闻出来了。很快，电影首映的宣传又开始了。《杜拉拉3：我在这战斗的一年里》这本书早就印好了放在库房里，博集天卷等电影一上映就开始销售"。数据表明，《杜拉拉升职记》电影和电视剧的播映对原作图书销量的拉动是非常可观的。由于不同媒体之间成功的营销互动，"杜拉拉"始终是中国娱乐文化市场的一个热词。可以说《杜拉拉升职记》宣告了"就书论书"模式的终结，通过延伸文化产业链，可以延展到另一个领域。"一本书带动一个产业，不再是痴人说梦。""'杜拉拉'通过一本图书造成的话题效应和品牌效应，为其电影、电视剧的卖座打开通路。在'杜拉拉'的产业链中，图书终于回到了它在文化产业链中的应有位置：奠基之石。"

目前,"杜拉拉"的衍生产品还包括小说连播、有声读物,中南博集天卷文化传媒有限公司保留着"杜拉拉"在服装、文具和箱包等领域的商标,希望将来可以继续延伸这条产业链(见图4-7)。

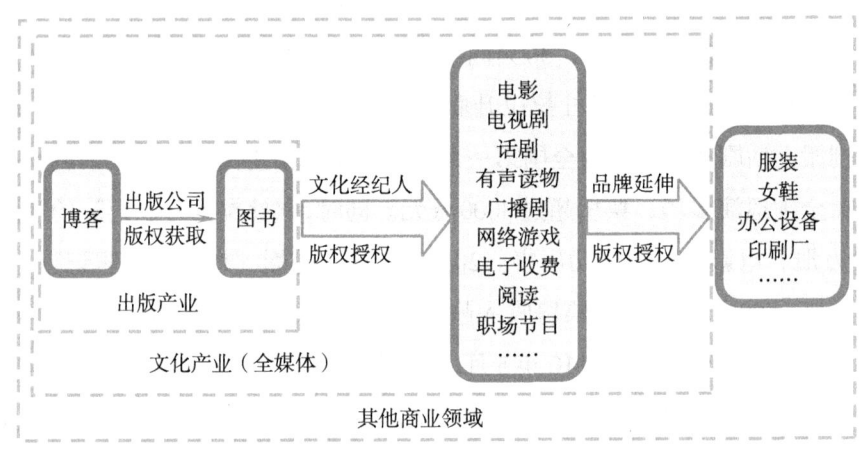

图4-7　杜拉拉媒介产品产业链延伸示意❶

虽然"杜拉拉"衍生产品的打造取得了巨大的成功,但与其他更为成熟的商业运作模式相比,"杜拉拉"带动的产业链还有很大的差距。以"哈利·波特"系列图书为例,其衍生产品涉及系列电影、DVD、录像带、电视片、唱片、游戏、广告等,还有难以计数的玩具、文具、服装、食品、饮料、手机等特许经营商品,再到主题公园、主题旅游……这条庞大的产业链在不断丰富、扩展,产业的边际和界限不断模糊。国外同行的这种先进的营销模式值得国内出版业借鉴和尝试。❷

---

❶ 包韫慧.一个核心,三个关键,延伸文化产业链——以杜拉拉系列图书为例[J].科技与出版,2012(2):11-12.

❷ 王德庄.以图书带动文化产业链的营销模式研究——以《杜拉拉升职记》为例[J].黑龙江教育(高教研究与评估),2011(7):54-55.

第五章　基于创新扩散的北京文化产业全产业链结构优化模拟仿真

创新扩散模拟仿真方法包括确定性扩散模型和可变扩散模型两大类，其中又各自包括基础模型和扩展模型。技术创新扩散驱动区域产业结构演化模型是基于创新扩散的文化产业全产业链结构优化的最优模拟仿真方法，笔者运用此方法通过计算模拟2019—2021年北京及其16个区的文化产业相关数据，对北京文化产业全产业链结构优化进行模拟仿真。

第一节　创新扩散模拟仿真方法

创新扩散模型分为确定性扩散模型和可变扩散模型两大类，每类模型都由一个基础模型扩展而来。基础的确定性扩散模型用于分析一项创新随时间变化的扩散，这个模型是一般性的，不涉及任何特定的技术、组织或社会背景。确定性扩散模型的扩展模型包括外部影响扩散模型、内部影响扩散模型和混合影响扩散模型。可变扩散模型的扩展模型包括动态扩散模型、多重创新扩散模型、时空扩散模型、多阶段扩散模型和多重采纳扩散模型，如图5-1所示。

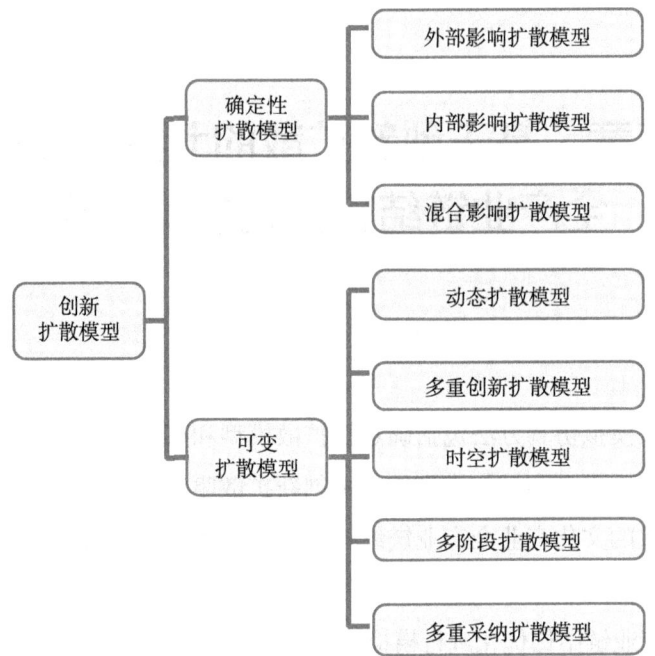

图5-1　创新扩散模型的分类

一、确定性扩散模型

（一）基础模型

确定性扩散模型的基础模型可表示为

$$\frac{dN(t)}{dt} = g(t) \cdot \left[\overline{N} - N(t)\right] \tag{5-1}$$

式中，$N(t)$ 为 t 时的累计采纳者数量；$\dfrac{dN(t)}{dt}$ 为 t 时的扩散率；$g(t)$ 为扩散系数；$\overline{N}$ 为 t 时社会系统中所有潜在采纳者的数量。

其边界条件为

$$N(t = t_0) = N_0 \tag{5-2}$$

式中，N_0 为时间 t_0 的累计采纳者数量。

第五章 基于创新扩散的北京文化产业全产业链结构优化模拟仿真

$$N(t) = \int_{t_0}^{t} n(t) \mathrm{d}t \tag{5-3}$$

式中，$n(t)$ 为 t 时的非累计采纳者数量。

式（5-1）所呈现的扩散模型是一个确定速率的方程。它假定，在任何时间 t，一项创新的扩散率是在这个时间点所存在的潜在采纳者总数与该时间点的先行采纳者数量之差（$[\overline{N} - N(t)]$）的一个函数，也即该差是呈比例的。该模型公式的结果是，当先行采纳者的累计数量 $N(t)$ 接近社会系统中所有潜在采纳者的数量 $\overline{N}$ 时，扩散的速率下降。

t 时的扩散速率和潜在采纳者数量之间的关系形式和性质（$[\overline{N} - N(t)]$）由扩散系数 $g(t)$ 表示或者控制。$g(t)$ 的确切值依赖于扩散过程的特征，即该项创新的性质、使用的传播渠道及社会系统属性。另外，$g(t)$ 能被解释为 t 时采纳的概率。如果这样解释可行，那么 $g(t) \cdot [\overline{N} - N(t)]$ 表示的就是 t 时期望的采纳者数量 $n(t)$。此外，如果 $n(t)$ 被视为 t 时社会系统成员从潜在采纳者转变为采纳者的数量，那么 $g(t)$ 能被视为一种转变机制、一个传导系数或者一个转变系数。

两种截然不同的方法已经被用于表示 $g(t)$。一种将 $g(t)$ 表示为时间的函数；另一种将 $g(t)$ 作为先行采纳者数量的函数。因为后一种方法更为普遍，所以笔者采用这种方法。尤其是，$g(t)$ 能够表示为 $N(t)$ 的一个函数，即

$$g(t) = a + bN(t) + cN(t)^2 + \cdots \tag{5-4}$$

然而，为了方便起见，需要保持分析的简约性及简化解释和系数估计，所以 $g(t)$ 表示为

$$g(t) = a \tag{5-5}$$

或者

$$g(t) = bN(t) \tag{5-6}$$

或者

$$g(t) = a + bN(t) \tag{5-7}$$

式中，a 和 b 作为模型的系数或参数。

(二)扩展模型

1. 外部影响扩散模型

如果 $g(t)=a$,则确定性扩散模型的基础模型可以表示为

$$\frac{dN(t)}{dt}=a\cdot[\overline{N}-N(t)] \tag{5-8}$$

式(5-8)被称为外部影响扩散模型。

外部影响扩散模型的流行得益于科尔曼(Coleman)等人的工作,他们曾研究一种新药在美国四个中西部社区的医生中的扩散。该模型的结果是一个指数衰减扩散曲线或者修正的指数扩散曲线。该曲线的一般形状如图5-2所示,累计采纳者数量随时间增加,但是保持一个(恒定)递减的增长率。根据式(5-8)这个方程,扩散过程假设驱动力仅来自社会系统外部传播源所带来的信息。因此,应用该扩散模型要求存在如下假定:t时的扩散率仅依赖于在t时社会系统中存在的潜在采纳者数量。换言之,该模型对任何扩散都不考虑先行采纳者和潜在采纳者之间的交互作用。

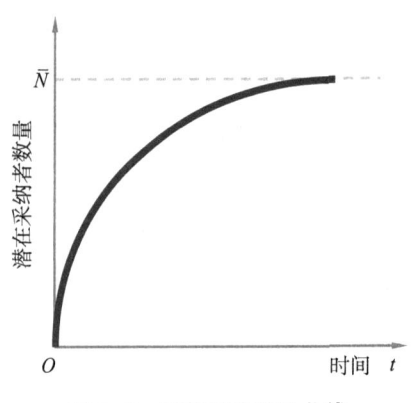

图5-2 外部影响扩散曲线

汉布林(Hamblin)等人详述了外部影响扩散模型的应用。研究人员利用外部影响扩散模型对"创新"数据进行分析,这些数据记录64个发展中国家长达20年的工人罢工和政治暗杀的数量。由于这些国家地理分布广阔,而且这些"创新"事件相互独立,没有证据表明罢工者和暗杀者之间存在交流或合谋,因此假设社会系统的成员之间没有相互作用。相反,假设大众媒体(报纸、广播和杂志)是唯一的共有传播渠道。一般而言,外部影响扩散模型适用于社会系统成员是孤立的,在科尔曼等人的研究中某些医生即如此;或者适用于创新不那么

复杂且（或）受制于人际传播，或者适用于关于创新的充分信息仅来源于社会系统的外部。

2. 内部影响扩散模型

如果 $g(t)=bN(t)$，则基础扩散模型可以表示为

$$\frac{\mathrm{d}N(t)}{\mathrm{d}t}=bN(t)\cdot\left[\overline{N}-N(t)\right] \tag{5-9}$$

式（5-9）被称为内部影响扩散模型。

被广为引用的使用内部影响扩散模型的研究来自曼斯菲尔德和格里利奇斯（Griliches）。曼斯菲尔德研究许多工业创新的扩散，如堆积机、柴油机车及连续采矿机在公司之间的扩散；格里利奇斯研究杂交玉米种子在美国31个州和132个作物报告区的农民之间的扩散。其他被频繁引用的还有格雷（Gray）的研究，他研究12项公共政策创新在美国48个邻近州之间的扩散。当一项创新复杂且社会可见，不采纳将使社会系统成员处于劣势，社会系统相对较小且同质，以及需要先行采纳的经验或合法性时，内部影响扩散模型最合适。内部影响扩散曲线如图5-3所示。

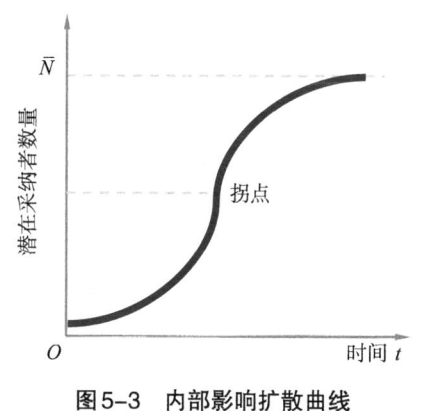

图5-3 内部影响扩散曲线

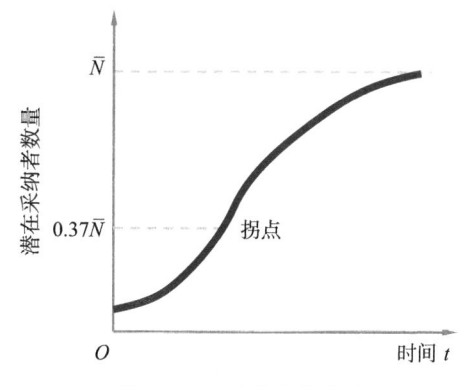

图5-4 冈珀茨扩散曲线

内部影响扩散模型与著名的冈珀茨函数直接相关，冈珀茨扩散曲线如图5-4所示，冈珀茨函数被广泛用于技术预测。

冈珀茨函数可以表示为

$$\frac{\mathrm{d}N(t)}{\mathrm{d}t} = bN(t) \cdot \left[\ln \overline{N} - \ln N(t)\right] \quad (5-10)$$

假定：

$$N(t = t_0) = N_0 \quad (5-11)$$

则冈珀茨函数的累计采纳者分布可以通过积分获得，即

$$N(t) = \overline{N} \exp\left\{-\left(\ln \frac{\overline{N}}{N_0}\right) \exp\left[-b(t - t_0)\right]\right\} \quad (5-12)$$

或者

$$\ln\left[\frac{\ln \overline{N} - \ln N(t)}{\ln \overline{N} - \ln N_0}\right] = -b(t - t_0) \quad (5-13)$$

冈珀茨函数被用于研究扩散环境中亨德利（Hendry）对英国几种耐用消费品建立的销售增长模型。此外，迪克逊（Dixon）的研究还对格里利奇斯的杂交玉米种子数据进行分析。

3. 混合影响扩散模型

如果 $g(t) = a + bN(t)$，那么基础扩散模型可以表示为

$$\frac{\mathrm{d}N(t)}{\mathrm{d}t} = \left[a + bN(t)\right] \cdot \left[\overline{N} - N(t)\right] \quad (5-14)$$

式（5-14）被称为混合影响扩散模型。最初使用混合影响扩散模型的是巴斯，他成功地用其预测了诸如电视机、洗碗机及干衣机的销量。马哈詹（Mahajan）和穆勒（Muller）曾对使用混合影响扩散模型预测销量提出评述和看法。

混合影响扩散模型也被改进并用于研究位置的作用［韦伯（Webber）］、模拟某些内部和外部影响对扩散模式的作用［拉克瓦尔（Lakvall）、华彬（Wahbin）］、预测一项新太阳能技术的市场潜力［沃伦（Warren）］，以及研究教学创新的扩张。

二、可变扩散模型

（一）基础模型

由于确定性扩散模型缺乏可变性，所以一些学者尝试开发可变的扩散模型，其中有六个模型，即弗洛伊德模型、谢里夫-卡比尔模型、朱兰德（Jeuland）模型、非对称响应逻辑斯谛（Nonsymmetric Responding Logistic，NSRL）模型、非均匀影响（Non-Uniform Influence，NUI）模型和贝塔朗菲（Bertalanffy）模型。下面对这些模型做简要介绍。

根据式（5-9），如果

$$F(t) = \frac{N(t)}{\overline{N}} \tag{5-15}$$

即在 t 时潜在采纳者采纳创新的比例，那么式（5-1）可以被重新写为

$$\frac{dF}{dt} = bF(1-F) \tag{5-16}$$

对式（5-16）求积分得

$$\ln\frac{F}{1-F} = c + bt \tag{5-17}$$

1. 弗洛伊德模型

弗洛伊德指出，以下可变扩散模型力图在经验上"拟合"某些扩散模式，即

$$\ln\frac{F}{1-F} + \frac{1}{1-F} = c + bt \tag{5-18}$$

式中，c 是一个常数。假设当 $t = t_0$ 时，$F = F_0$，则

$$c = \ln\frac{F_0}{1-F_0} + \frac{1}{1-F_0} - bt_0 \tag{5-19}$$

对式（5-19）求微分，得到弗洛伊德模型假定速率方程，即

$$\frac{dF}{dt} = bF(1-F)^2 \tag{5-20}$$

弗洛伊德模型是非对称的，且当 $F^* = 0.33$ 时，具有固定的拐点。

2. 谢里夫–卡比尔模型

谢里夫和卡比尔主张通过联合逻辑斯谛内部影响模型和弗洛伊德模型，可以在两个模型的界限内得到一条平滑的 S 形曲线。他们提出确切的模型，即

$$(1-\sigma)\left(\ln\frac{F}{1-F}\right)+\sigma\left(\ln\frac{F}{1-F}+\frac{1}{1-F}\right)=c+bt \qquad (5-21)$$

或者

$$\ln\frac{F}{1-F}+\sigma\frac{1}{1-F}=c+bt \qquad (5-22)$$

式中，σ 是一个常数，且 $0 \leq \sigma \leq 1$。如果 $\sigma = 0$，则式（5-21）可简化为逻辑斯谛内部影响模型；若 $\sigma = 1$，则式（5-21）变为弗洛伊德模型。式（5-21）的微分显示谢里夫–卡比尔模型暗含如下速率方程：

$$\frac{\mathrm{d}F}{\mathrm{d}t}=\frac{bF(1-F)^2}{1-F(1-\sigma)} \qquad (5-23)$$

虽然谢里夫–卡比尔模型能够适应对称及非对称的扩散模式，但它要求拐点必须在 $0.33 \leq F \leq 0.5$ 的范围内。

3. 朱兰德模型

朱兰德在研究巴斯混合影响扩散模型后发现，该模型默认潜在采纳者在采纳方面具有相同的倾向。为了解决这个问题，他提出一个通用的巴斯模型，建立在如下假定的基础上。

（1）扩散过程中的外部影响与潜在采纳者采纳创新的倾向有关。

（2）考虑采纳倾向后潜在采纳者群体是异质性的。

（3）采纳的倾向服从伽玛（Gamma）分布。

这些假定使得扩散模型为

$$\frac{\mathrm{d}F}{\mathrm{d}t}=(a+bF)(1-F)^{1+\gamma} \qquad (5-24)$$

当 $\gamma = 0$ 时，朱兰德模型可简化为巴斯混合影响扩散模型。当 $a = 0$ 且 $\gamma = 1$ 时，朱兰德模型可简化为弗洛伊德模型。虽然朱兰德模型能够同时应用于对称的和非对称的扩散模式，但在超过 50% 的采纳水平时它不能得到拐点。

4. NSRL 模型和 NUI 模型

伊辛伍德（Easingwood）等人提出基础扩散模型的两个可变版本：NSRL模型（即可变内部影响扩散模型）及NUI模型（即可变混合影响扩散模型）。这两个模型的目的是克服基础扩散模型的缺陷，即假设在整个扩散过程中采纳者和潜在采纳者的内在影响保持不变。但是，对大多数创新来说，这个假设是有问题的，因为在扩散过程中内部影响的效果常常会发生变化，无论是增加还是减少。伊辛伍德等人用一个采纳水平的函数代表内部影响的作用，该函数表达式为

$$w(t) = bF^{\alpha} \quad (5-25)$$

式中，α是一个常数，且$w(t)$代表内部影响随时间变化的作用，所以可变混合影响扩散模型为

$$\frac{dF}{dt} = (a + bF^{\delta})(1 - F) \quad (5-26)$$

式中，$\delta = (1 + \alpha)$且作为不均匀影响因素。当$\delta = 1$（或$\alpha = 0$）时，模型假定是一个常数或者内部影响是均匀的。扩散过程中存在不均匀影响意味着$\delta \neq 1$。当$\alpha = 0$时，NUI模型可简化为NSRL模型。NUI模型和NSRL模型能够同时适合对称和非对称扩散模式。另外，拐点可以出现在扩散过程中的任何时间点。

5. 贝塔朗菲模型

一个相对知之甚少的扩散模型是路德维希·冯·贝塔朗菲（Ludwig Von Bertalanffy）提出且由理查兹（Richards）进一步完善的可变扩散模型。该模型假设：

$$\frac{dF}{dt} = \frac{b}{1-\theta}F^{\theta}(1 - F^{1-\theta}) \quad (5-27)$$

贝塔朗菲模型是一个可变扩散模型，这能够通过检验其不同θ值下的形式得到证明。当$\theta = 0$时，该模型可简化为外部影响扩散模型；当$\theta = 2$时，该模型为传统的内部影响扩散模型。虽然该模型在$\theta = 1$时不成立，但当θ值接近1时，它得到的是内部影响扩散模型的冈珀茨形式。进一步说，贝塔朗菲模型能够同时适应对称的和非对称的扩散模式，拐点可以出现在扩散过程中的任何

时间点。该模型可以非常容易地被扩展为混合影响扩散模型。部分创新扩散模型的特性如表5-1所示。

表5-1 部分创新扩散模型的特性

模型	模型方程 $dF/dt=$	拐点位置 F^*	对称性
逻辑斯谛内部影响模型	$bF(1-F)$	0.5	S
冈珀茨内部影响模型	$bF\ln\left(\dfrac{1}{F}\right)$	0.37	NS
混合影响扩散模型	$(a+bF)(1-F)$	0.0~0.5	S
弗洛伊德模型	$bF(1-F)^2$	0.33	NS
谢里夫-卡比尔模型	$\dfrac{bF(1-F)^2}{1-F(1-\sigma)}$	0.33~0.5	S或NS
朱兰德模型	$(a+bF)(1-F)^{(1+\gamma)}$	0.0~0.5	S或NS
NUI模型	$(a+bF^\delta)(1-F)$	0.0~1.0	S或NS
NSRL模型	$bF^\delta(1-F)$	0.0~1.0	S或NS
贝塔朗菲模型	$\dfrac{b}{1-\theta}F^\theta\left(1-F^{(1-\theta)}\right)$	0.0~1.0	S或NS

(二) 扩展模型

1. 动态扩散模型

如果将基础扩散模型应用于动态的扩散过程,那么$\overline{N}$的边界起伏波动会导致不正确的参数估计和(或)不正确的预测。为了克服这个缺陷,马哈詹和彼得森(Peterson)提出动态扩散模型,该模型允许$\overline{N}$随着时间变化。特别地,他们界定:

$$\overline{N}(t)=f(S(t)) \tag{5-28}$$

式中,$S(t)$为影响$\overline{N}(t)$的(潜在)相关的外在变量和内在变量——可控制的和不可控制的——所组成的因素。因此,如果将$f(S(t))$作为$\overline{N}(t)$代入式(5-1),则得出一个动态扩散模型:

第五章 基于创新扩散的北京文化产业全产业链结构优化模拟仿真

$$\frac{dN(t)}{dt} = (a + bN(t)) \cdot (f(S(t)) - N(t)) \tag{5-29}$$

式（5-29）的解是

$$N(t) = -\frac{a}{b} + \frac{\exp(a(t-t_0) + b\varphi(t))}{\left(\frac{b}{a+bN_0}\right) + b\int_{t_0}^{t} \exp(a(x-t_0) + b\varphi(x))dx} \tag{5-30}$$

这里

$$N(t = t_0) = N_0 \tag{5-31}$$

且

$$\varphi(t) = \int_{t_0}^{t} f(S(t))dx \tag{5-32}$$

马哈詹和彼得森运用动态扩散模型研究1945—1974年的联合国成员资格。由于在这段时间内成员国的数量几乎是之前的两倍，所以潜在加入联合国的国家（即采纳者）数量上限被定义为可变的。虽然某些因素（如地缘政治）可能已经影响加入联合国的国家数量，但只有在研究期间每年已加入国家数量被定义为$\overline{N}$。他们在研究中，首先使用基础扩散模型去模型化$\overline{N}(t)$，以估计1945—1974年成员国的累计数量$P(t)$。这样，$\overline{N}$与$P(t)$的关系可表示为

$$\overline{N}(t) = f(P(t)) = K_1 + K_2 P(t) \tag{5-33}$$

一般而言，动态扩散模型表现非常好。参数的值，不管是符号还是数值在理论上均正确，且模型拟合度非常令人满意。

其他动态扩散模型已经由邹至庄（Chow）、莱克曼（Lackman）、多德森（Dodson）和穆勒、谢里夫和拉马纳坦（Ramanathan）开发出来。邹至庄通过使用冈珀茨内部影响扩散模型检验计算机的自然增长，他指出计算机采纳数量被"技术变化—降价"的作用影响。其研究暗含的假定是该作用可以表示为

$$\overline{N}(t) = B_0 (P(t))^{-N} \tag{5-34}$$

式中，B_0和B_1是常数，且$P(t)$是计算机价格。类似地，莱克曼在研究一种新塑料产品对汽车产业增长的影响时，采用基于冈珀茨模型的动态扩散模型，即

231

$$\overline{N}(t) = \overline{N}\left(\frac{ZB(t)}{Sc(t)}\right)^k \qquad (5\text{-}35)$$

式中，k 为常数；$ZB(t)$ 为公司利润；$Sc(t)$ 为公司销量。利润－销量变量包括于反映客户在利润率高时快速转向新产品的事实。

2. 多重创新扩散模型

创新不是孤立存在的，它常常在社会系统中发生，并对其他创新的传播产生积极或消极的影响。彼得森和马哈詹已经定义四类创新之间的相互关系，即独立性、互补性、有条件性、可替代性，这些关系能够影响采纳率，也能够影响一项创新的累计采纳数量。他们扩展基础混合影响扩散模型以表示所有四类创新之间的相互关系。比如，他们通过如下方程表示两项创新之间的替代关系：

$$\frac{dN_1(t)}{dt} = \left(a_1 + b_1 N_1(t) - c_1 N_2(t)\right)\left(\overline{N}_1 - N_1(t)\right) \qquad (5\text{-}36)$$

以及

$$\frac{dN_2(t)}{dt} = \left(a_2 + b_2 N_2(t) - c_2 N_1(t)\right)\left(\overline{N}_2 - N_2(t)\right) \qquad (5\text{-}37)$$

式（5-36）涉及创新1，而式（5-37）涉及创新2。在这两个方程中，c_1 和 c_2 代表假设的两项创新之间的替代关系。这样，式（5-36）可以被写为

$$\frac{dN_1(t)}{dt} = a_1\left[\overline{N}_1 - N_1(t)\right] + b_1 N_1(t)\left[\overline{N}_1 - N_1(t)\right] - c_1 N_2(t)\left[\overline{N}_1 - N_1(t)\right] \qquad (5\text{-}38)$$

式（5-38）中的项包含常数项 c_1，代表创新2的采纳者和创新1的采纳者之间的交互作用；它导致创新1的扩散率下降。

多重创新扩散模型可用于验证创新之间的关系假设。例如，彼得森和马哈詹在比较1959—1973年黑白电视机和彩色电视机的销售增长率时发现，虽然可替代模型不能很好地描述彩色电视机的销售增长，但它显著提高对黑白电视机的销售增长的模型拟合。换句话说，可替代性是单向的，即彩色电视机的销售增长对黑白电视机的销售增长具有替代作用，反之则不一定成立。如果是这样，那么黑白电视机的销售增长与彩色电视机的销售增长稍有互补关系。

在探讨创新的独立性特质时，其他研究者已经考虑到"独立竞争"的背景。

有观点认为，如果一项创新即使由特定的组织或者多个组织提供，对这些组织也都没有影响，那么组织创新的提供就可以被视为独立的。反驳该观点的案例是埃利亚斯贝格（Eliashberg）和朱兰德、拉奥（Rao）和巴斯、科林·克拉克和多兰（Dolan）、马特（Mate）和汤普森（Thompson）、费斯特曼（Fershtman）等在商业领域的研究。这些研究的主要目标貌似是检验竞争公司的价格和广告策略及它们对"市场均衡"的作用。

3. 时空扩散模型

虽然创新扩散在空间和时间上同时发生，但很少有研究将这两个维度结合起来。时间维度的创新扩散已经受到多学科研究者的关注，但空间维度的创新扩散主要在地理学领域里被研究。地理学的创新扩散研究主要通过对蒙特卡罗（Monte Carlo）模拟模型的扩展和改进理解哈格斯特朗（Hagerstrand）提出的扩散过程，实现其概念化。哈格斯特朗将扩散视为从少数采纳者到多数采纳者的转变，这一转变通过大众传媒和人际关系的信息传播实现。

马哈詹和彼得森的研究试图从空间和时间维度同时考虑扩散过程。为了综合考虑扩散过程的空间和时间维度，他们对基础的混合影响扩散模型进行扩展。马哈詹和彼得森进行类似的简化，假设一项创新最初只在一个地区被推介，并且创新区域与剩余区域之间的距离x可以用一个区域中心到另一个区域中心的距离测量，则可得出下面的空间-时间模型公式：

$$N = f(x,t); \quad \frac{\partial N}{\partial y} = 0 \tag{5-39}$$

或者

$$\frac{\partial N(x,t)}{\partial t} = \left[a(x) + b(x)N(x,t)\right]\left[\bar{N}(x) - N(x,t)\right] \tag{5-40}$$

以及

$$N(x,t) = \frac{\bar{N}(x) - \dfrac{a(x)\left[\bar{N}(x) - N_0(x)\right]}{a(x) + b(x)N_0(x)}\exp\left\{-\left[a(x) + b(x)\bar{N}(x)\right](t - t_0)\right\}}{1 + \dfrac{b(x)\left[\bar{N}(x) - N_0(x)\right]}{a(x) + b(x)N_0(x)}\exp\left\{-\left[a(x) + b(x)\bar{N}(x)\right](t - t_0)\right\}} \tag{5-41}$$

4. 多阶段扩散模型

多德森和穆勒提出了三阶段模型。该模型假设，由于广告和口碑的影响，所以社会系统中那些不了解的成员首先成为潜在采纳者（顾客），然后才转变为现行采纳者（顾客）。在面对竞争创新的情况下，现行采纳者有可能再次采纳同样的创新（重复购买），或者因采纳竞争创新而回到潜在采纳状态。最后，由于遗忘，现行采纳者和潜在采纳者可能成为那些不了解群体的成员。假设不存在重复购买和遗忘，令 $x(t)$ 为 t 时社会系统中未注意到该项创新的成员数，$y(t)$ 为 t 时社会系统中注意到该项创新但未采纳的成员数，$z(t)$ 为已经采纳该项创新的现行采纳者数。如果社会系统中成员总数 M 被假定为不随时间变化，那么在任何时间 t 有

$$x(t) + y(t) + z(t) = M \tag{5-42}$$

或者

$$\frac{dx(t)}{dt} + \frac{dy(t)}{dt} + \frac{dz(t)}{dt} = 0 \tag{5-43}$$

或者

$$\frac{dx(t)}{dt} = -\frac{dy(t)}{dt} - \frac{dz(t)}{dt} \tag{5-44}$$

所以，多德森-穆勒（Dodson-Muller）模型仅要求区分两个速率方程以描述扩散过程中社会系统成员的流向。具体而言，是根据三个阶段追踪流入和流出，该模型可以表示为

$$\frac{dy}{dt} = \beta x(y+z) + \mu x - \gamma y \tag{5-45}$$

$$\frac{dz}{dt} = \gamma y \tag{5-46}$$

式（5-45）的第一项 $\beta x(y+z)$ 反映潜在采纳者数量的增加取决于不了解的社会系统成员数量和潜在采纳者与先行采纳者之间的相互作用；第二项 μx 代表潜在采纳者数量的增加取决于外部影响；第三项 γy 代表潜在采纳者数量的减少取决于潜在采纳者向现行采纳者的转变。

5. 多重采纳扩散模型

莉莉安（Lilien）和马哈詹等人提出一个扩散模型，明确考虑口头交流的作用，并使用早期扩散数据预测重复购买。他们还讨论多德森和穆勒提出的重复购买模型，但其标准模型需要从消费者反馈研究小组获取购买数据。

莉莉安等人、马哈詹等人提出的模型被开发用于预测处方药的销量。总体而言，它们可以被总结为

$$N(t+1) = a(t)[\bar{N} - N(t)] + b[N(t) - N(t-1)][\bar{N} - N(t)] + c(t)N(t) \quad (5-47)$$

$$N(t+1) = a[\bar{N} - N(t)] + b\left[\frac{N(t)}{\bar{N}}\right]^\delta [\bar{N} - N(t)] + cN(t) \quad (5-48)$$

式（5-47）为莉莉安等人提出的重复购买模型；式（5-48）是马哈詹等人提出的模型。

第二节 基于技术创新扩散的文化产业结构优化分析框架

长期以来，许多研究人员主要通过引入C-D生产函数，并在假设规模报酬不变的情形下，从宏观地区层面和产业部门层面探讨技术创新对产业结构的影响。❶

一、宏观地区层面基本理论分析模型

在宏观地区层面，技术创新对产业结构的影响的基本理论分析模型可表示为

$$Y_r = A_r K_r^\alpha L_r^\beta, \quad \alpha + \beta = 1 \quad (5-49)$$

---

❶ 钟章奇，何凌云. 演化经济视角下技术创新扩散驱动的区域产业结构演化：一个新的理论分析框架 [J]. 经济问题探索，2020（4）：161-172.

式中，Y_r、A_r、K_r、L_r 分别为地区 r 的产出水平、技术创新能力、资本存量和劳动力投入；α 和 β 分别为本地区相应的资本存量和劳动力投入的产出弹性系数。

二、产业部门层面基本理论分析模型

在产业部门层面，技术创新对产业结构的影响的基本理论分析模型可表示为

$$Y_{ri} = A_{ri}^* K_{ri}^{\alpha^*} L_{ri}^{\beta^*}, \quad \alpha + \beta = 1 \tag{5-50}$$

式中，各符号的含义与式（5-49）中的相同，下标 i 和上标 * 分别表示分地区各行业部门和各行业部门生产要素的产出弹性系数。将 Y_r 和 Y_{ri} 用人均产出表示，式（5-49）和式（5-50）可以改写为

$$\frac{Y_r}{L_r} = A_r \left(\frac{K_r}{L_r}\right)^{\alpha} \tag{5-51}$$

$$\frac{Y_{ri}}{L_{ri}} = A_{ri}^* \left(\frac{K_{ri}}{L_{ri}}\right)^{\alpha^*} \tag{5-52}$$

三、技术创新模型

为反映技术创新效率（TI_r）对区域产业发展的影响，已有的研究将其定义为产业的资本劳动比率与相应地区的资本劳动比率的比值，其基本分析模型为

$$TI_r = \frac{\dfrac{K_{ri}}{L_{ri}}}{\dfrac{K_r}{L_r}} = \left(\frac{Y_{ri}}{L_{ri}}\right)^{\frac{1}{\alpha^*}} \left(\frac{Y_r}{L_r}\right)^{-\frac{1}{\alpha}} \frac{A_r^{\frac{1}{\alpha}}}{\left(A_{ri}^*\right)^{\frac{1}{\alpha^*}}} \tag{5-53}$$

将式（5-53）代入式（5-52），即可得

$$\frac{Y_{ri}}{L_{ri}} = \left(TI_r\right)^{\alpha^*} \left(\frac{Y_r}{L_r}\right)^{\frac{\alpha^*}{\alpha}} \frac{A_{ri}^*}{\left(A_r\right)^{\frac{\alpha^*}{\alpha}}} \tag{5-54}$$

$$\bar{Y}_{ri} = \left(\mathrm{TI}_{ri}\right)^{\alpha^*}\left(\bar{Y}_r\right)^{\frac{\alpha^*}{\alpha}}\frac{A_{ri}^*}{\left(A_r\right)^{\frac{\alpha^*}{\alpha}}} \tag{5-55}$$

式中，$\bar{Y}_{ri}$ 为地区 r 行业部门 i 的人均产出。

四、计量分析模型

进一步，将式（5-55）取对数并考虑个体效应、时间效应和随机误差项后，可得到线性回归方程，即

$$\ln\left(\bar{Y}_{ri}\right) = \lambda_1 + \lambda_2 \ln\left(\mathrm{TI}_{ri}\right) + \lambda_3 \ln\left(\bar{Y}_r\right) + \mu_t + \eta_r + \varepsilon_{ri} \tag{5-56}$$

式中，λ_1、λ_2、λ_3 为回归系数；μ_t、η_r、ε_{ri} 分别表示时间效应、个体效应和随机误差项；t 为期数。

上述理论分析框架的核心机制可被概括为：技术创新效率是定义产业的资本劳动比率与相应地区的资本劳动比率的比值。在产业结构的演化和发展过程中，通过增加行业部门内的技术创新投入，可以促进产业资本的深化，提高技术创新效率及部门和区域的产出水平，并增加其在整个国民经济发展中的比重，从而实现推动产业结构调整的目标，如图5-5所示。

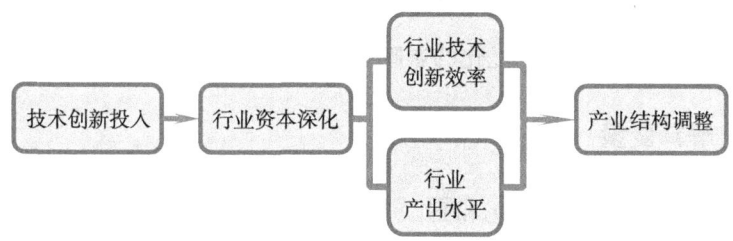

图5-5　计量经济模型下技术创新驱动区域产业结构演化发展的理论分析框架

第三节　基于技术创新扩散的北京文化产业结构优化

根据前文所述,分析技术创新扩散对北京文化产业结构优化的影响,可通过构建人均产出和技术创新效率之间的面板数据模型进行分析。

一、计量经济模型的建立与数据来源说明

(一)模型构建

根据钟章奇、何凌云提出的"技术创新扩散驱动区域产业结构演化"计量经济模型构建本书适用的面板数据分析模型,即

$$\ln(\overline{IS}_{ri}) = \beta_1 + \beta_2 \ln(TID_r) + \beta_3 \ln(\overline{IS}_r) + \mu_t + \eta_r + \varepsilon_{rt} \quad (5-57)$$

式中,$\overline{IS}_{ri}$为北京某区r的文化产业细分行业i的人均产出;TID_r为技术创新对北京某区文化产业发展的影响,用该地区文化产业的资本劳动比率与相应地区的资本劳动比率的比值来衡量;$\overline{IS}_r$为北京某区r文化产业的人均产出;β_1、β_2、β_3为回归系数;μ_t、η_r、ε_{rt}分别表示时间效应、个体效应和随机误差项;t为期数。通过分析人均产出与技术创新扩散效率之间的关系,探讨北京文化产业创新扩散对全产业链结构优化的影响。

(二)解释变量

本研究的解释变量为TID_r和$\overline{IS}_r$。其中,TID_r是技术创新对北京某区文化产业发展的影响,即北京某区文化产业的资本劳动比率与相应地区的资本劳动比率的比值,本研究中指北京文化产业的资本劳动比率与各区的资本劳动比率的比值;$\overline{IS}_r$表示北京某区r文化产业的人均产出。

（三）被解释变量

本研究的被解释变量为$\overline{\text{IS}}_{ri}$，即北京某区$r$文化产业细分行业$i$的人均产出。

（四）数据来源

本研究的数据来自各年度的《中国文化及相关产业统计年鉴》《北京统计年鉴》、北京16个区的统计年鉴，以及北京16个区统计局提供的数据。

二、分析框架

面板数据分析是基于时间序列分析和面板数据分析的一种分析方法。20世纪60年代末，由于经济现象的复杂化和经济学理论的不断深化，以及单独使用时间序列数据和横截面数据来检验经济理论、寻找经济规律及预测经济趋势会产生偏差，所以面板数据分析开始受到关注，这样才能更好地发挥计量经济学的作用。

相较于时间序列模型和横截面数据模型，面板数据模型具有独特的优势。相较于时间序列模型，面板数据模型扩充样本信息，降低经济变量之间的共线性，提高估计量的有效性；与横截面数据模型相比，面板数据模型控制不可观测经济变量对普通最小二乘（OLS）估计的偏差，使模型设定更合理、样本估计量更准确。此外，面板数据还能更好地识别、度量时间序列和横截面数据中难以察觉的效应。❶

为了满足面板数据模型的要求，需要对具有长期稳定关系的多个变量估计前进行协整关系检验。为了确保变量之间具有长期稳定关系，需要保证每个变量本身是平稳的，即需要对每个变量本身做单位根检验，因此后文实证研究会按照这个思路进行检验和分析。

笔者首先对模型进行设定检验，主要是为模型估计做准备；其次对模型

---

❶ 白仲林.面板数据的计量经济分析[M].天津：南开大学出版社，2008：1—2.

中的被解释变量 $\overline{IS}_n$ 和解释变量 TID_r、$\overline{IS}_r$ 进行单位根检验，验证二者的平稳性。如果变量不稳定，则需要进行适当处理；如果变量稳定，则需确保它们同阶单整。基于解释变量和被解释变量同等程度的整齐进行协整关系检验，以探究它们是否具有长期稳定的关系。若不存在协整关系，则不能进行因果关系检验；若存在协整关系，则可以进行因果关系检验。因果关系检验主要看解释变量 TID_r、$\overline{IS}_r$ 的变化是否为被解释变量 $\overline{IS}_n$ 变化的原因，只有存在因果关系，研究二者的关系才有意义。最后，采用普通最小二乘估计方法对模型进行估计。

三、检验结果

通过对北京及其16个区文化产业创新扩散的实证分析，可以看出技术创新扩散对文化产业结构优化的影响存在差异。

从技术创新扩散对北京文化创意产业结构优化的整体影响看，如式（5-58）所示，技术创新扩散对文化创意产业结构优化的影响系数为0.063 6，而北京文化创意产业人均产出对文化产业结构优化的影响系数为0.712 6。这表明，技术创新扩散对北京文化创意产业结构优化的影响小于其自身产业结构优化升级的影响。

$$LNISR = 1.264\ 6 + 0.063\ 6LNTID + 0.712\ 6LNIS \quad (5\text{-}58)$$

从技术创新扩散对北京各区文化创意产业结构优化的影响看，各区表现出不同的影响程度。

从产业集聚的角度看，东城区有2个文化创意产业集聚区。从技术创新扩散对东城区文化创意产业结构优化的影响看，如式（5-59）所示，技术创新扩散对文化创意产业结构优化的影响系数为0.124 3，而东城区文化创意产业人均产出对文化产业结构优化的影响系数为0.860 3。这表明，技术创新扩散对东城区文化创意产业结构优化的影响小于其自身产业结构优化升级的影响。

$$LNISR_{DC} = 0.256\ 3 + 0.124\ 3LNTID_{DC} + 0.860\ 3LNIS_{DC} \quad (5\text{-}59)$$

从产业集聚的角度看,西城区有2个文化创意产业集聚区。从技术创新扩散对西城区文化创意产业结构优化的影响看,如式(5-60)所示,技术创新扩散对文化创意产业结构优化的影响系数为0.205 5,而西城区文化创意产业人均产出对文化产业结构优化的影响系数为1.214 3。这表明,技术创新扩散对西城区文化创意产业结构优化的影响小于其自身产业结构优化升级的影响。

$$\text{LNISR}_{XC} = 0.658\ 9 + 0.205\ 5\text{LNTID}_{XC} + 1.214\ 3\text{LNIS}_{XC} \quad (5-60)$$

从产业集聚的角度看,朝阳区有8个文化创意产业集聚区,是全部16个区中拥有文化创意产业集聚区最多的区,比排在第二位的海淀区还要多5个。从技术创新扩散对朝阳区文化创意产业结构优化的影响看,如式(5-61)所示,技术创新扩散对文化创意产业结构优化的影响系数为0.054 1,而朝阳区文化创意产业人均产出对文化创意产业结构优化的影响系数为0.673 3。这表明,技术创新扩散对朝阳区文化创意产业结构优化的影响小于其自身产业结构优化升级的影响。

$$\text{LNISR}_{CY} = 1.583\ 9 + 0.054\ 1\text{LNTID}_{CY} + 0.673\ 3\text{LNIS}_{CY} \quad (5-61)$$

从产业集聚的角度看,丰台区有2个文化创意产业集聚区。从技术创新扩散对丰台区文化创意产业结构优化的影响看,如式(5-62)所示,技术创新扩散对文化创意产业结构优化的影响系数为0.389 3,而丰台区文化创意产业人均产出对文化产业结构优化的影响系数为0.197 4。这表明,技术创新扩散对丰台区文化创意产业结构优化的影响大于其自身产业结构优化升级的影响。

$$\text{LNISR}_{FT} = 7.162\ 3 + 0.389\ 3\text{LNTID}_{FT} + 0.197\ 4\text{LNIS}_{FT} \quad (5-62)$$

从产业集聚的角度看,石景山区有2个文化创意产业集聚区。从技术创新扩散对石景山区文化创意产业结构优化的影响看,如式(5-63)所示,技术创新扩散对文化创意产业结构优化的影响系数为0.117 0,而石景山区文化创意产业人均产出对文化创意产业结构优化的影响系数为0.205 5。这表明,技术创新扩散对石景山区文化创意产业结构优化的影响小于其自身产业结构优化升级的影响。

$$\text{LNISR}_{SJ} = 4.142\ 7 + 0.117\ 0\text{LNTID}_{SJ} + 0.205\ 5\text{LNIS}_{SJ} \quad (5-63)$$

从产业集聚的角度看，海淀区有3个文化创意产业集聚区。从技术创新扩散对海淀区文化创意产业结构优化的影响看，如式（5-64）所示，技术创新扩散对文化创意产业结构优化的影响系数为0.3871，而海淀区文化创意产业人均产出对文化产业结构优化的影响系数为1.0209。这表明，技术创新扩散对海淀区文化创意产业结构优化的影响小于其自身产业结构优化升级的影响。

$$LNISR_{HD} = 0.688\,8 + 0.387\,1LNTID_{HD} + 1.020\,9LNIS_{HD} \quad (5-64)$$

从产业集聚的角度看，顺义区有1个文化创意产业集聚区。从技术创新扩散对顺义区文化创意产业结构优化的影响看，如式（5-65）所示，技术创新扩散对文化创意产业结构优化的影响系数为0.4996，而顺义区文化创意产业人均产出对文化产业结构优化的影响系数为0.0244。这表明，技术创新扩散对顺义区文化创意产业结构优化的影响大于其自身产业结构优化升级的影响。

$$LNISR_{SY} = 0.769\,2 + 0.499\,6LNTID_{SY} + 0.024\,4LNIS_{SY} \quad (5-65)$$

从产业集聚的角度看，通州区有2个文化创意产业集聚区。从技术创新扩散对通州区文化创意产业结构优化的影响看，如式（5-66）所示，技术创新扩散对文化创意产业结构优化的影响系数为0.1684，而通州区文化创意产业人均产出对文化产业结构优化的影响系数为0.3446。这表明，技术创新扩散对通州区文化创意产业结构优化的影响小于其自身产业结构优化升级的影响。

$$LNISR_{TZ} = 6.912\,7 + 0.168\,4LNTID_{TZ} + 0.344\,6LNIS_{TZ} \quad (5-66)$$

从产业集聚的角度看，大兴区有1个文化创意产业集聚区。从技术创新扩散对大兴区文化创意产业结构优化的影响看，如式（5-67）所示，技术创新扩散对文化创意产业结构优化的影响系数为0.1946，而大兴区文化创意产业人均产出对文化产业结构优化的影响系数为0.0668。这表明，技术创新扩散对大兴区文化创意产业结构优化的影响大于其自身产业结构优化升级的影响。

$$LNISR_{DX} = 5.007\,8 + 0.194\,6LNTID_{DX} + 0.066\,8LNIS_{DX} \quad (5-67)$$

从产业集聚的角度看，房山区有1个文化创意产业集聚区。从技术创新扩散对房山区文化创意产业结构优化的影响看，如式（5-68）所示，技术创新对文化创意产业结构优化的影响系数为0.9980，而房山区文化创意产业人均产出

第五章 基于创新扩散的北京文化产业全产业链结构优化模拟仿真

对文化产业结构优化的影响系数为0.445 6。这表明,技术创新扩散对房山区文化创意产业结构优化的影响大于其自身产业结构优化升级的影响。

$$LNISR_{FS} = 2.675\ 8 + 0.998\ 0LNTID_{FS} + 0.445\ 6LNIS_{FS} \qquad (5-68)$$

从产业集聚的角度看,门头沟区有1个文化创意产业集聚区。从技术创新扩散对门头沟区文化创意产业结构优化的影响看,如式(5-69)所示,技术创新扩散对文化创意产业结构优化的影响系数为0.610 4,而门头沟区文化创意产业人均产出对文化产业结构优化的影响系数为0.417 9。这表明,技术创新扩散对门头沟区文化创意产业结构优化的影响大于其自身产业结构优化升级的影响。

$$LNISR_{MT} = 3.526\ 4 + 0.610\ 4LNTID_{MT} + 0.417\ 9LNIS_{MT} \qquad (5-69)$$

从产业集聚的角度看,昌平区有1个文化创意产业集聚区。从技术创新扩散对昌平区文化创意产业结构优化的影响看,如式(5-70)所示,技术创新扩散对文化创意产业结构优化的影响系数为0.184 0,而昌平区文化创意产业人均产出对文化产业结构优化的影响系数为0.703 9。这表明,技术创新扩散对昌平区文化创意产业结构优化的影响小于其自身产业结构优化升级的影响。

$$LNISR_{CP} = 1.116\ 0 + 0.184\ 0LNTID_{CP} + 0.703\ 9LNIS_{CP} \qquad (5-70)$$

从产业集聚的角度看,平谷区有1个文化创意产业集聚区。从技术创新扩散对平谷区文化创意产业结构优化的影响看,如式(5-71)所示,技术创新扩散对文化创意产业结构优化的影响系数为0.289 6,而平谷区文化创意产业人均产出对文化产业结构优化的影响系数为0.794 1。这表明,技术创新扩散对平谷区文化创意产业结构优化的影响小于其自身产业结构优化升级的影响。

$$LNISR_{PG} = 0.870\ 9 + 0.289\ 6LNTID_{PG} + 0.794\ 1LNIS_{PG} \qquad (5-71)$$

从产业集聚的角度看,密云区有1个文化创意产业集聚区。从技术创新扩散对平谷区文化创意产业结构优化的影响看,如式(5-72)所示,技术创新扩散对文化创意产业结构优化的影响系数为1.177 8,而密云区文化创意产业人均产出对文化产业结构优化的影响系数为0.504 6。这表明,技术创新扩散对密云区文化创意产业结构优化的影响大于其自身产业结构优化升级的影响。

$$LNISR_{MY} = 2.782\ 3 + 1.177\ 8LNTID_{MY} + 0.504\ 6LNIS_{MY} \qquad (5-72)$$

从产业集聚的角度看，怀柔区有1个文化创意产业集聚区。从技术创新扩散对怀柔区文化创意产业结构优化的影响看，如式（5—73）所示，技术创新扩散对文化创意产业结构优化的影响系数为0.809 3，而怀柔区文化创意产业人均产出对文化产业结构优化的影响系数为0.734 3。这表明，技术创新扩散对怀柔区文化创意产业结构优化的影响大于其自身产业结构优化升级的影响。

$$LNISR_{HR} = 1.606\ 8 + 0.809\ 3LNTID_{HR} + 0.734\ 3LNIS_{HR} \quad (5-73)$$

从产业集聚的角度看，延庆区有1个文化创意产业集聚区。从技术创新扩散对延庆区文化创意产业结构优化的影响看，如式（5—74）所示，技术创新扩散对文化创意产业结构优化的影响系数为0.724 2，而延庆区文化创意产业人均产出对文化产业结构优化的影响系数为0.037 0。这表明，技术创新扩散对延庆区文化创意产业结构优化的影响大于其自身产业结构优化升级的影响。

$$LNISR_{YQ} = 4.586\ 8 + 0.724\ 2LNTID_{YQ} + 0.037\ 0LNIS_{YQ} \quad (5-74)$$

四、综合分析

从北京及其16个区的比较分析结果看，16个区中有15个区的文化创意产业技术创新扩散影响力水平高于北京整体的文化创意产业技术创新扩散影响力水平；仅有1个区的文化创意产业技术创新扩散影响力水平低于北京整体的文化创意产业技术创新扩散影响力水平，即朝阳区。16个区中有5个区的文化创意产业自身产业结构优化升级影响力水平高于北京整体文化创意产业自身产业结构优化升级影响力水平，即东城区、西城区、海淀区、平谷区和怀柔区；有11个区的文化创意产业自身产业结构优化升级影响力水平低于北京整体文化创意产业自身产业结构优化升级影响力水平，即朝阳区、丰台区、石景山区、顺义区、通州区、大兴、房山区、门头沟区、昌平区、密云区和延庆区。

从北京及其16个区文化创意产业技术创新扩散影响力和自身产业结构优化升级影响力的比较看，北京全市及东城区、西城区、朝阳区、石景山区、海淀区、通州区、昌平区和平谷区的文化创意产业技术创新扩散影响力小于自身产业结构优化升级影响力，而丰台区、顺义区、大兴区、房山区、门头沟区、密云区、怀柔区和延庆区的文化创意产业技术创新扩散影响力大于自身产业结构优化升级影响力，如表5-2所示。

表5-2 北京及其16个区文化创意产业的技术创新扩散影响系数与自身产业结构优化升级影响系数

地区	技术创新扩散影响系数（LNTID）	自身产业结构优化升级影响系数（LNIS）
北京	0.063 6	0.712 6
东城区	0.124 3	0.860 3
西城区	0.205 5	1.214 3
朝阳区	0.054 1	0.673 3
丰台区	0.389 3	0.197 4
石景山区	0.117 0	0.205 5
海淀区	0.387 1	1.020 9
顺义区	0.499 6	0.024 4
通州区	0.168 4	0.344 6
大兴区	0.194 6	0.066 8
房山区	0.998 0	0.445 6
门头沟区	0.610 4	0.417 9
昌平区	0.184 0	0.703 9
平谷区	0.289 6	0.794 1
密云区	1.177 8	0.504 6
怀柔区	0.809 3	0.734 3
延庆区	0.724 2	0.037 0

第六章　对策与建议

第一节　创新技术与文化产业融合

在推动文化产业创新的过程中，创新驱动和科技创新发挥着关键作用。信息技术的发展为文化产业带来了巨大的机遇和挑战。数字化、网络化、智能化等技术的应用推动了文化内容的创新与传播方式的变革。文化产业和科技产业的融合发展可以创造出更加丰富、多样的文化产品和服务，提升文化产业的创新能力和市场竞争力。

虚拟现实技术和增强现实技术可以为文化创意产业提供全新的呈现方式和交互体验。通过虚拟现实技术，人们可以身临其境地参观历史遗迹、艺术展览，甚至参与虚拟演出。增强现实技术则可以将虚拟内容与现实世界结合，为观众提供丰富的互动体验。例如，通过增强现实技术的应用，人们可以扫描艺术品，获取更多相关信息和互动内容。这种技术的应用能够为文化产业提供全新的创作和展示方式，丰富用户体验，推动文化创新。

数据分析和个性化推荐。利用大数据和人工智能技术，对用户的行为和兴趣进行分析，实现个性化的文化内容推荐。通过分析用户的阅读、观影、听音乐等行为，可以根据不同的兴趣和偏好，为其提供更加精准和个性化的文化产品与服务。这种个性化推荐能够满足用户多样化的需求，提高用户参与和消费的积极性，也为文化产业提供创新的方向和商机。

互动媒体和社交媒体。数字技术的发展为互动媒体和社交媒体提供了广阔的空间。通过互动媒体和社交媒体平台，人们可以积极参与文化创意的提出和分享，如文化机构可以开展在线互动活动，与观众进行实时互动和反馈。社交媒体平台成为文化产品传播的重要渠道，通过用户分享和社群效应推动文化内容的传播和扩大影响力。这种互动和社交的特性能够激发文化创意产业工作者的创作灵感并提高其参与度，促进文化产业的发展。

跨界合作和内容整合。数字技术的发展为不同领域的跨界合作提供了机会。文化产业可以与科技、设计、游戏、娱乐等领域进行合作，融合不同领域的专业知识和技术，提供独特的文化产品和体验。例如，将艺术和科技结合，创造艺术装置和互动展览；将文学作品和游戏元素融合，开发文学游戏等。跨界合作能够为文化产业带来新的创意和创新思维，拓宽市场和受众群体，推动文化创新的发展。

在线平台和数字发行。借助互联网和数字技术，建立在线平台和数字发行渠道，为文化产品的创作、生产和传播提供便利并提高效率。在线平台可以为文化创意产业工作者提供展示作品的空间和机会，连接创作者与用户。数字发行能够将文化产品快速、广泛地传播全球，突破传统地域和时间的限制，实现更加高效和灵活的发行。这种数字化的创作和发行模式有助于降低创作成本、拓宽市场渠道，促进文化创新。

数字技术与文化内容的融合能够为文化产业带来巨大的发展机遇和创新空间。通过充分利用数字技术的优势，推动文化创新的发展，可以实现文化产业结构的优化，提升文化产品的质量和体验，拓展市场和受众群体，推动文化产业向更加创新、多元和可持续的方向发展。同时，政府、企业和创作者都需要积极参与和支持，共同推动数字技术与文化内容的融合，为文化产业的创新发展营造良好的环境、搭建适宜的平台。

第二节　版权保护与数字技术结合

版权保护在数字技术时代面临着新的挑战和机遇。将版权保护和数字技术有效结合，可以推动文化产业结构优化、促进文化创新的发展。

强化技术保护措施。数字技术为版权保护提供了新的手段和工具。采用数字水印、加密技术和数字版权管理系统等技术手段或工具，可以有效防止盗版和侵权行为。通过技术保护措施，文化创意产业创作者和企业可以更好地控制和管理其作品的使用与传播，维护自身合法权益。同时，加强技术保护措施能够增加用户对正版内容的信任和认可，推动用户选择正版产品，促进文化产业的健康发展。

推动数字授权和分发平台的建设。建立可信赖的数字授权和分发平台，为版权方和用户提供便捷的交易方式和使用环境。通过数字授权平台，版权方可以与使用方进行正规的授权交易，确保作品的合法传播和使用。同时，数字分发平台能够提供丰富多样的文化产品，满足用户的需求，并为版权方带来新的商业机会。这种平台的建设有助于规范市场秩序，促进版权保护和文化创新的良性循环。

培育数字内容消费市场。推动数字内容消费市场的发展，是保护版权和促进文化产业结构优化的关键。通过鼓励用户合法购买和使用数字内容，提升用户对正版内容的认知和需求。此外，培育多样化的数字内容消费模式，如订阅、点播、付费下载等，能够满足不同用户的需求，扩大数字内容消费市场规模。这种市场环境将有助于吸引更多优质内容创作者投身数字创作，促进文化创新和产业结构的优化。

加强国际合作与跨境保护。在数字化时代，版权保护已成为全球性的挑战。加强国际合作，推动跨境版权保护机制的建立与完善，是实现文化产业结构优化的重要环节。通过加强知识产权保护的国际合作与交流，建立更加稳定和透明的版权保护体系,为文化创意产业创作者提供更广阔的市场空间,促进跨国文化创新和交流。同时,加大对跨境盗版和侵权行为的打击力度,维护版权方的权益,营造良好的版权保护环境。

版权保护与数字技术的结合能够推动文化产业结构优化,促进文化创新的发展,推动文化产业向更加创新、多元和可持续的方向发展。这将为文化创意产业创作者提供更好的创作环境和商业机会,促进文化产业的繁荣和健康发展。

第三节　提高文化产业技术成果转化效率

加强科技领域与文化产业的合作和交流,促进科技企业、研究机构与文化产业相关机构的合作与交流,建立跨领域的合作平台。通过资源共享、技术交流和项目合作,促进科技成果与文化产业需求的对接,提高技术成果的转化效率。搭建科技领域与文化产业的交流平台,促进其合作与对话。可以组织专题研讨会、论坛、展览等活动,让科技专家与文化创意产业从业者进行互动,促进彼此的了解和合作。鼓励科技企业和研究机构与文化企业开展项目合作。可以通过联合研发、技术转让、人才培养等方式,促进科技成果与文化产业的融合。例如,科技企业可以为文化创意项目提供先进的技术支持,以实现创意作品的数字化、互动化或虚拟现实等创新形式。

完善知识产权保护机制。制定和完善知识产权相关法律法规,明确知识产权保护的范围和期限,确保知识产权的合法性和稳定性,为文化产业技术成果的转化提供法律保障。加大对知识产权侵权行为的打击力度,加强执法部门的监管和执法力量。建立健全的执法机制,加强对侵权行为的打击和追责,维护知识产权所有人的合法权益。建立健全知识产权纠纷解决机制,提供快速、高效的纠纷解决渠道。可以设立专门的知识产权法院或仲裁机构,提高知识产权纠纷的解决效率,为创新者和权利人提供更好的维权环境。加大对知识产权保护的宣传力度,提高公众对知识产权的认知和重视程度。加强对文化创意产业从业者、企业和创新者的知识产权培训，增强其知识产权保护意识和能力。加强与其他国家和地区的知识产权合作与交流，推动跨国知识产权保护机制的建立。加入国际知识产权组织和相关协议，参与制定和完善国际知识产权规则，加强对跨国知识产权侵权行为的打击及跨国知识产权保护。

加强市场导向与需求驱动，开展全面、深入的市场调研，了解市场需求和趋势。通过市场调研，了解消费者的需求和偏好，把握市场的变化和机会。根据市场需求，调整技术研发方向和产品开发策略，确保技术成果与市场需求相匹配。加强创新研发与市场对接的机制，促进技术成果的转化。建立创新研发与市场营销的有效沟通渠道，确保市场需求的及时反馈和技术成果的快速转化。同时，鼓励技术开发人员与市场销售团队密切合作，共同推动技术成果的转化和商业化应用。建立以市场导向为基准的技术成果评价机制，引入市场评价、用户评价等多维评价指标，对技术成果进行全面评估。根据评价结果，及时调整技术研发方向和市场营销策略，提高技术成果转化的成功率和市场竞争力。加大对市场推广和营销的支持力度，促进技术成果的商业化应用。为企业提供市场推广方面的培训和指导，帮助制订有效的市场营销策略和推广计划。同时，加强市场宣传和推广，提高消费者对文化产品和服务的认知度和接受度。

提供创新支持和资金扶持。政府可以制定和实施创新支持政策，为文化产业的技术创新提供支持和鼓励，如提供创新研发资金、制定税收优惠政策、完善知识产权保护、搭建创新创业孵化器等，从而促进创新生态系统建设。这些政策可以鼓励企业和创新者开展技术研发和创新实践，推动技术成果的转化。可以组织创新创业培训和指导活动，帮助文化企业和创新者提升创新能力和创业素质，如提供创新创业知识培训课程、创业导师的指导和辅导，帮助他们更好地了解市场需求、把握技术转化机会。设立科技创新基金和资助项目，为文化产业的技术研发和创新提供资金支持，将资金用于研发设备购置、人员培养、技术合作等方面，帮助企业和创新者加速技术成果的开发与转化。

第六章 对策与建议

加强创业孵化和技术转移平台建设，建立创业孵化器、技术转移中心等平台，为文化产业创新者和科技研发者提供专业的孵化和转移服务，提供技术咨询、市场推广、项目对接等支持，帮助科技成果更快速地进入实际应用。

加强人才培养和团队建设。加强文化产业相关专业人才的培养，提供专业知识和技能培训，培养具有创新能力和实践经验的人才。培养具有市场意识和商业素养的人才，使其具备将技术成果转化为商业价值的能力。鼓励跨学科的合作和团队建设，促进不同领域的专家、学者和从业者之间的合作。通过跨学科的合作，加强技术与市场的对接，提高技术成果的转化效率。建设具有多学科背景和技能的团队，能够综合利用不同领域的知识和资源，推动技术成果的商业化应用。加强创新创业教育和培训，培养创新创业意识和能力。为从业人员提供创新创业知识、市场营销技巧和商业化能力方面的培训，使其具备将技术成果转化为商业化产品或服务的能力。

激励机制和文化氛围。建立激励机制，鼓励人才参与技术成果的转化工作。制定奖励制度，对成功转化的技术成果给予奖励和认可，激发人才的积极性和创造力。同时，营造创新创业的文化氛围，鼓励团队合作、分享和创新，促进技术成果的转化与商业化。

第四节 优化区域文化创新环境

营造诚信的文化氛围。通过教育和宣传活动，加强人们对诚信的认知和重视。可以组织以"诚信"为主题的讲座、研讨会和培训课程，宣传诚信的重要性和影响。企事业单位、社区等可以开展相关教育活动，培养青少年和从业者的诚信意识。制定并完善诚信相关的规章制度，明确行为准则和道德标准。政府和相关组织可以制定诚信奖惩措施，鼓励诚信行为，惩罚违规行为，增强人们的诚信意识和自律能力。此外，建立举报机制和监督体系，让违法违规行为无处遁形，增加违规成本。鼓励企业建立诚信文化，强调诚信对企业的重要性。

企业可以制定和落实诚信管理制度，建立诚信评价体系，对诚信经营的企业进行认定和奖励，同时对失信企业进行惩罚和曝光。此外，企业还可以加强内部诚信培训和沟通，提高员工对诚信的认同感和责任意识。中介机构在区域创新系统中扮演着重要角色，需要建立自身的诚信机制。中介机构应该建立透明、公正、可信赖的运作机制，确保信息的真实性和准确性。同时，要加强对中介机构的监管和评估，排除不诚信的中介机构，提高整个创新系统的信任度和效率。最后，建立评价区域文化诚信度的指标体系，通过对企业、组织和个人的诚信行为进行评估和排名，形成竞争机制和榜样效应。这将促使各方更加重视诚信，形成互相学习、共同进步的氛围。

营造包容的文化氛围。要打造"鼓励冒险，包容失败"的区域文化，增强区域创新系统的创新活力。鼓励多元文化交流，促进不同文化之间的交流和对话，鼓励人们了解、尊重和欣赏不同文化背景的差异。可以组织多元文化活动，如文化艺术展览、节日庆典、文化交流论坛等，为不同文化群体提供展示和交流的平台。此外，鼓励多语言的使用和学习，打破语言障碍，促进跨文化交流。支持移民和外地人才融入，为其融入当地社区和就业市场提供支持和机会。建立相应的服务机构和项目，提供语言培训、职业指导、社交网络建设等方面的支持，帮助他们适应新的环境并发挥自己的能力。政府和企业可以制定相关政策，如简化办理手续、提供专业认证和技能培训等，鼓励外来人才流动和融入。鼓励冒险和接受失败，营造包容失败的文化氛围。创新是与风险和不确定性相伴随的，需要给予创新者足够的容错空间和支持。政府可以制定创新支持政策，如提供风险投资、创业孵化器、技术转移机构等，为创新者提供资源和支持。同时，鼓励分享失败的经验教训，促进创业者之间的学习和互助。营造开放的商业环境，鼓励竞争和合作。政府可以制定公平竞争的法律和政策，防止垄断和不正当竞争行为，维护市场的公平和透明。同时，鼓励企业之间开展合作和共享，如共同研发项目、共享知识、联合营销等，以实现资源的优化配置和互利共赢。可以通过教育和培训，培养人们的包容意识和能力。学校可以开设多元文化课程和跨文化交流活动，帮助学生了解和尊重不同文化，

第六章 对策与建议

培养包容的思维方式和行为习惯。企业可以开展培训项目，提高员工的跨文化沟通和合作能力，鼓励员工接触和学习不同文化的经验。最后，可以设立包容奖项，表彰在跨文化交流、多元团队合作等方面做出突出贡献的个人和组织。建立反歧视和反偏见机制，加强对歧视行为的打击和惩处，维护公平和包容的社会环境。

营造能力为导向的文化氛围。在能力为导向的文化氛围中，要强调能力和素质，而非种族、年龄、资历或经验对工作机会获取和职位晋升起决定性作用。这意味着要建立公正的评价和晋升机制，将员工的能力、技能和绩效作为衡量标准，为有能力的人提供更多的发展机会。企业应为员工提供持续的专业能力培训和发展机会，帮助他们增加自身的专业技能和知识。这可以通过内部培训计划、外部培训资源、导师制度等实现。同时，要鼓励员工参与跨部门和跨领域的项目合作，促进知识和经验的交流与分享。企业建立学习型组织，营造学习型组织文化氛围，鼓励员工不断学习、创新和适应变化，如鼓励员工提出问题、寻求解决方案，培养批判性思维和创新思维能力。组织可以设立奖励制度，表彰员工的学习成果和创新成果，激励员工积极参与学习和创新活动。同时，鼓励员工之间的知识共享和协作，打破部门之间的壁垒，促进跨团队的合作和创新。组织可以建立知识管理平台，提供便捷的信息交流和分享渠道，鼓励员工分享自己的专业知识和经验。此外，要重视团队合作精神和协作能力的培养，通过团队项目和任务提高员工的协作能力及培养团队合作精神。给予员工足够的自主权，鼓励他们主动学习和探索，提出新的想法和解决方案，可以通过提供创新奖励、设立创新基金、鼓励员工参与创新项目等方式实现。建立快速反馈和学习循环机制，及时给予员工反馈和支持，促进他们学习和成长。最后，可以考虑建立导师制度，帮助新员工和有潜力的员工进行职业规划和发展。导师可以为员工提供指导、建议和支持，帮助他们增长职业技能和知识，帮助员工建立清晰的职业发展路径，使其可以通过努力和学习实现个人的职业目标。

强化创新意识。为了实现创新，需要加强企业与员工之间及员工之间的交流。在区域创新系统内部，可以通过非正式交流促进员工之间的知识、思想和情感的交流。区域创新系统的管理部门可以组织各种类型和层次的创新讲座和研讨会，邀请专家学者和成功的创新者分享他们的经验、观点。这样的活动可以帮助员工增强对创新的认识和理解，激发他们的创新思维和灵感。建立跨部门和跨领域的合作机制，鼓励员工之间的交流和合作。这样的合作可以促进不同专业和领域之间的知识交流和碰撞，产生新的思路和想法。管理部门可以组织团队项目和任务，鼓励员工跨部门合作，共同解决复杂问题和实现创新目标。打造鼓励创新的文化和环境，让员工认识到创新的重要性和价值。管理部门可以倡导开放的思维方式，鼓励员工提出新的观点和想法，同时容忍失败、允许试错。创新文化还应注重团队合作和知识共享，打破信息壁垒，促进员工之间的互动和合作。最后，关注技术的前沿动态和趋势，推动技术更新和研究，为员工提供创新的技术平台和资源。管理部门可以与高校、科研机构和企业进行合作，开展前沿研究项目和技术交流活动，促进技术创新和应用。

发挥本地区域优势和基层创造力。了解、认识本地区域的独特资源、产业和文化特点，找到其优势所在，如地理位置、自然资源、人文历史、产业聚集等方面。例如，某地区可能拥有丰富的自然资源，如农产品、矿产资源或旅游景点，或者在某个产业领域具有特殊的技术或经验优势。深入了解本地区域的优势，并将其与创新需求结合，可以发挥区域特色和优势，促进创新的发展。借助本地区域优势，发展和培育具有地方特色的传统产业。可以通过提供专业培训、技术支持，开展市场推广等方式帮助企业和从业者提高产业水平。同时，政府可以提供资金支持、减免税收、制定优惠政策和措施，鼓励本地企业在传统产业中进行创新和改进，提高竞争力。尊重群众的选择和需求，鼓励和支持基层创造力的发挥。基层创造力体现在社区居民、农民、小企业主等普通民众的创新思维和实践中。政府可以通过设立创新基金、创业扶持计划等，支持和鼓励基层群众创新创业。此外，可以建立创新孵化中心、创业加速器等创新支

第六章 对策与建议

持平台,为基层创业者提供培训、咨询、资金等资源支持,帮助他们将创新想法转化为商业机会。鼓励弹性生产和灵活创新,适应市场需求的变化。基层创业者往往具有敏锐的市场洞察力和快速的反应能力,可以更好地适应市场的变化。政府可以提供政策支持和服务保障,简化创业手续,降低创业成本,鼓励和支持基层创业者灵活应对市场挑战,创新产品和服务,提高竞争力。鼓励本地企业、组织和创新者之间的合作与共享,促进资源的共享和互补。政府可以推动建立创新联盟、产业联盟等组织,促进企业之间的合作和资源整合,实现优势互补。同时,鼓励知识产权的保护和合理利用,为创新者提供公平竞争的环境,增加创新动力。

第五节 在各区间梯度性发展文化产业

中心城区文化集聚。北京中心城区,如东城区、西城区和朝阳区等,可以聚焦高端文化创意产业的发展。这些区域具有丰富的历史文化资源和创意氛围,可以打造文化创意产业园区、艺术街区和创意产业集群,吸引孵化优秀的文化创意企业和项目。同时,配套建设高品质的文化设施和艺术场所,提供艺术展览、演出和文化交流的平台,吸引国内外优秀的文化创意人才和项目进驻。

城市副中心文化引领。北京的城市副中心通州区可以发展以文化旅游为主导的产业。通州区拥有较多的自然资源和旅游景点,可以打造特色的文化旅游品牌,推动文化旅游产业的融合发展,通过举办文化艺术节、旅游节等活动,提高区域的知名度和影响力,吸引游客和投资者前来参观、消费和投资。

新兴科技产业与文化融合。在北京的新兴科技园区和科技创新中心,如中关村科技园区、亦庄经济技术开发区等,可以促进科技产业与文化产业的融合发展。通过打造创新创业孵化器、科技文化中心等平台,为科技人才和文化创意人才提供交流合作的机会。推动数字化、虚拟现实、人工智能等前沿科技与文化创意产业的深度融合，培育新的文化产业增长点。

区域特色文化传承与发展。北京的各个区都有自己独特的历史文化和地域特色，可以通过挖掘和传承区域文化资源推动区域特色文化产业的发展。例如，丰台区可以推动文化创意产业与时尚设计结合，石景山区可以发展以文化旅游和影视为主的文化产业等。通过保护和传承区域文化遗产、举办特色文化活动等，推广区域文化产品。

根据北京各个区不同的地理位置、历史文化背景、人口分布和产业特点，可以判断各区适合发展的文化产业。

东城区是北京的核心文化区域，拥有丰富的历史文化资源和重要的文化遗产。因此，适合发展文化旅游类产业，如历史文化展览、文化街区和传统手工艺等。东城区可以打造具有文化魅力的历史文化街区，提供丰富的文化体验和旅游服务。此外，可以举办历史文化展览和文化艺术节等活动，吸引国内外游客前来参观和体验。

西城区也是北京的核心文化区域，拥有众多的旅游景点和文化资源，适合发展文化艺术教育类产业，如艺术学校、文化教育机构和艺术培训中心等，提供专业的艺术培训和教育服务。此外，可以举办艺术展览、音乐会和戏剧演出等文化活动，促进艺术交流与展示。

朝阳区是北京的商业中心和现代化发展区域，适合发展影视娱乐类产业和文化创意设计类产业，如影视制作、创意设计和时尚文化等，可以打造影视拍摄基地和文化创意园区，吸引优秀的影视制作团队和设计师加入。此外，可以举办时尚文化活动、电影节和音乐节等，提高区域的文化影响力和知名度。

海淀区是北京的科技创新中心，拥有众多高校和科研机构，适合发展文化科技创新类产业，如数字文化产业等，促进文化科技融合。海淀区可以建立数字文化产业园区和科技创新中心，促进科技人才和文化创意人才的交流合作；可以推动数字媒体、虚拟现实、人工智能等科技与文化创意产业的融合，培育新的文化科技企业和项目。

第六章 对策与建议

丰台区是北京主城区之一，拥有较为丰富的社区文化资源，适合发展文化市场交易类产业，如文化艺术品交易市场和文化市集等，可以建立文化艺术品交易市场，提供文化艺术品展示、销售和交易的平台。同时，可以组织丰富多样的文化市集活动，推广本区域的特色文化产品。

石景山区拥有世界文化遗产古代建筑景区，适合发展文化旅游类产业和文化体育健康类产业。石景山区可以发展文化旅游产业，开发旅游景区，举办文化旅游活动。此外，还可以通过策划举办体育比赛和宣传健康养生文化，促进文化体育健康产业的发展。

通州区是北京的城市副中心，拥有较多的土地资源和较大的发展潜力，适合发展数字文化类产业和文化创新产业。通州区可以建立数字媒体产业园区和创新科技园区，推动数字文化产业和文化创新产业发展；可以吸引优秀的科技人才和文化创意人才进驻，促进二者之间的合作与交流。

昌平区拥有较为丰富的自然资源和科教资源，适合发展文化科技创新类产业和文化体育健康类产业。昌平区可以建立科普教育基地和健康养生中心，推动科普教育和健康文化的发展；通过组织科普展览、科技创新竞赛和健康养生活动，提高科技创新能力和文化健康水平。

大兴区、顺义区、房山区等区域发展较为迅速，拥有较多的土地资源和较大的发展空间，适合发展综合性文化产业，可以发展文化产业园区和创意产业集群，吸引优秀的文化创意企业和项目进驻。

密云区、平谷区等区域拥有独特的自然景观和文化资源，适合发展与自然、休闲和乡村文化相关的产业。例如，平谷区位于北京的东北部，拥有丰富的自然资源和乡村文化，适合发展乡村旅游和文化创意农业类产业，可以发展农家乐和农庄，让游客亲身参与农业生产、体验乡村文化，感受农耕生活的乐趣。同时，可以结合当地的传统文化和手工艺品制作，推动文化创意农业，如传统手工艺品制作、文化农产品生产等。

第六节 利用文化创新推动文化产业结构优化

内容创新是文化产业的核心。通过引入新的创意和故事情节，开发具有特色和高品质的文化内容，吸引更多的观众和用户。创新的内容不仅可以满足人们对多样化和个性化文化产品的需求，还能够推动文化产业的艺术表达形式和创作方式的进步。同时，结合虚拟现实、增强现实等新技术，可以创造沉浸式和互动性更强的文化体验，提高用户参与度和满意度。

技术创新是推动文化产业发展的重要驱动力。将先进的科技与文化产业结合，可以推动文化产业数字化转型和智能化发展。人工智能、大数据分析和机器学习等技术的应用，可以帮助文化产业实现更精准的用户画像和个性化推荐，提供更符合用户需求的文化产品和服务。技术创新还可以改善文化创作、生产和传播的效率，降低成本，拓展市场，为文化产业带来更多发展机遇。

渠道创新是实现文化产品与用户之间无缝对接的关键。随着互联网和移动互联网技术的快速发展，建立多样化的文化传播渠道和销售渠道变得至关重要。通过社交媒体、在线平台、流媒体服务等，文化产品可以更广泛地触达用户，突破传统的时空限制，实现内容的多平台传播和用户的多渠道获取。渠道创新不仅能够扩大文化产品的受众范围，还可以提升用户体验、增加销售收入，推动文化产业的可持续发展。

商业模式创新是实现文化产业结构优化的关键要素之一。通过探索新的商业模式，文化产业可以与其他相关产业跨界融合，创造出更多元和更具创新性的商业模式，如与旅游、教育、健康等产业结合，打造文化旅游综合体、文化教育培训机构、文化健康养生中心等。这样的创新模式可以拓展文化产业的市场边界，促进产业协同发展，提高产业的附加值和竞争力。

创意设计和品牌建设是推动文化产业结构优化的重要支撑。注重创意设计和品牌建设，可以提高文化产品的附加值和竞争力。通过独特的视觉形象、包装设计、品牌故事等，塑造具有辨识度和市场号召力的文化品牌，能够吸引更多消费者关注和认同。创意设计和品牌建设不仅能够增加文化产品的销售和推广效果，还能够推动文化产业向更高端、更有特色的方向迈进。

人才培养与合作创新是文化产业结构优化的重要保障。加强人才培养，培养具有创新思维和创新能力的文化创意人才是推动文化产业创新发展的基础。同时，建立产学研用合作平台，促进文化产业与高校、研究机构、企业等的深度合作，能够实现技术创新和文化创新的有机结合。通过人才培养和合作创新，文化产业可以不断引入新的思想、技术和方法，推动产业结构的优化和升级。

第七节　政策支持与引导

提供税收优惠政策。政府可以为文化企业提供税收减免政策，降低其运营成本，激发其创新活力，如减免企业所得税、增值税、营业税等，还可对文化创意产品销售实施免税政策，这样能够吸引更多投资和资源进入文化产业，推动产业结构优化和创新发展。

资金支持和贷款担保。政府可以设立专项资金，用于支持文化创新和产业发展，通过提供创业资金、研发资金、项目资助等形式，为文化企业提供必要的资金支持。此外，政府还可以与金融机构合作，建立专门的贷款担保机制，为文化产业提供融资支持和风险保障，帮助企业实现创新发展。

知识产权保护和扶持。政府可以加大对文化产业知识产权的保护力度，提高创新者的创作积极性并保护其合法权益，加强版权保护、知识产权申请和权利维护法律体系建设，为文化创新提供法律保障并维护正常的市场秩序。同时，政府还可以设立知识产权保护专项基金，为文化创意产业创新者提供专业咨询和维权支持。

促进文化产业与科技创新的结合。政府可以出台政策，鼓励文化产业与科技创新的深度融合，如设立科技创新专项基金，用于支持文化产业的科技研发和项目创新；鼓励文化企业与科技企业、高校、科研院所等建立合作关系，推动技术创新和创意融合，提高文化产业的科技含量和竞争力。

建立良好的市场环境。政府可以制定规范市场秩序和维护公平竞争的政策，打击侵权盗版行为，提高市场的透明度和规范性。同时，加强市场监管，预防市场垄断和不正当竞争行为，为文化企业提供公平的竞争环境和发展机会。

推动文化产业的国际交流与合作。政府可以加大对文化产业国际交流与合作的支持力度，扩大文化产品的出口和国际市场份额，鼓励文化企业积极参加国际展览和文化交流活动，不断提升品牌的知名度和影响力。同时，加强与其他国家文化产业的合作，吸取国际先进经验，推动文化产业结构优化和国际竞争力的提升。

政府在制定和实施相关政策时，需要充分考虑文化产业的特点和需求，灵活运用不同的政策工具，形成综合效应，推动文化产业向更加创新、多元和可持续发展迈进。同时，政策的执行和监管也需要与时俱进，随着产业的发展和变化进行动态调整，确保政策的有效性和可持续性。

参考文献

[1] 埃弗雷特·M. 罗杰斯. 创新的扩散 [M]. 辛欣, 译. 北京: 中央编译出版社, 2002.

[2] 白仲林. 面板数据的计量经济分析 [M]. 天津: 南开大学出版社, 2008.

[3] 包韫慧. 一个核心, 三个关键, 延伸文化产业链——以杜拉拉系列图书为例 [J]. 科技与出版, 2012（2）: 11-12.

[4] 曹维芳, 付文达, 兰月新, 等. 基于Gompertz模型的网络新闻舆情扩散规律及对策研究 [J]. 现代情报, 2015, 35（5）: 20-24.

[5] 陈东琪. 产业结构调整的新思路——《中国所有制结构与产业结构的耦合研究》序 [J]. 中国社会科学院研究生院学报, 2002（3）: 107-108.

[6] 陈少峰. 文化产业同质化竞争透视——以文化产业集聚园为例 [J]. 前线, 2011（10）: 39-41.

[7] 陈昕. 数字化、内容提供与文化创新——兼论当前中国出版集团发展的若干问题 [J]. 中国编辑, 2005（4）: 8-13.

[8] 陈晓东, 常皓亮. 数字经济可以增强产业链安全吗?——基于世界投入产出表的研究 [J]. 经济体制改革, 2023（3）: 15-24.

[9] 陈晓东, 杨晓霞. 数字化转型是否提升了产业链自主可控能力? [J]. 经济管理, 2022, 44（8）: 23-39.

[10] 邓宇. 全球化重塑背景下我国产业链重构的设想 [J]. 金融市场研究, 2021（7）: 56-65.

[11] 丁冬梅. 西部区域产业结构调整与产业链优化升级 [J]. 产业与科技论坛, 2009, 8（1）: 67-68.

[12] 丁焕峰. 技术扩散与产业结构优化的理论关系分析 [J]. 工业技术经济, 2006（5）: 95-98.

[13] 董景荣. 技术创新扩散的理论、方法与实践 [M]. 北京: 科学出版社, 2009.

[14] 方力. 北京文化科技融合发展报告（2020~2021）[M]. 北京: 社会科学文献出版社, 2021.

[15] 冯蛟，马林，高冬鹤. 数字经济时代银川都市圈旅游一体化精准营销策略研究 [J]. 宁夏大学学报（人文社会科学版），2019，41（3）：160-165.

[16] 冯俊. 中华人民共和国国情词典 [M]. 北京：中国人民大学出版社，2011.

[17] 冯雨乔，崔凌睿. 试论畅销书及其产业链的形成——以《杜拉拉升职记》为例 [J]. 新闻世界，2011（6）：227-228.

[18] 傅家骥，洪后其. 企业家精神的培养与技术创新扩散 [J]. 中外管理导报，1990（2）：4-11.

[19] 傅琳雅. 文化创意产业链的构建及发展战略 [J]. 沈阳工业大学学报（社会科学版），2014，7（2）：108-111.

[20] 甘雄辉，潘永军，罗艳梅，等. 肺结节CT可视影像学特征评分预测病理性质的诊断价值 [J]. 放射学实践，2023，38（6）：709-714.

[21] 耿鹏. 文化创意产业发展对产业结构优化升级的影响研究 [J]. 中国市场，2018，981（26）：55-57.

[22] 谷娜米. 传媒创意产业价值链探析[D]. 厦门：厦门大学，2009.

[23] 谷兴荣，谷太. 技术密集度的指标体系与计算方法初探 [J]. 科技管理研究，1992（5）：11-14.

[24] 郭俊荣. 脉冲治理害虫Gompertz模型中的混沌及其在图像加密中的应用[D]. 杭州：浙江农林大学，2021.

[25] 郭丕斌，吴青龙，周喜君，等. "全产业链"理论与应用研究——以山西为例 [M]. 北京：经济管理出版社，2014.

[26] 郝挺雷. 科技创新视域下我国文化产业竞争力研究[D]. 武汉：华中师范大学，2017.

[27] 何宇. 创新扩散及其影响因素 [J]. 上海经济研究，1992（4）：53-57.

[28] 何芸茜，袁丹，任宇航，等. 短视频文化创意扩散的现状、问题及对策——以抖音平台为例 [J]. 传播与版权，2022（5）：61-63.

[29] 洪后其. 影响我国技术创新扩散的结构因素 [J]. 管理世界，1991（1）：190-193.

[30] 胡惠林. 文化产业学：第2版 [M]. 北京：清华大学出版社，2015.

[31] 胡知能，邓欢，张弛，等. 基于Norton-Bass模型的多代创新产品扩散研究 [J]. 管理工程学报，2012，26（4）：127-136.

[32] 黄昱菲. 全球面临新一轮经济产业链重构 [J]. 商业观察，2021（23）：14-16.

[33] 黄宗远，徐寿波. 产业链全球化与欠发达地区经济发展路径研究 [J]. 经济问题，2007（9）：4-9.

[34] 冀雁龙，夏青. 数字技术、要素禀赋与旅游产业结构升级 [J]. 经济论坛，2023，634（5）：83-96.

[35] 姜帅，龙静. 高等教育对产业结构优化升级的影响研究 [J]. 教育学术月刊，2023，369（4）：19-25.

[36] 姜长宝. 论南阳市文化产业结构的优化 [J]. 南阳师范学院学报，2008，73（7）：12-14.

[37] 亢世勇，刘海润. 现代汉语新词语词典 [M]. 上海：上海辞书出版社，2009.

[38] 乐琰. 迪士尼：用一个触点带动全产业链 [N]. 第一财经日报，2012-08-14（C02）.

[39] 李涵斌. 基于媒介融合背景下的数字出版产业运营策略探究 [J]. 数字通信世界，2021，201（9）：151-152.

[40] 李江帆. 第三产业的产业性质、评估依据和衡量指标 [J]. 华南师范大学学报（社会科学版），1994（3）：1-9，13-124.

[41] 李维，曹巧. 创新扩散理论视域下体育短视频的品牌传播 [J]. 互联网周刊，2023（5）：19-21.

[42] 李沃源，张庆普. 复合价值视角下创意产业集群中创意扩散主体决策研究 [J]. 研究与发展管理，2015，27（3）：57-72.

[43] 李鑫. 北京文化创意产业集聚区空间分布特征及其影响因素研究 [D]. 长沙：中南大学，2013.

[44] 李艳燕. 基于文化消费的社会分层结构及影响机制研究 [J]. 文化产业研究，2022（2）：96-115.

[45] 李轶赫，梁家宁，曾静怡. 龙头企业主导型数字化农业产业链金融对农户信贷约束的影响研究——基于PSM-DID模型的实证分析 [J]. 中国商论，2023（10）：116-122.

[46] 李运祥. 文化产业链的培育与优化研究——以湖南为例 [J]. 中国集体经济，2009（4）：147-149.

[47] 李柱锡. 现代产业结构分析 [J]. 外国经济参考资料，1982（4）：17-21.

[48] 理查德·E. 凯夫斯. 创意产业经济学——艺术的商业之道 [M]. 北京：新华出版杜，2004.

[49] 厉无畏，王慧敏. 创意产业促进经济增长方式转变——机理·模式·路径 [J]. 中国工业经济，2006（11）：5-13.

[50] 厉无畏，等. 创意产业：转变经济发展方式的策动力 [M]. 上海：上海社会科学院出版社，2008.

[51] 刘冠军. 我国转型期文化创意产业与经济发展互动机理研究[D]. 成都：西南财经大学，2013.

[52] 刘鹤.技术扩散与产业结构优化关系的理论分析[J].商业时代,2013,597（14）：117-118.

[53] 刘烈宏,陈治亚.产业链演进的动力机制及影响因素[J].世界经济与政治论坛,2016（1）：160-172.

[54] 刘树成.现代经济辞典[M].南京：凤凰出版社,2005.

[55] 刘霜,孙芳城.长江经济带新型城镇化与产业结构升级的交互影响研究[J].西部经济管理论坛,2023,34（1）：49-59.

[56] 刘涛,罗颖,刘峻兵.全产业链视角下农产品流通体系优化的影响因素研究[J].广东石油化工学院学报,2023,33（2）：44-48,54.

[57] 刘婷.信息化时代速冻食品全产业链优化研究[J].北方经贸,2023,458（1）：127-131.

[58] 刘伟.数字金融对制造业产业链韧性的影响效应分析[J].武汉金融,2023,280（4）：40-48.

[59] 刘旭东.文化产业发展中产业链设计若干问题分析[J].科技创新与生产力,2012（2）：36-38.

[60] 柳景译,董雪阳,凌子怡.基于Gompertz曲线模型的泛娱乐经营战略研究——以奥飞娱乐为例[J].中国市场,2020（33）：119,126.

[61] 罗珉.价值星系：理论解释与价值创造机制的构建[J].中国工业经济,2006（1）：80-89.

[62] 罗晓光,孙艳凤.创新扩散网络结构与创新扩散绩效关系研究[J].科技进步与对策,2015,32（8）：1-6.

[63] 莫国伟,李敏,张温馨.产业结构升级、能源效率与绿色发展的影响研究[J].科技和产业,2023,23（4）：199-205.

[64] 欧阳友权.文化产业通论[M].长沙：湖南人民出版社,2006.

[65] 庞磊,丁文丽.数字经济提升了产业链关键环节的控制能力吗？——基于数字产业化和产业数字化的对比研究[J].科学学研究,2024,42（3）：541-553.

[66] 彭仁孚.基于Gompertz预测模型的WK公司分销渠道策略研究[D].长沙：中南大学,2008.

[67] 彭莹,刘华军.产业结构优化对全要素能源生产率增长的影响[J].环境经济研究,2019,4（3）：92-112.

[68] 荣跃明.超越文化产业：创意产业的本质与特征[J].毛泽东邓小平理论研究,2004（5）：18-24.

[69] 邵昶，李健.产业链"波粒二象性"研究——论产业链的特性、结构及其整合[J].中国工业经济，2007（9）：5-13.

[70] 斯图亚特·坎宁安.从文化产业到创意产业：理论、产业和政策的涵义[M]//林拓，李惠斌，薛晓源.世界文化产业发展前沿报告（2003—2004）.北京：社会科学文献出版社，2004.

[71] 宋歌.学术创新的扩散过程研究[J].中国图书馆学报，2015，41（1）：62-75.

[72] 宋鑫磊.通信产业发展对产业结构优化影响研究[D].上海：上海社会科学院，2020.

[73] 苏文菁.文化创意产业：理论与实务[M].北京：社会科学文献出版社，2020.

[74] 唐晓云.以数字经济引领旅游业创新发展[N].中国旅游报，2017-12-18（3）.

[75] 田恒水，李峰，陆文龙，等.发展二氧化碳的绿色高新精细化工产业链促进产业结构优化节能减排[J].化工进展，2010，29（6）：977-983.

[76] 田蕾.世界文化创意产业结构优化的发展趋势及启示[J].经济问题探索，2013，376（11）：55-60.

[77] 王帮俊，吉峰，周敏.基于Logistic模型的煤炭产业链系统演化过程研究[J].数学的实践与认识，2013，43（9）：10-17.

[78] 王冰.产业链演化下图书出版企业投资转型研究[D].长沙：中南大学，2013.

[79] 王德庄.以图书带动文化产业链的营销模式研究——以《杜拉拉升职记》为例[J].黑龙江教育（高教研究与评估），2011（7）：54-55.

[80] 王海博，郭丽华，李乐.科技创新与产业结构优化升级[M].沈阳：辽海出版社，2017.

[81] 王平.元宇宙在中国的扩散：基于创新扩散理论的视角[J].新媒体与社会，2022（1）：136-149.

[82] 王冉冉.武汉市文化创意产业发展结构及经济效应研究[J].长江论坛，2013，121（4）：27-31，53.

[83] 吴海清，张建珍.全球电影产业链结构及其对中国电影产业的影响[J].电影艺术，2011（4）：5-13.

[84] 吴静飞.基于安德森行为模型的我国老年人口医疗行为及医疗结果分析[D].南京：南京邮电大学，2022.

[85] 向勇，刘静.文化产业应用理论[M].北京：金城出版社，2011.

[86] 向勇.文化产业导论[M].北京：北京大学出版社，2015.

[87] 肖月强.基于价值星系的超企业研究[M].成都：西南财经大学出版社，2006.

[88] 谢谦，金才淇.生产网络视角下的产业结构升级：逻辑解构和实现路径[J].首都经济贸

易大学学报，2023，25（3）：32-42.

[89] 徐忠华.基于产业链视角的我国文化产业整合研究[D].北京：北京交通大学，2020.

[90] 杨梦洁.数字经济驱动城乡产业链深度融合的现状、机制与策略研究[J].中州学刊，2021，297（9）：28-34.

[91] 姚齐源，宋伍生.有计划商品经济的实现模式——区域市场[J].天府新论，1985（3）：1-4，11.

[92] 尹川，麦金.互联网时代中国故事跨文化传播路径探究——以大众传播学"创新扩散理论"视角切入[J].新闻研究导刊，2023，14（3）：49-53.

[93] 尹世杰.关于在我国建立轻型产业结构的几个问题[J].湘潭大学（社会科学学报），1981（1）：1-8.

[94] 尹世杰.社会主义生产目的与产业结构[J].江汉论坛，1981（2）：3-6.

[95] 于佳.国际产业链重构对我国产业升级和产业转移的影响[J].经济导刊，2021（8）：56-62.

[96] 于亚娟.内蒙古文化产业结构现状及优化[J].内蒙古财经大学学报，2015，13（6）：50-53.

[97] 喻登科，解佩佩，高翔."双碳"目标下产业结构优化对区域绿色发展的影响研究[J].创新科技，2022，22（9）：50-59.

[98] 袁晓玲，张文科.中国生产要素市场管理[M].北京：科学出版社，2002.

[99] 约翰·哈特利.创意产业读本[M].北京：清华大学出版社，2007.

[100] 约翰·奈斯比特.高科技·高思维[M].北京：新华出版社，2000.

[101] 詹·法格博格，戴维·莫利，理查德·纳尔逊.牛津创新手册[M].柳卸林，等译.北京：知识产权出版社，2009.

[102] 张立波，陈少峰.文化产业的全产业链商业模式何以可能[J].北京联合大学学报（人文社会科学版），2011（4）：94-98.

[103] 张树臣，陈伟，高长元.大数据环境下公共数字文化服务云平台构建研究[J].情报科学，2021，39（4）：112-118.

[104] 张苏缘，顾江.文化产业集聚如何赋能区域产业结构升级——基于城市品牌的中介效应分析[J].江苏社会科学，2022，324（5）：172-181，243-244.

[105] 张涛，李均超.网络基础设施、包容性绿色增长与地区差距——基于双重机器学习的因果推断[J].数量经济技术经济研究，2023，40（4）：113-135.

[106] 赵峰，魏成龙.创新扩散、创新群集机理分析及应用[J].中国工业经济，2004（12）：55-60.

[107] 郑兴波. 我国文化产业上市公司成长性研究[D]. 桂林：广西师范大学，2013.

[108] 钟章奇，何凌云. 演化经济视角下技术创新扩散驱动的区域产业结构演化：一个新的理论分析框架[J]. 经济问题探索，2020，453（4）：161-172.

[109] 钟章奇. 创新扩散驱动下的全球产业结构进化——基于Agent的模拟[J]. 科研管理，2020，41（2）：94-103.

[110] 钟章奇. 多区域经济增长与技术创新扩散的政策模拟系统研发及其应用[D]. 上海：华东师范大学，2016.

[111] 周云波，田柳，陈岑. 经济发展中的技术创新、技术溢出与行业收入差距演变——对U型假说的理论解释与实证检验[J]. 管理世界，2017，290（11）：35-49.

[112] 周振华. 产业结构成长中的创新扩散与群集——兼论若干模型在我国的运用[J]. 南开经济研究，1991（4）：38-43，37.

[113] 周正兵. 文化产业导论[M]. 北京：经济科学出版社，2014.

[114] 朱冬元，刘佳. 基于改进的用户终身价值模型的互联网电商企业价值评估[J]. 中国资产评估，2023（5）：4-12.

[115] 朱飞. 区域文化旅游产业结构有序度测度与优化——基于环太湖地区面板数据的计量分析[J]. 南京晓庄学院学报，2017，33（6）：119-124.

[116] 朱文晴，金海成，金慧敏. 关于国产动漫电影产业的发展研究[J]. 现代商业，2020（16）：50-52.

[117] 庄红韬. 打造文化产业链，可以从环球影城学到啥[N]. 消费日报，2021-10-15（A03）.

[118] 曾咏梅. 湖南省文化产业结构优化研究[J]. 邵阳学院学报（社会科学版），2019，18（5）：66-71.

[119] BASS F M. A new product growth for model consumer durables [J]. Management science，1969，15（5）：215-227.

[120] BASS F M. The diffusion of a new product [M]. New York：Free Press，1980.

[121] BRAND S. The media lab：Inventing the future at MIT [M]. New York：Viking Press，1987.

[122] BROWN J S，DUGUID P. The social life of information [M]. Cambridge：Harvard Educational Review，2000.

[123] BRUNO M. The economics of worldwide stagflation [J]. The quarterly journal of economics，1982，97（2）：163-194.

[124] BURT R S. Social contagion and innovation：Cohesion versus structural equivalence [J]. American journal of sociology，1987，92（6）：1287-1335.

[125] CALL D R, HERBER D R. Applicability of the diffusion of innovation theory to accelerate model-based systems engineering adoption [J]. Systems engineering, 2022, 25 (6): 574-583.

[126] CHENERY H B. Patterns of industrial growth [J]. American economic review, 1960, 50 (4): 624-654.

[127] CHRISTAKI N A, FOWLER J H. Social contagion theory: Examining dynamic social networks and human behavior [J]. Statistics in medicine, 2013, 32 (4): 556-577.

[128] CHURCH J, WARE R. Industrial organization: A strategic approach [M]. Boston: Mc Graw-Hill, 2000.

[129] CLARK C. National income and outlay [M]. London: Macmillan, 1937.

[130] DAMANPOUR F. Organizational innovation: A meta-analysis of effects of determinants and moderators [J]. Academy of management journal, 1991, 34 (3): 555-590.

[131] DASGUPTA P, STIGLITZ J. Industrial structure and the nature of innovative activity [J]. The economic journal, 1980, 90 (358): 266-293.

[132] DAY R L, HERBIG P A. How the diffusion of industrial innovations is different from new retail products [J]. Industrial marketing management, 1990, 19 (3): 261-266.

[133] DICKEN P. Global shift: Mapping the changing contours of the world economy [M]. New York: Guilford Press, 1986.

[134] DIETZENBACHER E, LOS B. Externalities of R&D expenditures [J]. Economic system research, 2002 (4): 407-425.

[135] DUNNE A J. Organisational learning in an Australian food industry chain [J]. Journal on chain and network science, 2007, 7 (1): 55-69.

[136] DYER J H, SINGH H. The relational view: Cooperative strategy and sources of interorganizational competitive advantage [J]. Academy of management review, 1998, 23 (4): 660-679.

[137] FLORIDA R. Cites and the creative class [M]. London: Routledge, 2005.

[138] GEREFFI G, HUMPHREY J, STURGEON T. The governance of global value chains [J]. Review of international political economy, 2005, 12 (1): 78-104.

[139] GOMPERTZ B. On the nature of the function expressive of the law of human mortality, and on a new mode of determining the value of life contingencies [J]. Philosophical transactions of the Royal Society of London, 1825 (115): 513-583.

[140] GUILLÓ M D, PAPAGEORGIOU C, PEREZ-SEBASTIAN F. A unified theory of structural change [J]. Journal of economic dynamics and control, 2011, 35 (9): 1393-1404.

[141] GUTIÉRREZ R, NAFIDI A, SÁNCHEZ R G.Forecasting total natural-gas consumption in Spain by using the stochastic Gompertz innovation diffusion model [J]. Applied energy, 2005, 80（2）: 115-124.

[142] HALL B H, MAIRESSE J. Exploring the relationship between R&D and productivity in French manufacturing firms [J]. Journal of econometrics, 1995, 65（1）: 263-293.

[143] HEO P S, LEE D H.Evolution of the linkage structure of ICT industry and its role in the economic system: The case of Korea [J]. Information technology for development, 2019, 25（3）: 424-454.

[144] HIRSCHMAN A O.The strategy of economic development [M]. Yale: Yale University Press, 1958.

[145] HUANG L Y, JIA Y. Innovation and development of cultural and creative industries based on big data for industry 5.0 [J]. Scientific programming, 2022（2）: 1-8.

[146] KAMRAD B, LELE S S, SIDDIQUE A, etal. Innovation diffusion uuncertainly, advertising and pricing policies [J]. European journal of operational research, 2005, 164（3）: 829-850.

[147] KIM J, LEE D J, AHN J. A dynamic competition analysis on the Korean mobile phone market using competitive diffusion model [J]. Computers and industrial engineering, 2006, 51（1）: 174-182.

[148] KRUGMAN P.Increasing returns and economic geography [J]. The quarterly journal of economics, 1991, 106（2）: 379-411.

[149] KWON T H, ZMUD R W.Unifying the fragmented models of information systems implementation [J]. Critical issues in information systems research, 1987（4）: 227-251.

[150] LARSEN G D. Understanding the early stages of the innovation diffusion process: Awareness, influence and communication networks [J]. Construction management and economics, 2011, 29（10）: 987-1002.

[151] LEVITT T. Marketing myopia [J]. Harvard business review, 1960, 38（4）: 45-56.

[152] LU Y, ZHANG Y. An empirical study on the factors influencing the adoption of mobile payment: Evidence from China [J]. Journal of retailing and consumer services, 2021（60）: 102462.

[153] MARSHALL A. Principles of economics [J]. Political science quarterly, 1961, 31（77）: 430-444.

[154] MORENO Y, PASTOR-SATORRAS R, VESPIGNANI A.Epidemic outbreaks in complex heterogeneous networks [J]. European physical journal B, 2002, 26（4）: 521-529.

[155] PORTER M E. Industry structure and competitive strategy: Keys to profitability [J]. Financial analysts journal, 1980, 36 (4): 30-41.

[156] PORTER M E. Competitive advantage: Creating and sustaining superior performance [M]. New York: Free Press, 1985.

[157] PORTER M E. The competitive advantage of nations [J]. Harvard business review, 1990, 68 (2): 73-93.

[158] ROGERS E M. Diffusion of innovation: 4th Edition [M]. Berlin: Springer, 1995.

[159] ROGERS E M. Diffusion of innovations [M]. New York: Free Press, 1962.

[160] ROGERS E M. Diffusion of innovations [M]. New York: Free Press, 1983.

[161] ROMER P. Endogenous technological change [J]. The quarterly journal of economics, 1990, 107 (2): 323-331.

[162] SCHUMPETER J A. Capitalism, socialism, and democracy [J]. University of illinois at urbana-champaign's academy for entrepreneurial leadership historical research reference in entrepreneurship, 1942: 67-88.

[163] SEPASGOZAR S M E, LOOSEMORE M. The role of customers and vendors in modern construction equipment technology diffusion [J]. Engineering, construction and architectural management, 2017, 24 (6): 1203-1221.

[164] SHE Z Y, CAO R, XIE B C, et al. An analysis of the wind power development factors by Generalized Bass Model: A case study of China's eight bases [J]. Journal of cleaner production, 2019, 231: 1503-1514.

[165] TIROLE J. The theory of industrial organization [M]. Cambridge: MIT Press, 1988.

[166] THROSBY D. Economics and culture [M]. New York: Cambridge University Press, 2001.

[167] TOWSE R. A handbook of cultural economics [M]. Cheltenham: Edward Elgar Publishing, 2003.

[168] TOWNLEY B, BEECH N, MCKINLAY A. Managing in the creative industries: Managing the motley crew [J]. Human relations, 2009, 62 (7): 939-962.

[169] VALENTE T W. Network models of the diffusion of innovations [J]. Computational & mathematical organization theory, 1996, 2 (2): 163-164.

[170] VERHULST P F. Recherches mathématiques sur la loi d'accroissement de la population [M]. Paris: Guillaumin, 1838.

[171] VOSSEN R W. Relative strengths and weaknesses of small firms in innovation [J]. International

small business journal, 1998, 16 (3): 88-94.

[172] WEBER W, HOOGMA R. Beyond national and technological styles of innovation diffusion: A dynamic perspective on cases from the energy and transport sectors [J]. Technology analysis & strategic management, 1998, 10 (4): 545-566.

[173] WINSTON B. Media, technology and society: A history-from the telegraph to the internet [M]. London: Routledge, 2002.

[174] WU N, LIU Z K. Higher education development, technological innovation and industrial structure upgrade [J]. Technological forecasting and social change, 2021, 162 (1): 120400.

[175] YIN Q, XIAO Z Y. Concept and application of ecological industry chain system [J]. Huanjing kexue, 2002, 23 (6): 114-118.

[176] ZHANG J N, LYU Y W, LI Y T, et al. Digital economy: An innovation driving factor for low-carbon development [J]. Environmental impact assessment review, 2022, 96 (9): 106821.

[177] ZHANG J, GUO H B. Resource integration of cultural and creative industries using data mining technology [J]. Wireless communications and mobile computing, 2022 (6): 1-10.

[178] ZHOU X X, CAI Z, TAN K H, et al. Technological innovation and structural change for economic development in China as an emerging market [J]. Technological forecasting and social change, 2021, 167 (1): 120671.